Kurs DaF A1

Deutsch für Studium und Beruf

Kurs- und Übungsbuch
mit Audios und Videos

Martina Nied Curcio
Kathrin Schweiger
Simone Weidinger
Helga Würtz
Friederike Jin

Alles Digitale zu diesem Buch kann auf der Lernplattform
allango von Ernst Klett Sprachen abgerufen werden. So geht's:

QR-Code scannen
oder **www.allango.net**
aufrufen

Buchtitel oder ISBN in
der Suche eingeben und
auf das Buchcover klicken

Zum Inhalt navigieren,
direkt abrufen
oder speichern

Dieses Symbol bedeutet, dass zu einem Buch-Abschnitt
ein digitaler Inhalt verfügbar ist.

Ernst Klett Sprachen
Stuttgart

Autorinnen und Autoren Martina Nied Curcio, Kathrin Schweiger, Simone Weidinger, Helga Würtz, Friederike Jin
Beratung Henriette Bilzer, Silvia Serena, Annekatrin Weiß
Redaktion Angela Fitz-Lauterbach, Eva Neustadt, Sabine Harwardt, Annette Kuppler
Herstellung Alexandra Veigel
Layoutkonzeption, Gestaltung und Satz Marion Köster, Stuttgart
Illustrationen Maren Profke, Stuttgart
Umschlaggestaltung Anna Wanner
Reproduktion Meyle + Müller GmbH + Co. KG, Pforzheim

Informationen und zu diesem Titel passende Produkte finden Sie auf www.klett-sprachen.de/kursdaf

Symbole in Kurs DaF A1

KB 1 ▶	Verweis auf Tracknummer von Audios im Kursbuch
ÜB 3 ▶	Verweis auf Tracknummer von Audios im Übungsbuch
Video 1 ▶	Verweis auf Film
› ÜB A3	Verweis auf passende Übung im Übungsbuchteil
› KB A2	Verweis auf passende Aufgabe im Kursbuchteil
G	Grammatikregel
A	Ausspracheregel
Wortschatz üben ▤ₐ	Wortschatztraining
▯	Strategiehinweis
☷	Hinweis auf akademischen Wortschatz
der Name, -n*	Wort kommt in *Kurs nehmen* vor.

1. Auflage   1 ⁴ ³ ² | 2025 24 23

© Ernst Klett Sprachen GmbH, Rotebühlstraße 77, 70178 Stuttgart, 2023

Druck und Bindung Elanders Waiblingen GmbH

ISBN 978-3-12-676838-2

Vorwort

Kurs DaF, das neue Kompaktlehrwerk für die Niveaustufen A1–B1, richtet sich mit seinen Themen spezifisch an Studierende und Lerngewohnte aller Fachbereiche, die sich auf ein Studium in deutscher Sprache vorbereiten oder Deutsch im Rahmen ihres Studiums oder Berufs lernen möchten. Selbstorganisiertes Lernen und der Einsatz von Lernstrategien werden im Sinne von *lifelong learning* und *language awareness* bereits im A1-Band nachdrücklich gefördert und geübt:

Förderung der Lernerautonomie im Kursbuch

KURS NEHMEN · **Kurs nehmen:** Jede Kursbuchlektion beginnt mit der Einstiegsseite *Kurs nehmen*, die insbesondere den Wortschatz vorentlastet und die die Lernenden selbstständig zu Hause vorbereiten können, sodass man im Unterricht direkt darauf aufbauen kann.

Strategietraining: In den Kursbuchlektionen werden von Anfang an Strategien zur Erarbeitung des Lernstoffs vermittelt und angewendet. Passend dazu gibt es immer einen Hinweis, der die jeweilige Lern- bzw. Arbeitsstrategie erläutert.

[MEDIATION] · **Mediation:** Bei der Mediation steht die erfolgreiche Kommunikation mit der Gesprächspartnerin / dem Gesprächspartner im Fokus, also die Frage, welche Inhalte ich als Sprecherin / Sprecher wie ausdrücke, damit diese bei meinem Gegenüber verständlich ankommen. Dies trainiert Kurs DaF von Anfang an durch mindestens eine Aktivität pro Lektion.

Schreiben Sie ... · **Schreibtraining:** In jeder Kursbuch- und Übungsbuchlektion ist eine Aufgabe zum freien Schreiben integriert. Am Anfang sind diese Schreibaufgaben durch Mustertexte und Redemittelvorgaben stark gelenkt, später werden sie zunehmend freier.

[GRAMMATIK KOMPAKT] · **Grammatikvermittlung:** In den Teilen A, B und C jeder Lektion wird je ein Grammatikthema behandelt.

[AUSSPRACHE] · **Aussprache und Micro-Listening:** Die Aufgaben zum Training der Aussprache sind in die Aufgabensequenzen im Kursbuch integriert und werden im Übungsbuch fortgesetzt. Darüber hinaus findet man im Kurs- und Übungsbuch Übungen zum Micro-Listening, die gezielt auf die Verbesserung der Spracherkennung im Lautbereich ausgerichtet sind.

Förderung der Lernerautonomie im Übungsbuch

Übungsbuch für die selbstständige Arbeit zu Hause: Das Übungsbuch kann komplett im Selbststudium bearbeitet werden und unterstützt so den Aufbau der Lernerautonomie. Die Lösungen zum Übungsbuch befinden sich im Anhang. Auf diese Weise können die Lernenden sich eigenständig überprüfen und mögliche Fehler reflektieren. Alle Seiten, die für das Selbststudium gedacht sind, sind am Rand schraffiert, sodass man sie sofort erkennt. Dies betrifft die Einstiegsseite *Kurs nehmen*, den *Überblick* am Ende jeder Kursbuchlektion und alle Seiten im Übungsbuch.

Videos zu Lern- und Arbeitsstrategien: Zu jeder Lektion gibt es ein kurzes Video *So kommen wir auf Kurs!*. In den Videos werden Lern- und Arbeitsstrategien vorgestellt, die in den dazu passenden Übungen autonom erarbeitet und angewendet werden können.

[WORTBILDUNG] · **Reflexion der Wortbildung im Deutschen:** Kenntnisse über die Wortbildungsregeln helfen, sich selbstständig unbekannten Wortschatz zu erschließen. Daher wird in jeder Übungsbuchlektion die Wortbildung im Deutschen reflektiert.

LESESEITE · **Lesetraining:** Am Ende jeder Übungsbuchlektion erarbeiten die Lernenden sich auf der *Leseseite* verschiedene Lesestrategien.

Wortschatz üben · **Wortschatztraining:** Passend zum Lektionswortschatz können die Lernenden mit Lernwortschatzkärtchen den Wortschatz online trainieren.

Wortfelder	Sprachhandlungen	Grammatik

1 Herzlich willkommen!

• Länder
• Sprachen
• Studienfächer
• Alphabet
• Zahlen 1 bis 1 Milliarde
	• sich begrüßen
	• nach Befinden fragen
	• sich und andere vorstellen
	• Kurzporträts schreiben
	• seinen Namen buchstabieren
	• Telefonnummer und E-Mail-Adresse sagen
		• Wortstellung: Aussagesatz,
		  W-Frage, Ja/Nein-Frage
		• Verben im Präsens
		• Personalpronomen im
		  Nominativ

2 Studium und Freizeit

• Freizeitaktivitäten
• Hobbys
• Sportarten
• Personen an der
  Universität
	• Zeitungsartikel Informationen entnehmen
	• kurze Chatnachricht schreiben
	• Gespräch über Freizeitaktivitäten und Vorlieben
	  verstehen
	• über Freizeitaktivitäten und Vorlieben sprechen
	• Anzeigen Informationen entnehmen
	• Anmeldeformular ausfüllen
	• informelle E-Mail schreiben
		• bestimmter, unbestimmter
		  Artikel und Negativartikel
		  im Nominativ und Akkusativ
		• Negation mit *nicht* und
		  kein-

3 Ein leerer Bauch studiert nicht gern

• Lebensmittel
• Gerichte
• Speiseplan
• Speisekarte
• bestellen und bezahlen
• Wochentage
	• Informationstext über Mensa-Essen Fakten
	  entnehmen
	• auf Forumsbeitrag reagieren
	• Gespräch über Speiseplan verstehen
	• im Chat aushandeln, was man zusammen isst
	• Bestell- und Bezahlsituation im Café verfolgen
	• im Café für andere bestellen
		• Modalverben im Präsens:
		  *können, wollen, möcht-,
		  mögen*
		• Satzklammer
		• Satzbau: Position vom Verb
		• Konnektoren: *denn* (kausal),
		  aber (adversativ)

4 13:00: Mensa, Sprechstunde oder Kochen?

• Uhrzeiten
• Tageszeiten
• Monate
• Jahreszeiten
• Aufgaben an der
  Universität
• Tätigkeiten im Haushalt
	• Zeitangaben in Gespräch verstehen
	• Uhrzeiten verstehen und sagen
	• sich verabreden
	• Daten verstehen
	• Termine mündlich weitergeben
	• formelle / informelle E-Mail schreiben
	• Internetseite wichtige Informationen entnehmen
	• Meinung zu Thema äußern
		• Modalverben im Präsens:
		  müssen
		• temporale Präpositionen:
		  *um, am, im, von … bis /
		  vom … bis (zum)*
		• Verben mit trennbarer
		  Vorsilbe

5 Familie und Freunde

• Familie, Verwandtschaft
• Personenbeschreibungen
• Erwartungen an Freunde
	• Gespräch über Familie verstehen
	• eigene Familie vorstellen
	• Familie von anderen Personen vorstellen
	• Personen beschreiben und Personen-
	  beschreibungen verstehen
	• Forumsbeiträge zum Thema Freundschaft
	  verstehen
	• Erwartungen an Freunde formulieren und
	  weitergeben
		• Possessivartikel im
		  Nominativ und Akkusativ
		• Adjektive: prädikativ und
		  adverbial
		• Indefinitpronomen: *man,
		  alles, viel, etwas, nichts*

Wortfelder	Sprachhandlungen	Grammatik

6 Wohnen am Studienort

• Zimmer • Möbel • Wohnformen • Wohnungsbeschreibung	• Umfragebeiträgen über Wohnformen Pro- und Contra-Argumente entnehmen • Beitrag zum Thema Wohnen schreiben • Anzeigen für WG-Zimmer Informationen entnehmen • WG-Interview verstehen und führen • sich auf WG-Zimmer bewerben • Zimmerbeschreibung verstehen • Zimmer beschreiben	• Präpositionen mit Dativ: *bei, mit, von* • Präteritum: *haben* und *sein* • Lokalpräpositionen mit Dativ: *an, auf, in, über, unter, hinter, vor, neben, zwischen*

7 Unterwegs in der Stadt

• Orte in der Stadt • Sehenswürdigkeiten • Aktivitäten am Wochenende • Wetter	• Tourangeboten Informationen entnehmen • Informationen von Tour-Guide verstehen • einen Stadtspaziergang planen • verstehen, was andere gemacht haben • berichten, was man schon / noch nie gemacht hat • einem Blogbeitrag Informationen entnehmen • Aussagen über das Wetter verstehen	• Lokalpräpositionen: *an, in nach, von, zu* • Perfekt: regelmäßige, unregelmäßige und gemischte Verben

8 Gute Besserung!

• beim Arzt • Körperteile • Schmerzen / Krankheiten • Gesundheitstipps • Tipps gegen Stress	• Termin bei Arzt / Ärztin vereinbaren • Ratschläge von Arzt / Ärztin verstehen • berichten, was Arzt / Ärztin rät • Entschuldigung schreiben • Gesundheitstipps verstehen und geben • sich über Stressfaktoren austauschen • Tipps gegen Stress geben	• Modalverben im Präsens: *sollen, dürfen* • Imperativ: formell und informell • Personalpronomen im Akkusativ

9 Shopping

• Kaufverhalten • Einkaufsvarianten • Laptop: technische Angaben • Kleidung • Farben	• Gespräch über Online-Shopping verstehen • Grafik zu Online-Shopping analysieren • Vor- und Nachteile von Einkaufsvarianten sammeln und Stellung nehmen • Laptops vergleichen • Produktbewertung verstehen und schreiben • sich in Bekleidungsgeschäft beraten lassen • sich über Lieblingskleidung austauschen	• Personalpronomen im Dativ • Komparativ und Superlativ • Frageartikel und -pronomen *welch-* • Demonstrativartikel und -pronomen *dies-*

10 Schönes Fest!

• Feste • Einladung und Antworten • Karneval • Wichteln	• sich über Veranstaltungstipps austauschen • gemeinsames Wochenende planen • Einladung zu Feier und Antworten verstehen • Einladung schreiben und darauf reagieren • Informationstext über Wichteln verstehen • Artikel über Karneval Informationen entnehmen • Aussagen über Feste verstehen • sein Lieblingsfest präsentieren	• Vorschläge und höfliche Fragen mit *könnt-* und *würd-* • Hauptsatzkonnektoren: *aber, denn, und, oder* • kausale Nebensätze – Begründung mit *weil*

Strategien	Video	Aussprache	Wortbildung	KB	ÜB
				49	130
• globales Lesen: sich orientieren • detailliertes Lesen: Informationen finden	• mit Lektionswortschatz arbeiten: Wörter inhaltlich und grammatisch systematisieren	• Betonung im Satz	• Komposita: Verb + Nomen		
				57	138
• beim Lesen Schlüsselwörter und wichtige Informationen markieren	• Nomen und Verben zusammen lernen	• Diphtonge: *au, eu, ai, ei, äu*	• Adjektive mit der Endung *-ig*		
				65	146
• Leseziel reflektieren • Textaufbau reflektieren: Aufbau von Tipp	• Redemittelliste fortführen: Termine und Nachfragen	• *-e* und *-en* am Wortende	• Komposita: Nomen + *s* + Nomen		
				73	154
• Grafiken lesen	• Wortfamilien bilden	• kurze und lange Umlaute	• Nomen mit der Endung *-er / -erin*		
				81	162
• zu Textabschnitten Überschriften, W-Fragen und Richtig-/ Falsch-Aussagen formulieren	• Redemittelliste fortführen: Vorschläge und Reaktionen	• *sp* und *st*	• Nomen mit der Endung *-ung*		

Arbeitsanweisungen und Wortarten

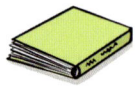 Lesen Sie.

 der Text

 Schreiben Sie.

 der Satz

 Hören Sie.

 das Wort

 Sprechen Sie.

 das Gespräch

 Fragen Sie.

 die Frage

 Antworten Sie.

 die Antwort

 Notieren Sie.

 die Notiz

 Markieren Sie.

 das Heft

 Kreuzen Sie an.

 die Tabelle

 Ergänzen Sie.

 die Lösung

 Ordnen Sie zu.

 die Regel

 Vergleichen Sie.

 der Partner / die Partnerin

 Sortieren Sie.

 die Gruppe

Nomen:
der Deutschkurs, das Foto, das Land, der Lehrer, die Professorin, die Stadt, …

Verben:
arbeiten, haben, heißen, kommen, sein, spielen, wohnen, zeigen, …

Adjektive:
alt, falsch, gut, neu, richtig, schön, …

bestimmter Artikel:
der, das, die, …

unbestimmter Artikel:
ein, eine, …

Negativartikel:
kein, keine, …

Possessivartikel:
mein, dein, ihr, sein, unser, euer, …

Präpositionen:
aus, in, mit, nach, um, von, zu, …

Pronomen:
alles, man, nichts, viel, dies-, welch-, …

Personalpronomen:
ich, du, sie, ihn, uns, mir, ihr, Ihnen, …

Konnektoren:
aber, denn, oder, und, …

1 Herzlich willkommen!

1 Hallo Deutschland!

KB 1 ▷ **a Das Alphabet: Hören Sie die Buchstaben und sprechen Sie nach.**

Aa [a:]	Ff [ɛf]	Kk [ka:]	Pp [pe:]	Uu [u:]	Zz [tsɛt]
Bb [be:]	Gg [ge:]	Ll [ɛl]	Qq [ku:]	Vv [faʊ]	ß [ɛstsɛt]
Cc [tse:]	Hh [ha:]	Mm [ɛm]	Rr [ɛr]	Ww [ve:]	Ää [ɛ:]
Dd [de:]	Ii [i:]	Nn [ɛn]	Ss [ɛs]	Xx [iks]	Öö [ø:]
Ee [e:]	Jj [jɔt]	Oo [o:]	Tt [te:]	Yy [ʏpsilon]	Üü [y:]

KB 2 ▷ **b Hören Sie und sprechen Sie nach.**

Berlin B-e-r-l-i-n   Leipzig L-e-i-p-z-i-g   Köln K-ö-l-n   Stuttgart S-t-u-t-t-g-a-r-t

KB 3 ▷ **c Hören Sie und schreiben Sie die Namen.**

1. Nelson M-_-_-_-_-_

2. Christiane _-_-_-_-_-_-_

KB 4 ▷ **d Hören Sie die Zahlen und sprechen Sie nach.**

0 null	3 drei	6 sechs	9 neun
1 eins	4 vier	7 sieben	10 zehn
2 zwei	5 fünf	8 acht	

KB 5 ▷ **e Hören und schreiben Sie die Telefonnummern.**

1. Arek: 5 _____   2. Linus: _____   3. Ella: _____

2 Hallo Universität!

KB 6 ▷ **Lesen und hören Sie die Studienfächer. Hören Sie dann noch einmal und sprechen Sie nach.**

1. Physik   2. Medizin   3. Architektur   4. Chemie   5. Biologie   6. Wirtschaft

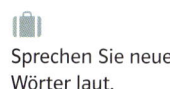
Sprechen Sie neue
Wörter laut.

1 Hallo und guten Tag!

KB 7–8 ▷ **a** **Hören Sie die Gespräche 1 und 2. Welches Foto passt? Ordnen Sie zu.**

a. Gespräch [ ]

b. Gespräch [ ]

b **Hören Sie die Gespräche 1 und 2 noch einmal und lesen Sie mit. Ergänzen Sie in Gespräch 2 den Familiennamen.**

Gespräch 1

● Hallo. Ich bin Dana. Ich bin neu hier im Deutschkurs. Wie heißt du?
○ Hallo Dana. Ich heiße Sarah. Ich komme aus Frankreich, aus Nancy.
Und du, woher kommst du?
● Ich komme aus Kasachstan, aus Almaty.

Gespräch 2

■ Guten Tag! Ich heiße Nora Klein. Ich bin Ihre Deutschlehrerin
○ Guten Tag, Frau Klein. Ich bin Sarah.
■ Und wie ist Ihr Familienname?
○ Mein Familienname ist ....
■ Entschuldigung, wie schreibt man das? Buchstabieren Sie das bitte.
○ ........-........-........-........-........ .
■ Danke sehr. Und woher kommen Sie, Frau ....?
○ Ich komme aus Nancy.
■ Vielen Dank! Und wie heißen Sie?
● Ich bin Dana Pak. Dana ist mein Vorname und Pak ist mein Familienname.
■ Vielen Dank, Frau Pak. Willkommen im Kurs!

KB 9 ▷ **c** **Hören Sie genau und schreiben Sie.**

1. Wie heiß.......... ....?
2. Wie heiß.......... ....?

d **Lesen Sie die Gespräche in 1b noch einmal und vergleichen Sie. Ergänzen Sie die Anrede.**

Informelle Anrede:
(Studierende, Freunde, Familie)
Vorname (z. B. *Dana*, *Sarah*) → ....

Formelle Anrede:
(Lehrerin / Lehrer, Professorin / Professor, Fremde)
Frau / Herr + Familienname
(z. B. *Herr Schulz*, *Frau Girard*) → ....

e **Der Reihe nach: Sagen Sie Ihren Namen und fragen Sie nach dem Namen.**

| Ich bin … Und wie heißt du? |

› ÜB A1–2

2 [GRAMMATIK KOMPAKT] W-Fragen und Antworten

a Ergänzen Sie Fragen und Antworten aus 1b.

W-Frage			Antwort		
Wie	heißt	du?	*Ich*		Sarah.
		Sie?	Ich	bin	Dana Pak.
Woher	kommst	du?			aus Kasachstan.
		Sie?	Ich	komme	aus Nancy.
Wie	ist	Ihr Familienname?			Girard.

b Welche Antwort passt? Ordnen Sie zu.

1. Wie heißen Sie?
2. Woher kommst du?
3. Woher kommen Sie?
4. Wie heißt du?
5. Wie ist Ihr Familienname?
6. Wie schreibt man das?

a. [ ] P – A – K.
b. [1] Ich heiße Sarah Girard.
c. [ ] Aus Nancy. Und du?
d. [ ] Mein Familienname ist Girard.
e. [ ] Ich bin aus Kasachstan. Und Sie?
f. [ ] Ich bin Sarah. › ÜB A3

Lernen Sie formel-
hafte Ausdrücke
auswendig.

3 Woher kommen die Nobelpreisträgerinnen und Nobelpreisträger?

KB 10 ▷ **a** Woher kommen die Nobelpreisträger? Ergänzen Sie. Hören Sie dann zur Kontrolle.

aus China	aus Großbritannien	aus Österreich	aus den Niederlanden	aus der Schweiz
aus Deutschland	aus Japan	aus Peru	aus den USA	aus der Türkei
~~aus Ghana~~	aus Kanada	aus Tansania	aus dem Iran	

1. Kofi Annan ___*aus Ghana*___
2. Shirin Ebadi ___
3. Elfriede Jelinek ___
4. Orhan Pamuk ___
5. Peter Grünberg ___
6. Makoto Kobayashi ___
7. Elinor Ostrom ___

8. Mario Vargas Llosa ___
9. Tu Youyou ___
10. Ben Feringa ___
11. Richard Henderson ___
12. Donna Strickland ___
13. Michel Mayor ___
14. Abdulrazak Gurnah ___

b Ergänzen Sie.

aus + Land / Stadt: aus Frankreich / aus Nancy.
Aber: aus **der** Schweiz, aus der T_____, aus den _____,
aus den _____, aus dem _____, … › ÜB A4

4 Woher kommst du?

Sprechen Sie zu zweit wie im Beispiel.

Hallo, ich heiße … Und wie heißt du?

Ich heiße … / Ich bin … / Mein Vorname ist …

Wie schreibt man das?

…

Woher kommst du?

Ich komme aus … Und du?

Ich komme aus …

› ÜB A5

1 Wer spricht …? – Wer studiert …?

a Lesen Sie die Porträts und die Kurzinterviews. Was ist richtig: a, b oder c? Kreuzen Sie an. Manchmal passen zwei Antworten.

Ich studiere Deutsch.
= Ich studiere Germanistik (an der Universität).
↔ Ich lerne Deutsch (im Sprachkurs).

STUDIERENDE INTERNATIONAL

Das ist NICOLE DONGMO. Sie kommt aus Kamerun. Sie wohnt in Leipzig.

››› Nicole, was studierst du?
Ich studiere Informatik.
››› Welche Sprachen sprichst du?
Ich spreche Französisch und ich lerne Deutsch und Englisch.

Das sind EIVOR LINDSTRÖM und FYNN NILSSON. Sie kommen aus Schweden. Sie wohnen in Potsdam und studieren in Berlin.

››› Eivor und Fynn, was studiert ihr?
Wir studieren Medizin.
››› Wo wohnt ihr?
Wir wohnen in Potsdam.
››› Welche Sprachen sprecht ihr?
Wir sprechen Schwedisch, Dänisch, Englisch und ein bisschen Deutsch.

Das ist GABRIEL MÁRQUEZ. Er kommt aus Kolumbien und wohnt in Berlin.

››› Gabriel, was studierst du?
Ich arbeite schon, ich bin Architekt.
››› Welche Sprachen sprichst du?
Ich spreche Spanisch, Portugiesisch und Englisch. Und ich lerne Deutsch.

1. Wer spricht Englisch?   a. [ ] Nicole   b. [ ] Eivor + Fynn   c. [ ] Gabriel
2. Wer spricht Französisch?   a. [ ] Nicole   b. [ ] Eivor + Fynn   c. [ ] Gabriel
3. Wer studiert?   a. [ ] Nicole   b. [ ] Eivor + Fynn   c. [ ] Gabriel
4. Wer arbeitet schon?   a. [ ] Nicole   b. [ ] Eivor + Fynn   c. [ ] Gabriel
5. Wer lernt Deutsch?   a. [ ] Nicole   b. [ ] Eivor + Fynn   c. [ ] Gabriel
6. Wer wohnt in Berlin?   a. [ ] Nicole   b. [ ] Eivor + Fynn   c. [ ] Gabriel

b Markieren Sie die zentralen Informationen in den Texten in 1a und ergänzen Sie die Tabelle.

	Nicole	Eivor und Fynn	Gabriel
Land	Kamerun		
Wohnort			
Studienfach			
Beruf			
Sprachen			

› ÜB B1

2 [GRAMMATIK KOMPAKT] Verben im Präsens

a Markieren Sie die Verben in 1a. Ergänzen Sie dann die Tabelle.

	heißen	kommen	wohnen	studieren	arbeiten	sprechen	sein
ich	heiß- e	komm- e	wohn- e	studier-	arbeit-	sprech-	
du	heiß- **t**	komm- st	wohn- st	studier-	arbeit- **est**	spr**i**ch-	**bist**
er / sie / es	heiß- t	komm-	wohn-	studier- t	arbeit- **et**	spr**i**ch- t	
wir	heiß- en	komm- en	wohn-	studier-	arbeit- en	sprech-	**sind**
ihr	heiß- t	komm- t	wohn-	studier-	arbeit- **et**	sprech-	**seid**
sie / Sie	heiß- en	komm-	wohn- en	studier- en	arbeit- en	sprech- en	

Verben mit Vokal-wechsel: 2. und 3. Person Singular mit Vokalwechsel (Beispiel „sprechen": e → i)

b Ergänzen Sie die korrekte Verbform.

1. _Seid_ ihr auch hier im Deutschkurs? Wie _____ ihr? Woher _____ ihr?
   Was _____ ihr? (kommen, studieren, heißen, sein)
2. Das _____ Olivia und Noah. Sie _____ neu im Deutschkurs. Olivia _____
   aus Kanada. Sie _____ Informatik. Noah _____ aus den USA. Er _____
   Chemie. (2 x sein, 2 x studieren, 2 x kommen)

c Was passt: *Ich* oder *Ich bin*? Ergänzen Sie.

1. _____ aus Deutschland.
2. _____ komme aus Madrid.
3. _____ heiße Sarah.
4. _____ Sarah.
5. _____ Deutschlehrer.
6. _____ studiere Medizin.

Satzanfang, Namen und Nomen schreibt man groß.

d Wer ist das? Schreiben Sie Sätze in Ihr Heft.

1. Nelson Müller: Land: Ghana • Wohnort: Essen • Beruf: Koch und Musiker •
   Sprachen: Deutsch, Englisch
2. Christiane Seidel: Land: USA • Wohnort: Hamburg und New York • Beruf: Schauspielerin •
   Sprachen: Deutsch, Dänisch, Englisch

1. Das ist Nelson Müller. Er kommt aus ... Er wohnt in ... Er ist ... Er spricht ... › ÜB B2–3

Schreiben Sie viel, auch mit der Hand. Nutzen Sie Heft und Stift.

3 Das ist …

a Arbeiten Sie zu zweit. Fragen Sie und notieren Sie Stichwörter wie im Beispiel.

Woher kommst du?

Wo wohnst du?

Was studierst du?

Was bist du von Beruf?

Welche Sprachen sprichst du?

Ich komme aus …

Ich wohne in …

Ich studiere …

Ich bin …

Ich spreche …

ANA PAULA MORAIS

Land: Brasilien
Wohnort: Berlin
Studienfach: ...
Beruf: ...
Sprachen: ...

b Schreiben Sie einen Text über Ihre Partnerin / Ihren Partner. Tauschen Sie die Texte und korrigieren Sie.

Das ist Ana Paula Morais. Sie kommt aus Brasilien und wohnt in Berlin. Sie studiert ... › ÜB B4–5

Notizen machen: Notieren Sie Stichwörter.

1 Wie geht es dir? Wie geht es Ihnen?

KB 11–12 ▷ **a** Hören und lesen Sie die Gespräche. Welches ist formell, welches informell?

1. ● Hallo Sarah. Wie geht es dir?
   ○ Hallo Niklas. Mir geht es super. Und dir?
   ● Mir geht es auch sehr gut, danke.
   ○ Das ist Dana.
   ● Hallo Dana. Woher kommst du?
   ☐ Ich komme aus Almaty.
   ● Studierst du auch Biologie?
   ☐ Nein, ich studiere Chemie.
   ● Kommt ihr morgen zur Party?
   ○ Ja, wir kommen natürlich.
   ● Super. Bis morgen. Tschüss.
   ○ Tschüss!

2. ● Guten Morgen, Frau Klein. Wie geht es Ihnen?
   ■ Mir geht es gut, vielen Dank. Und Ihnen?
   ● Danke, mir geht es auch gut.
   ■ Kommen Sie morgen Abend zum Kurs?
   ● Ja, ich komme natürlich.
   ■ Sehr schön. Auf Wiedersehen.
   ● Bis morgen. Auf Wiedersehen.

KB 11–12 ▷ **b** Hören und lesen Sie die Gespräche in 1a noch einmal und sprechen Sie mit.

KB 13 ▷ **c** [AUSSPRACHE] Satzmelodie: Wie hören Sie die Sätze? Kreuzen Sie an.

1. Wie geht es dir? a. [ ] ↗ b. [ ] ↘
2. Danke. Mir geht es gut. a. [ ] ↗ b. [ ] ↘
3. Studierst du auch Biologie? a. [ ] ↗ b. [ ] ↘
4. Nein, ich studiere Chemie. a. [ ] ↗ b. [ ] ↘

› ÜB C1–2

KB 13 ▷ **d** Hören Sie die Sätze in 1c noch einmal und ergänzen Sie die Regeln. Sprechen Sie die Sätze nach.

A

1. Antwort / Aussage: Satzmelodie ↘ ......
2. W-Frage: Satzmelodie ....
3. Ja/Nein-Frage: Satzmelodie ....

2 [GRAMMATIK KOMPAKT] W-Fragen, Ja/Nein-Fragen, Antworten / Aussagesätze

a Ergänzen Sie die Tabelle mit den Informationen aus 1a.

Fragen			Antworten		
Position 1	**Position 2**			**Position 1**	**Position 2**
Woher		Dana?		Dana	aus Almaty.
Was		Dana?		Sie	Chemie.
	du	auch Biologie?	Nein,	ich	Chemie.
	ihr	morgen zur Party?	Ja,	wir	zur Party.

b Ergänzen Sie die Regel.

G

1. Ja/Nein-Fragen: konjugiertes Verb auf Position ....
2. W-Fragen und Antworten / Aussagesätze: konjugiertes Verb auf Position ....
3. Frage: Am Ende steht ein Fragezeichen (?). Aussage: Am Ende steht ein Punkt (.).

c Schreiben Sie die Sätze in Ihr Heft.

1. aus Deutschland · Frau Klein · kommt · .
2. aus Deutschland · Frau Klein · kommt · ?
3. du · Französisch · sprichst · ?
4. studiere · Chemie · ich · in Marburg · .
5. Dana · morgen · zur Party · kommt · ?
6. wohnt · Sarah · in Marburg · .

1. Frau Klein kommt ...

› ÜB C3

3 Telefonnummern

a Sagen Sie die Zahlen von 1 bis 10.

KB 14 ▶ **b** Welche Vorwahl hören Sie: a, b oder c? Kreuzen Sie an.

1. a. [ ] 080   2. a. [ ] 040   3. a. [ ] 0210   4. a. [ ] 07071
   b. [ ] 089   b. [ ] 042   b. [ ] 0221   b. [ ] 07093
   c. [ ] 098   c. [ ] 043   c. [ ] 0232   c. [ ] 07972

> Jede Stadt hat eine Vorwahlnummer, z.B. München 089, Berlin 030. Auch jede Handynummer hat eine Vorwahl, z.B. 0171.
>
> @ ät
> – minus
> . Punkt
> _ Unterstrich

KB 15 ▶ **c** Hören Sie das Gespräch. Notieren Sie die Telefonnummern und die E-Mail-Adresse.

1. Telefonnummer: ....
2. Handynummer: ....
3. E-Mail-Adresse: ....

d Arbeiten Sie zu zweit. Fragen Sie und notieren Sie die Telefonnummer und die E-Mail-Adresse. Schreiben Sie in Ihr Heft.

> Wie ist deine Handynummer?
>> Meine Handynummer ist 01 57 – 7 65 43 21.

> Wie ist deine E-Mail-Adresse?
>> Meine E-Mail-Adresse ist …

4 Hundert – tausend – hunderttausend

KB 16 ▶ **a** Hören Sie die Zahlen und sprechen Sie nach.

11 **elf**	20 **zwanzig**	100 (ein)hundert
12 **zwölf**	21 einundzwanzig	101 (ein)hunderteins
13 dreizehn	30 dreißig	199 (ein)hundertneunundneunzig
14 vierzehn	40 vierzig	200 zweihundert
15 fünfzehn	50 fünfzig	1000 (ein)tausend
16 **sech**zehn	60 **sech**zig	10 000 zehntausend
17 **sieb**zehn	70 **sieb**zig	100 000 (ein)hunderttausend
18 achtzehn	80 achtzig	1 000 000 eine Million
19 neunzehn	90 neunzig	1 000 000 000 eine Milliarde

13
✗
dreizehn

21
✗
einundzwanzig

b Arbeiten Sie zu zweit. Notieren Sie fünf Zahlen zwischen 100 und 1000. Diktieren Sie dann die Zahlen und vergleichen Sie.

› ÜB C4

5 Noch Fragen?

a Ergänzen Sie die Fragen rechts und notieren Sie weitere Fragen.

b Fragen Sie eine Partnerin / einen Partner und notieren Sie die Antworten in Stichwörtern.

c [MEDIATION] Wechseln Sie Ihre Partnerin / Ihren Partner. Berichten Sie über Ihre Partnerin / Ihren Partner aus 5b. Nutzen Sie Ihre Notizen.

> Jannis kommt aus …
> Die Telefonnummer von Jannis ist …

Woher …?
Wie ist …?
Wo …?
Was …?
Welche Sprachen …?
Studierst …?
Kommst …?
…?

Sich begrüßen und sich vorstellen

Begrüßung:	Hallo! / Guten Morgen / Tag / Abend!	Hallo! / Guten Morgen / Tag / Abend!
Nach Befinden fragen:	Wie geht es dir / Ihnen?	(Danke.) Mir geht es gut / sehr gut.
Name:	Wie heißt du? / Wie heißen Sie? Wie ist dein / Ihr Vorname? Wie ist dein / Ihr Familienname? Wie schreibt man das? Buchstabieren Sie das bitte.	Ich heiße / Ich bin / Mein Name ist Dana / Dana Pak. Mein Vorname ist Dana. Mein Familienname ist Pak. P – A – K. P – A – K.
Herkunft (Land, Stadt):	Woher kommst du / kommen Sie?	Ich komme aus Kasachstan, aus Almaty.
Sprachen:	Welche Sprache(n) sprichst du / sprechen Sie?	Ich spreche Kasachisch und Deutsch.
Studium:	Was studierst du / studieren Sie?	Ich studiere Medizin / Architektur / … Ich arbeite schon, ich bin Architekt / …
Beruf:	Was bist du / sind Sie von Beruf?	Ich bin Architekt / Lehrerin / …
Wohnort:	Wo wohnst du / wohnen Sie?	Ich wohne in Marburg.
Telefonnummer:	Wie ist deine / Ihre Telefonnummer? Wie ist deine / Ihre Handynummer?	Meine Telefonnummer ist 0 64 20 – 39 08 09. Mein Handynummer ist 0169 – 2 83 15 72.
E-Mail-Adresse:	Wie ist deine / Ihre E-Mail-Adresse?	Meine E-Mail-Adresse ist d.pak@kursdaf.de.
Verabschiedung:	Auf Wiedersehen. / Tschüss.	Auf Wiedersehen. / Tschüss.

Verben im Präsens und Personalpronomen im Nominativ

	kommen	wohnen	studieren	arbeiten	heißen	sprechen	sein
ich	komm**e**	wohn**e**	studier**e**	arbeit**e**	heiß**e**	sprech**e**	**bin**
du	komm**st**	wohn**st**	studier**st**	arbeit**est**	hei**ßt**	spri**chst**	**bist**
er / sie / es	komm**t**	wohn**t**	studier**t**	arbeit**et**	heiß**t**	spri**cht**	**ist**
wir	komm**en**	wohn**en**	studier**en**	arbeit**en**	heiß**en**	sprech**en**	**sind**
ihr	komm**t**	wohn**t**	studier**t**	arbeit**et**	heiß**t**	sprech**t**	**seid**
sie / Sie	komm**en**	wohn**en**	studier**en**	arbeit**en**	heiß**en**	sprech**en**	**sind**

Wortstellung in W-Fragen, Ja/Nein-Fragen und Antworten / Aussagesätzen

W-Fragen

Position 1	Position 2	
Woher	kommen	Sie?
Wie	heißen	Sie?

Antworten / Aussagesätze

Position 1	Position 2	
Ich	komme	aus Kasachstan.
Ich	heiße	Dana Pak.

Ja/Nein-Fragen

Position 1	Position 2	
Studierst	du	auch Biologie?
Kommen	Sie	morgen zum Kurs?

Antworten / Aussagesätze

	Position 1	Position 2	
Nein,	ich	studiere	Chemie.
Ja,	ich	komme	natürlich.

2 Studium und Freizeit

ERINNERN SIE SICH? ›› Verben im Präsens; Wortstellung in W-Fragen, Ja/Nein-Fragen und Antworten / Aussagesätzen (L 1)

1 Uni und Freizeit

a **Was ist das? Ordnen Sie zu. Gibt es das Wort auch in Ihrer Sprache oder in anderen Sprachen? Notieren Sie.**

der Ball · die Bücher · der Computer · die Filme · das Formular · das Keyboard · der Laptop · die Musik · die Salsa · das Schach · der Sport · die Universität

1
die Filme

2

3

4

Neue unbekannte Wörter? Achten Sie auf internationale Wörter.

5

6

ANMELDUNG: Unisport Spez
[X] Ja, ich teste das Gratis-Sportprogr
Sportart/Sportarten (maximal 3):
Name, Vorname:
Adresse:
Telefonnummer:
E-Mail:
Datum, Unterschrift:

7

8

9

10

11

12

b **Was passt wo? Ordnen Sie die Verben zu.**

ausfüllen · haben · hören · lesen · sehen · spielen · tanzen · treiben · zeigen

1. Bücher ....
2. Filme ....
3. Musik ....
4. Salsa ....
5. Sport ....

6. Ball / Keyboard / Schach ....
7. ein Formular ....
8. einen Computer / Laptop ....
9. die Universität ....

c **Notieren Sie die Verbindungen aus 1b. Notieren Sie dann auch Verbindungen von Nomen und Verb aus Lektion 1.**

- *in Marburg wohnen*
- *aus China kommen*
- *Biologie studieren*
- *...*

Lernen Sie Verbindungen aus Nomen und Verb.

1 Sei ein Buddy – ein Programm für Erstsemester

a Lesen Sie das Interview mit Daniel im Unijournal. Wer ist Daniel? Kreuzen Sie an.

Daniel ist   a. [ ] Erstsemester.   b. [ ] Buddy.

Uni-Mitarbeiter

HEUTE IM INTERVIEW: Buddy Daniel

Hallo Daniel! Woher kommst du und was studierst du?
Hey, ich komme aus Rostock und studiere Musik. Das Studium ist cool und macht Spaß. Viele sagen: Ein Musikstudium ist kein Studium, es ist ein Hobby. Ich finde, das Studium ist oft nicht einfach. Es ist kein Hobby, es ist ein Job!

Du arbeitest auch. Was machst du?
Ich arbeite als Buddy! Ein Buddy ist eine Studentin oder ein Student. Sie oder er studiert schon, kennt die Uni und begleitet Erstsemester. Warum? Die Uni ist groß und die Erstsemester sind neu und haben Fragen. Das Buddy-Team zeigt die Uni und gibt Tipps.

In Greifswald sind die Erstsemester sehr international. Welche Sprachen sprichst du?
Ich spreche Deutsch, Englisch und Polnisch. Und ich lerne Spanisch! Sprachen sind interessant.

Toll. Du findest also, der Job als Buddy ist super?
Ja! Ich übe Spanisch und das Buddy-Team organisiert auch Partys und Freizeitaktivitäten, zum Beispiel sehen wir Filme oder spielen Fußball.

b Lesen Sie das Interview in 1a noch einmal. Lesen Sie dann die Sätze und ordnen Sie zu.

1. Daniel arbeitet
2. Der Buddy kennt
3. Die Erstsemester
4. Daniel findet, der Job

a. [ ] sind neu und haben Fragen. Der Buddy gibt Tipps.
b. [ ] als Buddy ist super. Er organisiert Partys und übt Spanisch.
c. [ ] die Uni und begleitet Erstsemester. Er zeigt die Uni.
d. [ ] als Buddy. Ein Buddy ist eine Studentin oder ein Student.

› ÜB A1

2 [GRAMMATIK KOMPAKT] Bestimmter, unbestimmter Artikel und Negativartikel im Nominativ

a Suchen Sie in 1a und 1b und ergänzen Sie die Artikel und Negativartikel.

	Maskulinum (M)	Neutrum (N)	Femininum (F)	Plural (M, N, F)
unbestimmter Artikel	.... Job	ein Studium	eine Uni(versität)	—............. Sprachen
Negativartikel	kein Job	.... Studium	keine Uni(versität)	keine Sprachen
bestimmter Artikel	de**r** Job	da**s** Studium	di**e** Uni(versität)	di**e** Sprachen
Personal-Pronomen	E**r** ist super.	E**s** ist nicht einfach.	Si**e** ist groß.	Si**e** sind interessant.

G

ein / ein / eine / — = Die Information ist neu. ↔ *der / das / die / die* = Die Information ist bekannt.

KB 17 ▶ **b** **Wer ist das? Erstsemester fragen, Daniel antwortet. Welcher Artikel passt? Ergänzen Sie.**
Hören Sie dann zur Kontrolle und sprechen Sie mit.

1. ● Ist das _ein_ Student?
   ○ Nein, das ist _____ Student, das ist _____ Professor.
     _____ Professor ist neu! Er kommt aus Indien.

2. ● Ist das _ein_ Erstsemester?
   ○ Nein, das ist _____ Erstsemester. Das ist
     _____ Buddy. _____ Buddy ist sehr nett.

3. ● Ist das _____ Professorin?
   ○ Nein, das ist _____ Professorin. Das ist
     _____ Lehrerin, _____ Deutschlehrerin.
     Sie heißt Frau Hansen.

4. ● Sind das _____ Lehrerinnen?
   ○ Nein, das sind _____ Lehrerinnen, das sind
     _____ Studentinnen. _____ Studentinnen
     sind neu an der Uni.

c **Personen an der Uni Greifswald. Ergänzen Sie die Personalpronomen. Achten Sie auf Groß- und Kleinschreibung.**

er ● er ● es ● es ● sie (Sg.) ● sie (Pl.)

1. Wir sind Erstsemester. Das Studium hier ist super. _____ ist nicht einfach, aber ein Studium ist kein Hobby, _____ ist ein Job!
2. Ich bin auch „Erstsemester", der Job hier ist neu. _____ ist sehr interessant! Und die Kollegen sind sehr nett. Ich habe Fragen und _____ geben Tipps.
3. Der Deutschkurs ist sehr wichtig. _____ ist immer voll. Die Sprache ist nicht einfach, aber _____ ist sehr interessant! ☺

d **Welche Personen passen zu den Aussagen 1 bis 3 in 2c? Ordnen Sie zu.**

[ ] die Deutschlehrerin   [ ] der Professor   [ ] die Studentinnen   › ÜB A2–4

3 [AUSSPRACHE] **Wortakzent**

KB 18 ▶ **Hören Sie die Wörter und sprechen Sie nach. Klopfen Sie bei der Betonung. Finden Sie dann weitere Beispiele aus Lektion 1 und Lektion 2A.**

eine Silbe	zwei Silben	drei Silben	vier Silben
Deutsch	Sprachkurs	Studium	Universität
Job	Journal	Studentin	Studierende
Team	Fußball	Professor	Erstsemester

› ÜB A5

4 [MEDIATION] **Erstsemester-Chat**

Jules hat eine Frage und schreibt im Erstsemester-Chat. Schreiben Sie eine Antwort.

> Hallo! Ich bin neu an der Uni und ich habe eine Frage.
> Wer oder was ist ein Buddy? Danke und viele Grüße Jules

Hallo Jules, kein Problem, hier ist die Antwort: Ein Buddy ist ...   › ÜB A6

1 **Endlich Freizeit!**

KB 19 ▶ **a** **Daniel und Pablo machen ein Sprachtandem. Wer spricht und wer lernt welche Sprache?**
Hören Sie Teil 1 vom Telefongespräch und notieren Sie.

das Sprachtandem:
Sprachlernmethode;
Person A lernt Sprache
B, Person B lernt
Sprache A.

1. Daniel spricht .... und lernt ....
2. Pablo spricht .... und lernt ....

KB 20 ▶ **b** **Daniel und Pablo planen ein Treffen. Über welche Freizeitaktivitäten sprechen sie? Hören Sie**
Teil 2 vom Telefongespräch und kreuzen Sie an.

Kein Artikel bei z.B.:
· Sprachen (*Englisch,*
  Finnisch)
· Beruf + sein (*Profes-*
  sorin / Professor sein,
  Studentin / Student
  sein)
· Freizeitaktivitäten
  (*Fußball spielen*)

[ ] Bücher,
Zeitschriften lesen

[ ] Musik hören

[ ] Freunde treffen

[ ] Gitarre spielen

[ ] Sport treiben /
machen

[ ] Filme, Serien
schauen / sehen

[ ] Schach spielen

[ ] Badminton spielen

KB 19–20 ▶ **c** **Hören Sie das ganze Gespräch und notieren Sie: Was sagt Daniel (D), was sagt Pablo (P)?**
Und was machen die beiden am Ende? Kreuzen Sie an.

a. [D] Ich spreche kein Spanisch.   c. [ ] Ich spiele kein Schach.
b. [ ] Ich tanze nicht.   d. [ ] Ich schwimme nicht gut.

Daniel und Pablo   a. [ ] spielen Badminton.   b. [ ] sprechen nur Deutsch.   › ÜB B1–2

2 **[GRAMMATIK KOMPAKT] Negation**

a **Markieren Sie *nicht* und *kein / keine* in 1c und ergänzen Sie die Regel.**

[G]

1. .... verneint Nomen.
2. .... am Satzende verneint den ganzen Satz.
3. .... verneint auch was / wo / wie / … man etwas macht. (z.B. Pablo spricht nicht gut
   Deutsch. / Pablo hört nicht gern Musik. / Pablo kommt nicht aus Portugal.)

b **Verneinen Sie.**

1. Pablo kommt aus Portugal.   *Pablo kommt nicht aus Portugal.*
2. Yu spielt gut Gitarre.   ....
3. Ein Studium ist ein Hobby.   ....
4. Luis treibt gern Sport.   ....
5. Das ist ein Problem.   ....

› ÜB B3

3 Treibst du gern Sport?

a LIKE! Was machen Sie (sehr / nicht) gern? Notieren Sie und kreuzen Sie an.

	super gern	sehr gern	gern	nicht so gern	nicht gern	überhaupt nicht gern
Sport treiben	[ ]	[ ]	[ ]	[ ]	[ ]	[ ]
Filme sehen	[ ]	[ ]	[ ]	[ ]	[ ]	[ ]
Salsa tanzen	[ ]	[ ]	[ ]	[ ]	[ ]	[ ]
…	[ ]	[ ]	[ ]	[ ]	[ ]	[ ]

b Fragen Sie eine Partnerin / einen Partner. Notieren Sie die Antworten.

Ich treibe sehr gern Sport. Treibst du auch gern Sport?

Nein, ich treibe nicht gern Sport. Aber ich tanze super gern Salsa. Tanzt du …?

Samir:
- treibt nicht gern Sport
- tanzt super gern Salsa
…

Wir schreiben sp und st am Wortanfang oder Silbenanfang und sprechen [ʃp] und [ʃt], Beispiel: Sport, Student.

c [MEDIATION] Nehmen Sie Ihre Notizen und schreiben Sie einen Text über Ihre Partnerin / Ihren Partner. Schreiben Sie keine Namen, sondern *die Person* und *sie*.

Die Person treibt nicht gern Sport. Sie tanzt super gern Salsa. Sie … Wer ist das?

d Arbeiten Sie im Kurs. Die Lehrerin / Der Lehrer sammelt die Texte ein und verteilt sie neu. Lesen Sie den Text vor. Alle raten: Wer ist die Person?

4 Am liebsten schaue ich Fußball!

a Was machen Sie gern / lieber / am liebsten? Schreiben Sie wie im Beispiel. Wie sagt man die Sätze in Ihrer Sprache? Vergleichen Sie.

Ich tanze **gern**.
Ich lerne **lieber** Deutsch ☺.
Am liebsten schaue ich Fußball!

....
....
....

KB 21 **b Welches Wort pro Satz ist betont? Hören Sie und markieren Sie. Hören Sie dann noch einmal und sprechen Sie mit.**

<mark>Anna</mark>.
Anna und <mark>Alex</mark>.
Anna und Alex spielen.
Anna und Alex spielen nicht.
Anna und Alex spielen nicht gern.
Anna und Alex spielen nicht gern Fußball.
Anna und Alex spielen nicht gern Fußball im Stadion.
Anna und Alex spielen lieber Volleyball im Park.
Und am liebsten schauen sie Fußball im Stadion!

c Arbeiten Sie zu zweit. Wählen Sie zwei Aktivitäten aus 1b und zwei Orte und schreiben Sie eine Geschichte wie in 4b.

im Park · im Stadion · im Deutschkurs · an der Uni · in Deutschland · in Greifswald · in Alaska · …

d Nehmen Sie Ihre Geschichte auf. Achten Sie auf die Betonung. Spielen Sie die Audios im Kurs oder in Kleingruppen. Wer hat die beste Geschichte?

› ÜB B4

1 Suchen und finden

Lesen Sie einen Text zuerst immer schnell: Was ist das Thema?

a **Schwarzes Brett Uni Greifswald. Zu welchem Thema passen die Anzeigen? Lesen Sie und ordnen Sie zu. Zwei Themen passen nicht.**

Filme .... Sport 2. .... Musik .... Sprachen .... Technik ....

Schwarzes Brett: ein Ort für Informationen, z.B. in der Uni oder auf der Unihomepage. Hier findet man Angebote: Wohnungen, Jobs, Sportkurse, …

SCHWARZES BRETT

1 Gitarre, Bass oder Keyboard lernen! Musikstudent gibt Kurse (privat oder Gruppe). Jonas: 01577-12341234, www.DC-AC.io

3 **UNISPORT SPEZIAL:** Testest du gern Sportarten? Zum Semesterbeginn sind das Sportprogramm und die Kurse eine Woche gratis! Surfen, Beachvolleyball, Yoga, Badminton, …

Anmeldung: www.unisportGW.de
Hast du Fragen? Lars Bauer antwortet: info@unisportGW.de
oder Tel. 03834-44771144

2 Wer braucht einen LAPTOP? Nur 120 €! Der Laptop ist 4 Jahre alt und funktioniert sehr gut! Und: Die Tasche ist gratis! Infos: Fatih, 0171-944882143

4 Ich suche ein Surfboard! Du surfst nicht mehr, aber du hast ein Board? Ich kaufe es! Adriana, Tel. 0150/98754210

b **Was passt? Lesen Sie die Sätze. Lesen Sie dann die Anzeigen in 1a noch einmal und ordnen Sie zu. Eine Anzeige passt nicht.**

1. Das Surfboard von Arthur ist neu. Er sucht einen Kurs. Anzeige [ ]
2. Yuma hat keinen Computer, aber sie sucht einen Computer, am liebsten einen Laptop. Anzeige [ ]
3. Tom und Finja lernen Gitarre und haben viele Fragen. Anzeige [ ]

der Sport (immer Sg.), die Sportart, -en

c **Welche Sportarten finden Sie in den Anzeigen? Kennen Sie andere? Welchen Sport machen Sie gern? Sammeln Sie im Kurs.**

› ÜB C1

2 [GRAMMATIK KOMPAKT] Bestimmter, unbestimmter Artikel und Negativartikel im Nominativ und Akkusativ; Verben mit Akkusativ

a **Ergänzen Sie die Tabelle. Suchen Sie die Artikel in 1a und 1b.**

	Maskulinum (M)	Neutrum (N)	Femininum (F)	Plural (M, N, F)
Nominativ (… ist / sind gratis / neu / alt.)	ein Computer	ein Surfboard	eine Tasche	— Kurse
	kein Computer	kein Surfboard	keine Tasche	keine Kurse
	der Computer	.... Surfboard	.... Tasche	.... Kurse
Akkusativ (Sie / Er hat / sucht / testet / …)	.... Computer	.... Surfboard	eine Tasche	.... Kurse
	keinen Computer	kein Surfboard	keine Tasche	keine Kurse
	den Computer	das Surfboard	die Tasche	die Kurse

b **Markieren Sie in 1a und 1b die Verben mit Ergänzung im Akkusativ. Markieren Sie dann in den Sätzen 1 bis 5 den Nominativ blau und den Akkusativ gelb. Notieren Sie dann die Verben.**

1. Das ist ein Computer. Yuma hat keinen Computer.
2. Der Laptop von Fatih ist 4 Jahre alt. Yuma braucht einen Laptop.
3. Das Surfboard ist alt. Adriana kauft das Surfboard.
4. Arthur sucht einen Sportkurs. Die Sportkurse sind eine Woche gratis.
5. Fatih hat eine Tasche. Die Tasche ist neu.

c Ergänzen Sie die Regeln.

Maskulinum · Nominativ · Ergänzung

G

1. Das Subjekt *(wer? / was?)* steht im .... (z. B. Der Computer / Die Kurse / … ist / sind gratis / …)
2. Viele Verben brauchen eine .... im Akkusativ *(wen? / was?)*. (z. B. Sie / Er hat keinen Computer / sucht einen Kurs / kauft ein Surfboard / braucht einen Laptop.)
3. Akkusativ: Nur das .... hat eine andere Endung, der Rest ist wie im Nominativ ☺.

d Ergänzen Sie die passenden Artikel.

1. Haben Sie .... Laptops? –
   Nein, wir haben k............ Laptops. / Ja, hier sind d............ Laptops. Sie sind neu.
2. Brauche ich e............ Formular? –
   Nein, Sie brauchen k............ Formular. / Ja, hier ist d............ Formular. Es ist für die Anmeldung.
3. Suchen Sie e............ Laptop? – Nein, ich brauche k............ Laptop.
4. Haben Sie e............ Laptoptasche? – Ja, d............ Laptoptasche ist gratis. › ÜB C2–3

③ **Die Anmeldung**

a Sie schreiben eine E-Mail an das Unisport-Team und bekommen eine Antwort. Lesen Sie und kreuzen Sie an: Welche E-Mail ist *formell*, welche *informell*?

1
Sehr geehrter Herr Bauer,
wie teste ich das Gratis-Sportprogramm?
Ist die Anmeldung online? Oder haben
Sie ein Formular?
Vielen Dank.
Mit freundlichen Grüßen
Daniel Scherer

2
Hallo Daniel,
danke für die Mail. Wir sagen lieber „du",
ok? ☺ Im Anhang findest du das Formular
für die Anmeldung. Bitte ausfüllen und dann
scannen und mailen.
Viele Grüße
Lars

[ ] formell   [ ] informell   [ ] formell   [ ] informell

· In formellen Mails / Briefen: Anrede: „Sehr geehrte Frau … / Sehr geehrter Herr …", Grußformel: „Mit freundlichen Grüßen".
· In informellen Mails / Briefen: Anrede: Liebe … / Lieber … / Hallo …, Grußformel: Viele Grüße / Liebe Grüße.

b Sie testen das Gratis-Sportprogramm. Füllen Sie das Formular aus. › ÜB C4

ANMELDUNG: Unisport Spezial

[X] Ja, ich teste das Gratis-Sportprogramm (eine Woche).

Sportart/Sportarten (maximal 3): _____
Name, Vorname: _____ [ ] m [ ] w [ ] d
Adresse: _____
Telefonnummer: _____
E-Mail: _____
Datum, Unterschrift: _____

Seit 2018 in offiziellen Dokumenten in D: m = männlich, w = weiblich, d = divers (nicht männlich, nicht weiblich)

④ **Vielen Dank und viele Grüße!**

Sie mailen das Formular zurück an Lars. Schreiben Sie eine kurze informelle E-Mail wie in 3a. Die Redemittel helfen.

Viele Grüße · danke für … · Hallo Lars, · Im Anhang findest du …

Nach Personen und Gegenständen fragen

Wer ist das? / Was ist das?	Das ist ein Student / eine Studentin / … Das ist ein Hobby / eine Gitarre / …
Ist das ein Student?	Ja. / Nein, das ist kein Student, das ist ein Professor. Der Professor …
Ist das eine Professorin?	Ja. / Nein, das ist keine Professorin, das ist eine Lehrerin. Die Lehrerin …
Sind das Lehrerinnen?	Ja. / Nein, das sind keine Lehrerinnen, das sind Studentinnen. Die Studentinnen …

Vorlieben und Abneigungen ausdrücken

Was machst du super gern / sehr gern / gern / nicht so gern / nicht gern / überhaupt nicht gern?	Ich tanze (super / sehr) gern / nicht so gern / (überhaupt) nicht gern (Salsa / …). Ich lese (super / sehr) gern / nicht so gern / (überhaupt) nicht gern (Zeitschriften / Bücher / …). Ich sehe (super / sehr) gern / nicht so gern / (überhaupt) nicht gern Filme / Serien. …
Spielst du (gern) Fußball?	Ja, (super gern / sehr gern / gern).
Siehst du (gern) Filme?	Nein, (nicht so gern / nicht gern / überhaupt nicht gern).
Treibst du (gern) Sport?	Nein, ich tanze / lese lieber.

Bestimmter, unbestimmter und Negativartikel im Nominativ und Akkusativ

	Maskulinum (M)	Neutrum (N)	Femininum (F)	Plural (M, N, F)
Nominativ (… ist / sind gratis / neu / alt.)	ein Computer kein Computer der Computer	ein Surfboard kein Surfboard das Surfboard	eine Tasche keine Tasche die Tasche	— Kurse keine Kurse die Kurse
Akkusativ (Sie / Er sucht / testet / hat / macht / braucht / …)	einen Computer keinen Computer den Computer	ein Surfboard kein Surfboard das Surfboard	eine Tasche keine Tasche die Tasche	— Kurse keine Kurse die Kurse

Verb *haben*

	haben		
ich	habe	wir	haben
du	hast	ihr	habt
er / sie / es	hat	sie / Sie	haben

Negation mit *nicht* und *kein-*

nicht am Satzende verneint den ganzen Satz.	Ich tanze nicht. Pablo tanzt nicht.
nicht verneint auch was / wo / wie / … man etwas macht.	Yu spielt nicht gut Gitarre. Pablo kommt nicht aus Portugal.
kein verneint Nomen.	Kein Problem! Ich spreche kein Spanisch. Sie brauchen kein Formular. Das ist keine Studentin / kein Student.

3 Ein leerer Bauch studiert nicht gern

ERINNERN SIE SICH? » Bestimmter, unbestimmter und Negativartikel im Nominativ und Akkusativ (L2); Verben mit Ergänzung im Akkusativ (L2)

1 Gerichte und Lebensmittel

a Kennen Sie die Gerichte und Lebensmittel? Ordnen Sie sie den Kategorien unten zu. Was können Sie nicht zuordnen?

Milchreis mit Früchten

Lachs mit Reis und Brokkoli

Rührei

Quark   Wurst

Hering   Erdbeeren

Eier

Kirschen

Butter

Pilze (Champignons)

Kartoffeln

Nudeln

Äpfel

Schnitzel

Tomaten

Salat

Karotten

Kuchen

Pommes frites

Milch

Paprika

Eis

Käse

Gemüse-Reis-Pfanne mit Hähnchen

Knödel mit Champignons

Gulasch mit Bratkartoffeln

Milchprodukte	Obst / Früchte	Gemüse	Beilagen	Fleisch	Fisch
Quark					

Lernen Sie Wörter zusammen mit den Oberbegriffen.

b Was essen Sie gern? / Was essen Sie nicht gern? Ordnen Sie die Gerichte und Lebensmittel zu. Was essen Sie noch gern / nicht gern? Ergänzen Sie die Liste.

👍 esse ich gern	👎 esse ich nicht gern	esse ich jeden Tag	esse ich selten	? ...

Das mache ich gern / nicht gern / oft / selten / ... Ordnen Sie Wörter zu und lernen Sie sie so.

1 **Studium und Mensa: Das gehört zusammen**

> Ich glaube, Studierende essen am liebsten …

a **Lesen Sie nur die Überschrift. Was meinen Sie: Was essen Studierende gern?**

Vor dem Lesen: Formulieren Sie Hypothesen / Vermutungen zum Text. Was kann im Text stehen?

€ = Euro

DAS ESSEN STUDIERENDE IN DEUTSCHLAND

Was essen Studierende am liebsten? Studentenfutter und Schokolade? Wir fragen Ben; er ist 21 und studiert in Hamburg Physik. Ben isst am liebsten Schnipo. Das ist ein Schnitzel mit Pommes (frites). Anne, 22, und Mia, 23, studieren Medizin. Sie lieben Tiere und wollen kein Fleisch essen. Und Anne hat eine Laktoseintoleranz und kann keine Milchprodukte essen. Sie isst vegan, am liebsten Reis mit Gemüse wie Brokkoli, Tomaten und Karotten. Wie Ben, Mia und Anne essen in Hamburg täglich etwa 23 000 Gäste in 13 Mensen und 22 Cafés. Studierende können dort gut und günstig essen. Ein Mensa-Gericht gibt es schon für 2,50 €.

Hier sind die Top 5 aus Hamburg: Platz 1: Currywurst mit Pommes frites. Platz 2: Hähnchen mit Paprikareis. Platz 3: Jägerschnitzel mit Pommes frites. Platz 4: Spaghetti mit Hackfleischsoße. Platz 5: Gemüse-Reis-Pfanne.

Du willst lieber zu Hause essen? Hast du keine Küche und kannst abends nicht kochen? Das ist kein Problem: Du kannst das Mensa-Essen auch mitnehmen.

b **Lesen Sie jetzt den Artikel. Vergleichen Sie Ihre Vermutungen mit den Informationen im Text.**

> Wir glauben, Studierende essen am liebsten Döner Kebab. Platz 1 in Hamburg ist Currywurst mit Pommes frites.

c **Lesen Sie den Artikel in 1a noch einmal. Was ist richtig, was ist falsch? Kreuzen Sie an.**

	r	f
1. Mia will kein Fleisch essen, sie ist Vegetarierin.	[ ]	[ ]
2. Anne isst gern Milchprodukte.	[ ]	[ ]
3. Anne, Ben und Mia wollen lieber zu Hause essen.	[ ]	[ ]
4. Die Studierenden können das Mensa-Essen auch zu Hause essen.	[ ]	[ ]

› ÜB A1–2

2 **[GRAMMATIK KOMPAKT] Modalverb *können* und *wollen* – Formen und Bedeutung**

a **Markieren Sie in 1a und 1c die Formen von *können* und *wollen* und ergänzen Sie die Tabelle.**

können				wollen			
ich	kann	wir	können	ich	will	wir	wollen
du		ihr	könnt	du		ihr	wollt
er / sie / es		sie / Sie		er / sie / es		sie / Sie	

b **Ergänzen Sie die Regeln.**

G

1. *können*: Singular: 1. und .... Person keine Endung; 1., 2., 3. Pers.: Vokalwechsel: .... → a.
2. *wollen*: Singular: 1. und .... Person keine Endung; 1., 2., 3. Pers.: Vokalwechsel: .... → i.

c *können* hat hier zwei Bedeutungen. Welche Bedeutung passt? Kreuzen Sie an.

	Man ist fähig / kompetent.	Es ist (nicht) möglich.
1. Er kann gut kochen.	[ ]	[ ]
2. In der Mensa kann man auch vegan essen.	[ ]	[ ]
3. Das Essen kann man auch mitnehmen.	[ ]	[ ]
4. Sie kann Polnisch und Ungarisch sprechen.	[ ]	[ ]

d Ergänzen Sie das Modalverb: *wollen* oder *können?*

1. Mia liebt Tiere und .... kein Fleisch essen.
2. Das ist toll: Du .... in der Mensa gut und günstig essen.
3. Ich habe so viel Stress: Heute .... ich lieber zu Hause essen.
4. Es gibt einen Service: Studierende .... das Mensa-Essen auch mitnehmen. › ÜB A3

3 [GRAMMATIK KOMPAKT] Modalverb *können* und *wollen* – Wortstellung im Satz

a Markieren Sie die Verben in den Sätzen mit *können / wollen* in 1a und ergänzen Sie die Tabelle.

Position 1	Position 2		Satzende
Anne und Mia		kein Fleisch	essen.
Du		das Mensa-Essen auch	.

b Ergänzen Sie die Regel.

G

Wortstellung: Das Modalverb ist in Aussagesätzen und W-Fragen auf Position ....
Der Infinitiv steht am ....

c Was wollen Sie machen? Was können Sie machen? Schreiben Sie drei Sätze. Achtung: Ein Satz ist nicht richtig.

Ich will Deutsch lernen. Ich kann gut Gitarre spielen. Ich will Kybernetik studieren.

d Sagen Sie die drei Sätze aus 3c. Die anderen raten: Welcher Satz ist nicht richtig?

Nicht richtig ist: Ich will Kybernetik studieren.

› ÜB A4

4 Ist das möglich?

a Lesen Sie die Beiträge im Erstsemesterforum zum Thema: Essen im Seminar. Wer findet, das ist möglich? Markieren Sie die Argumente pro und contra in zwei Farben.

← → C ★ ≡

Fabia (19, Philosophie): Kann ich im Seminar einen Snack essen, ist das okay?

Ben (21, Physik): Ich finde, im Seminar kannst du keine Eier oder Knoblauch essen! Das geht nicht, das riecht 🤢 und stört. Das ist total unhöflich.

Carla (23, Jura): Warum nicht? Ich finde das okay. Essen ist sozial. Der Dozent hat manchmal auch einen Snack dabei. Das ist nicht unhöflich. Mit Hunger kann man auch nicht lernen.

b Was denken Sie über das Thema? Schreiben Sie einen Forumsbeitrag.

Ich finde, man kann im Seminar ... › ÜB A5

Wintersemester 2023/24 **23.10.– 27.10.**

	MONTAG	DIENSTAG	MITTWOCH	DONNERSTAG	FREITAG
GERICHT 1 Studierende/ Personal/Gäste 2,90/3,50/4,00 €	.... (1) mit Pommes	Gulasch mit Kartoffeln	Hähnchenbrust mit Kartoffelbrei	Pizza Hawaii (Ananas, Schinken, Käse)	.... (2) mit Reis
GERICHT 2 2,00/3,00/3,50 €	.... (5)	Gemüselasagne	.... (4) mit Champignons	Pizza Margherita (Käse, Tomaten)	Ziegenkäse mit Birne
GERICHT 3 2,30/3,20/3,70 €	Kürbissuppe (vegan)	Currywurst	Salatteller (vegan)	Spaghetti mit Hackfleischsoße	Gemüsesuppe
BEILAGE: 0,80 €	.... (3)	Tofu	Reis	Nudelsalat	Brokkoli
NACHTISCH: 0,90 €	Obstsalat	Joghurt	Eis	Erdbeerquark	Apfelkuchen

1 Der Speiseplan in der Mensa

a Die Woche hat sieben Tage. Markieren Sie im Speiseplan und ergänzen Sie. Wie heißen die Tage sechs und sieben? Recherchieren Sie und ergänzen Sie.

1. *Mo* ....   3. ....   5. ....   7. ....
2. ....   4. ....   6. ....

KB 22 ▶ **b Anne, Mia, Olga und Ben lesen den Speiseplan. Sie sprechen über die Gerichte. Hören Sie und ergänzen Sie den Speiseplan in 1a.**

Rührei · Schnitzel · Milchreis · Lachs · Knödel   › ÜB B1–4

2 [GRAMMATIK KOMPAKT] Satzbau

KB 23 ▶ **a Was hören Sie? Kreuzen Sie an.**

1. a. [ ] Ich esse gern Fisch.   2. a. [ ] Die Mensa ist am Samstag geschlossen.
   b. [ ] Fisch esse ich gern.   b. [ ] Am Samstag ist die Mensa geschlossen.

b Ergänzen Sie die Regel.

|G|

Das Subjekt steht auf Position .... oder nach dem Verb. Das Verb bleibt immer auf Position ....

c Arbeiten Sie zu zweit. Fragen und antworten Sie wie im Beispiel.

Es gibt + Akkusativ.

Wann gibt es Pizza?

Pizza gibt es am Donnerstag.

Am Donnerstag gibt es Pizza.

d Und Sie: Was wollen Sie gern essen? Was essen Sie nicht gern oder was können Sie nicht essen? Sprechen Sie zu zweit oder in Kleingruppen.

Ich esse gern Gemüse-Reis-Pfanne.

› ÜB B5

3 [GRAMMATIK KOMPAKT] **Konnektoren *denn* (kausal) und *aber* (adversativ)**

KB 24 ▷ **a Hören Sie und ergänzen Sie.**

1. Milchreis kann ich leider nicht essen, ... ich habe eine Laktoseintoleranz.
2. Ich esse vegan, ... die Kürbissuppe kann ich nehmen.

b Schreiben Sie die Sätze aus 3a in die Tabelle.

Hauptsatz 1	Hauptsatz 2		
	Position 0	Position 1	Position 2
Milchreis kann ich leider nicht essen,	d............		
Ich esse vegan,			

c Ergänzen Sie die Regel.

G

Mit *denn* (Grund, kausal) und *aber* (Gegensatz, adversativ) kann man zwei Sätze verbinden;
denn und *aber* stehen auf Position .... Das konjugierte Verb steht auf Position ....
Zwischen den Sätzen steht immer ein Komma.

d Ergänzen Sie *denn* oder *aber*.

1. Ich esse vegan, ... ich liebe Tiere. 2. Ich esse kein Fleisch, ... ich esse Fisch.

e Schreiben Sie die Sätze. Denken Sie auch an das Komma.

1. die Gemüsepizza – vegetarisch – ist – aber – nicht vegan – ist – sie – .
2. Olga – kocht – zu Hause – denn – heute – die Mensa – geschlossen – ist – .
3. Ben – Schnipo – isst – am liebsten – aber – nimmt – heute – Pizza mit Salami – er – .
4. die Studierenden – gern in der Mensa – essen – denn – sie – gut und günstig – ist – .
5. Mia – in Hamburg – studiert – aber – kommt – sie – aus Süddeutschland – .

1. Die Gemüsepizza ist vegetarisch, ...   › ÜB B6

4 **Was wollen wir heute kochen?**

a Lesen Sie den Chat von Ben und Mia. Was kochen sie?

Machen wir heute Spaghetti mit Hackfleischsoße?

Ich kann das leider nicht essen, denn ich bin Vegetarierin.

Pizza?

Das ist gut. Ich kann eine Gemüse-Pizza mit Käse essen.

Und ich kann eine Pizza mit Salami essen.

Okay, das machen wir.

b Arbeiten Sie zu zweit: Was wollen Sie zusammen kochen? Können Sie ein gemeinsames Gericht finden? Schreiben Sie einen Chat wie in 4a.

1 **Im Café Campus**

a Mia, Olga und Ben sind im Café Campus. Lesen Sie die Speisekarte. Kennen Sie die Gerichte?
Was meinen Sie?

CAFÉ CAMPUS

Hamburg-woche!

HAMBURG HERZHAFT

Hamburg-Mittagessen:

Rundstück warm	5,50 €
Fischbrötchen, Stück	3,50 €
Heringssalat	6,90 €
Labskaus	9,90 €
Birnen, Bohnen & Speck	7,90 €
Toast Hawaii	4,50 €

HAMBURG SÜSS

Hamburg-Frühstück:

2 Franzbrötchen,	
Tee und ein Glas O-Saft	5,90 €
Butterkuchen, Stück	2,50 €
Käsekuchen, Stück	2,90 €
Kirschtorte, Stück	3,20 €
Franzbrötchen, Stück	2,20 €
Rote Grütze mit Vanillesoße	3,50 €

GETRÄNKE

Tee mit Milch (Glas), Kaffee (Tasse), heiße Schokolade (Tasse), Espresso	2,50 €
Kaffee (Kännchen), Tee (Kännchen), Cola (Flasche), Wasser (Flasche)	4,50 €

Was ist ein Rundstück?

Ich weiß es nicht. Das ist vielleicht eine Pizza.

KB 25 ▷ **b** **Hören Sie das Gespräch. Welche Definition passt? Ordnen Sie zu.**

1. Labskaus
2. Rote Grütze
3. Rundstück warm
4. Franzbrötchen

a. [ ] ist ein Brötchen. Das Brötchen ist süß, mit Zimt und Zucker.
b. [ ] ist der Hamburger aus Hamburg.
c. [ ] ist eine Süßspeise aus Erdbeeren und Kirschen mit Vanillesoße
d. [ ] ist ein Gericht aus Fleisch mit Kartoffeln, rote Beete und Spiegelei.   › ÜB C1

2 **Mia, Olga und Ben möchten bestellen**

a Was sagen die Gäste (G) im Café Campus, was sagt die Bedienung (B)? Markieren Sie in
2 unterschiedlichen Farben: gelb (B), blau (G).

[2] Sehr gern. Was möchtet ihr trinken?
[ ] Wollen wir noch Kuchen essen? Der schmeckt hier toll!
[3] Ich nehme einen Espresso. Und du, Mia?
[ ] Okay. Franzbrötchen, zwei Stück, und die Rote Grütze. Vielen Dank!
[4] Eine Cola, bitte.
[ ] Und ich nehme einen Tee.
[ ] Ich nehme die Rote Grütze.
[ ] Wir haben heute Käsekuchen, Kirschtorte, Butterkuchen und natürlich Franzbrötchen.
[1] Hallo. Wir möchten gern bestellen.
[ ] Dann nehme ich ein Franzbrötchen. Ich mag Zimt, sehr lecker!
[ ] Ich auch. Ich nehme auch ein Franzbrötchen, und du, Olga?
[ ] Gut. Einen Espresso, eine Flasche Cola, ein Glas Tee. Möchtet ihr auch etwas essen?

KB 26 ▷ **b** **Sortieren Sie die Sätze und schreiben Sie das Gespräch. Hören Sie dann noch einmal zur Kontrolle.**

KB 27 ▷ **c** **Die Rechnung. Was ist richtig? Hören Sie das Gespräch und kreuzen Sie an.**

1. Sie bezahlen a. [ ] zusammen.
   b. [ ] getrennt.

2. Sie bezahlen a. [ ] 17,40 Euro.
   b. [ ] 19,00 Euro.   › ÜB C2

3 [AUSSPRACHE] **Vokale** *a, e, i(e), o, u, ä, ö, ü*

KB 28 ▷ **a Hören Sie die Wörter und sprechen Sie nach.**

a: bezahlen – zusammen

e: sehr – lecker

i: viel – trinken

o: die Cola – toll

u: der Kuchen – der Zucker

ä: der Käse – die Gäste

ö: das Brötchen – ich möchte

ü: süß – das Stück

KB 26 ▷ **b Hören Sie das Gespräch in 2b noch einmal und sprechen Sie es dann zu viert.
Achten Sie auf die Vokale.**

› ÜB C3

4 [GRAMMATIK KOMPAKT] **Modalverben** *möcht-* **und** *mögen*

a Markieren Sie in 2a die Formen von *möcht-* **und** *mögen*. **Ergänzen Sie die Tabelle.**

möcht-				mögen			
ich	möchte	wir		ich		wir	mögen
du	möchtest	ihr		du	magst	ihr	mögt
er / sie / es	möchte	sie / Sie	möchten	er / sie / es	mag	sie / Sie	mögen

b Ergänzen Sie die korrekte Endung.

1. Was möcht........ ihr?
2. Was möcht........ Sie?
3. Möcht........ du Tee?

4. Ich möcht........ eine Cola.
5. Wir möcht........ Tee.
6. Was möcht........ Ben?

c Wer mag was? Ordnen Sie zu.

1. Ben isst gern Hamburger.
2. Mia und Anne essen vegetarisch.
3. Olga isst gern Käse.

a. [ ] Sie mögen kein Fleisch.
b. [ ] Sie mag Milchprodukte.
c. [ ] Er mag Fastfood.

d Ergänzen Sie die Regel.

G

1. *möcht-:* 1. und .... Person sind gleich. *möcht-* bezeichnet einen Wunsch wie *wollen*, aber höflicher: *Ich will einen Kaffee:* eher unhöflich – *Ich möchte einen Kaffee:* höflich.
2. *mögen:* Singular: 1. und .... Person keine Endung; 1., 2., 3. Pers.: Vokalwechsel: ö → .... *mögen* bezeichnet eine Vorliebe / Präferenz.

› ÜB C4

5 Wir bestellen

**a Arbeiten Sie zu dritt. Sie sind mit einer Freundin / einem Freund im *Café Kontor*. Im *Café Kontor*
sagt man *Sie*. Fragen Sie die Freundin / den Freund, was sie / er gern möchte. Lesen Sie dann die
Nachricht von Ihrem Freund, Vitus.**

> Sorry, ich bin zu spät. Ich nehme einen Espresso
> und ein Franzbrötchen. Danke! LG Vitus

b [MEDIATION] **Bestellen Sie nun für Ihre Freundin / Ihren Freund, für Vitus und für Sie selbst.
Wechseln Sie die Rollen.**

Hallo. Wir möchten gern bestellen.

Sehr gern. Was möchten Sie …?

Bestellen und bezahlen im Café

Gäste	Bedienung
Wir möchten gern bestellen.	Ja, gern.
Ich nehme / Wir nehmen …	Was möchten Sie / möchtet ihr trinken?
… bitte.	Möchten Sie / Möchtet ihr auch etwas essen?
	Wir haben heute…
	Gut / Okay. Ein(en) …
Wir möchten gern bezahlen.	Zusammen oder getrennt?
Getrennt / Zusammen.	Das macht …
	Vielen Dank.

Modalverben *können* und *wollen*

	können			**wollen**
ich	kann		ich	will
du	kannst		du	willst
er / sie / es	kann		er / sie / es	will
wir	können		wir	wollen
ihr	könnt		ihr	wollt
sie / Sie	können		sie / Sie	wollen

Modalverben – Wortstellung im Satz

Position 1	Position 2		Satzende
Was	wollen	Studierende am liebsten	essen?
Studierende	können	dort gut und günstig	essen.
Du	kannst	das Mensa-Essen auch	mitnehmen.

Konnektor *denn* (kausal) und *aber* (adversativ)

Hauptsatz 1	Hauptsatz 2		
	Position 0	Position 1	Position 2
Anne kann keine Milchprodukte essen,	denn	sie	hat	eine Laktoseintoleranz.
Ich esse vegan,	aber	die Kürbissuppe	kann	ich nehmen.

Modalverben *möcht-*, *mögen*

	möcht-			**mögen**
ich	möchte		ich	mag
du	möchtest		du	magst
er / sie / es	möchte		er / sie / es	mag
wir	möchten		wir	mögen
ihr	möchtet		ihr	mögt
sie / Sie	möchten		Sie / Sie	mögen

Wir möchten gern bestellen.
Ich mag keinen Fisch.

4 13:00 Uhr: Mensa, Sprechstunde oder Kochen?

ERINNERN SIE SICH? » Wochentage (L3) » Modalverben *können, wollen, möcht-* (L3)

1 Aktivitäten

a Ordnen Sie die Bilder den Aktivitäten zu.

a. [ ] das Geschirr abwaschen
b. [ ] ein Referat halten
c. [ ] eine Vorlesung besuchen
d. [ ] in die Sprechstunde gehen
e. [ ] Zutaten vorbereiten
f. [ ] die Wohnung aufräumen
g. [ ] eine Klausur schreiben
h. [ ] ein Tutorium / ein Seminar / eine Übung haben

b Ordnen Sie die Aktivitäten aus 1a den Kategorien *Universität* und *Haushalt* zu.

Universität

ein Referat halten

Haushalt

Ordnen Sie Wörter Kategorien zu. Eine Mindmap kann helfen.

2 Das muss ich diese Woche machen

a Lesen Sie den Wochenplan von Denise und ergänzen Sie die Wochentage.

1. Am .... muss sie ein Referat halten.
2. Am .... muss sie eine Klausur schreiben.
3. Am .... muss sie in die Sprechstunde von Professorin Krämer gehen.
4. Am .... kann sie ausschlafen.

b Was müssen Sie diese Woche machen? Schreiben Sie einen Wochenplan wie in 2a.

16 Montag
Sprechstunde Prof. Krämer

17 Dienstag
arbeiten

18 Mittwoch
Referat

19 Donnerstag
Vorlesung Mathe

20 Freitag
Klausur Statistik

21 Samstag   aufräumen

22 Sonntag   ausschlafen

1 Verabredung am Sonntag

KB 29 ▶ **a Was wollen William und Moritz am Sonntag machen? Hören Sie und kreuzen Sie an.**

a. [ ] gemeinsam kochen   b. [ ] zusammen lernen

KB 29 ▶ **b Hören Sie das Gespräch noch einmal. Was hören Sie: a oder b? Kreuzen Sie an.**

1. Wie viele   a. [ ] Prüfungen   b. [ ] Klausuren   musst du schreiben?
2. Wir müssen   a. [ ] am Mittwoch   b. [ ] am Donnerstag   noch ein Referat halten.
3. Am Freitagabend kann ich nicht, ich muss   a. [ ] lernen.   b. [ ] trainieren.
4. Dann bis Sonntag   a. [ ] um halb zwölf.   b. [ ] um zwölf.   › ÜB A1

2 [GRAMMATIK KOMPAKT] Modalverb *müssen*

a Markieren Sie in 1b die Formen von *müssen* und ergänzen Sie die Tabelle.

müssen			
ich		wir	
du		ihr	müsst
er / sie / es	muss	sie / Sie	müssen

b Ergänzen Sie die Regel.

G

1. Singular: 1. und .... Person keine Endung; 1., 2., 3. Pers.: Vokalwechsel: .... → u.
2. Modalverben: Wie bei *können, wollen* und *möcht-* steht im Aussagesatz *müssen* auf Position 2
    und der Infinitiv am Satzende. Manchmal steht kein Verb im Infinitiv: *Ich möchte einen Kaffee*.

**c Nehmen Sie Ihren Wochenplan aus *Kurs nehmen*. Arbeiten Sie zu zweit. Fragen Sie wie im Beispiel
und notieren Sie die Antworten.**

> Ich muss am Montag eine Klausur schreiben.
> Und was musst du am Montag machen?

> Am Montag muss ich aufräumen
> und am Dienstag muss ich …
> Und was musst du am Dienstag machen?   › ÜB A2

3 Halb zwölf oder halb eins?

KB 30 ▶ **Hören Sie das Gespräch. Was ist richtig: a oder b? Kreuzen Sie an.**

1. a. [ ] William   b. [ ] Moritz   versteht die Uhrzeit falsch.
2. Halb zwölf ist   a. [ ] 11:30 Uhr.   b. [ ] 12:30 Uhr.
3. William telefoniert um 11:45 Uhr, also   a. [ ] um Viertel vor zwölf.   b. [ ] um Viertel nach zwölf.
4. Moritz kann   a. [ ] den Fisch   b. [ ] den Salat   vorbereiten.

4 Die Uhrzeit

a Verbinden Sie die informellen und die formellen Angaben für die Uhrzeit.

Man sagt informell:	Man sagt formell:	Man schreibt:
1. drei (Uhr)	a. [ ] fünfzehn Uhr fünfundzwanzig	15:25 Uhr
2. zehn **nach** drei	b. [ ] fünfzehn Uhr zehn	15:10 Uhr
3. **Viertel nach** drei	c. [ ] fünfzehn Uhr dreißig	15:30 Uhr
4. fünf **vor halb** vier	d. [ ] fünfzehn Uhr fünfzehn	15:15 Uhr
5. **halb** vier	e. [ ] fünfzehn Uhr	15:00 Uhr
6. **Viertel vor** vier	f. [ ] fünfzehn Uhr fünfundvierzig	15:45 Uhr

Ausnahme:
Es ist **ein** Uhr.
Es ist **eins**.

In manchen Regionen von Deutschland und Österreich sagt man für:
· Viertel nach drei → viertel vier
· Viertel vor vier → drei viertel vier

b Fragen und antworten Sie wie im Beispiel.

● Wie spät ist es? / Wie viel Uhr ist es?
○ Es ist halb sechs.

› ÜB A3

`17:30` `13:20` `18:25` `07:55` `11:35` `06:40` `00:05` `22:50`

5 Sich verabreden

KB 31 ⏵ **a** Hören und lesen Sie das Gespräch und markieren Sie die Uhrzeiten.

● Gehen wir heute Nachmittag in die Cafeteria?
○ Gern. Geht es um halb drei?
● Das geht leider nicht, da habe ich eine Vorlesung. Kannst du um halb vier?
○ Das geht, aber ich muss um zehn vor vier gehen. Professor Pozzo beginnt die Vorlesung immer s.t., also pünktlich um vier.
● Okay, passt dann Viertel nach drei?
○ Super, das passt gut! Bis dann!
● Bis dann!

 Akademisches Viertel
10:00 Uhr c.t.
(cum tempore)
= Viertel nach zehn.
10:00 Uhr s.t.
(sine tempore)
= Pünktlich um zehn.

KB 31 ⏵ **b** Hören Sie das Gespräch noch einmal und sprechen Sie mit.

c Wann können Sie gemeinsam in die Mensa gehen? Führen Sie ein Gespräch.

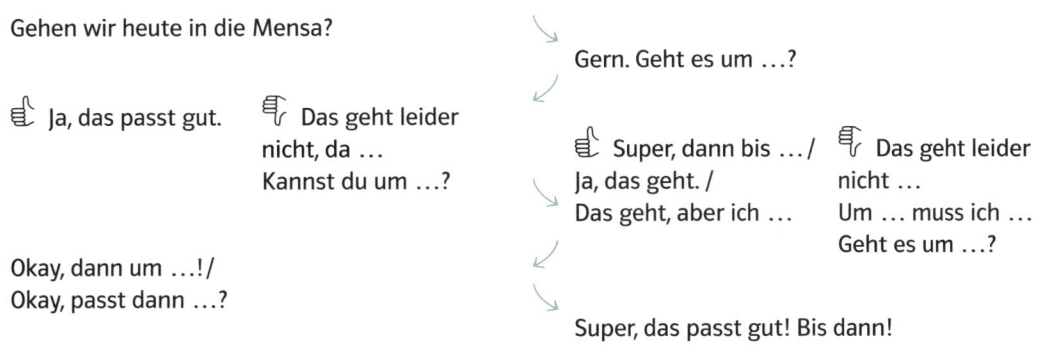

Gehen wir heute in die Mensa?

Gern. Geht es um …?

👍 Ja, das passt gut.   👎 Das geht leider nicht, da … Kannst du um …?

👍 Super, dann bis …/ Ja, das geht. / Das geht, aber ich …   👎 Das geht leider nicht … Um … muss ich … Geht es um …?

Okay, dann um …!/ Okay, passt dann …?

Super, das passt gut! Bis dann!

› ÜB A4–5

1 Termine: Feriensprechstunden

a Wann sind die Feriensprechstunden? Lesen Sie und markieren Sie in den Texten.

Semesterferien
vom 27. Februar bis
zum 07. April

Feriensprechstunden
von Prof. Pozzo
am 08.03., 15.03. und 22.03.

Liebe Studierende, ich bin in den Semesterferien vom 27. Februar bis zum 07. April im Ausland. Ich biete eine virtuelle Sprechstunde an: jeden Freitagnachmittag von 14:00 bis 16:00 Uhr. Ich wünsche Ihnen schöne Semesterferien!
Prof. Ilse Rabenstein

KB 32 ▶ **b Hören Sie das Gespräch und kreuzen Sie an.**

Moritz möchte in die Sprechstunde von   a. [ ] Prof. Pozzo.   b. [ ] Prof. Rabenstein.

KB 32 ▶ **c Hören Sie das Gespräch noch einmal. Was ist richtig: a oder b?**

1. Moritz möchte einen Termin   a. [ ] im Februar.   b. [ ] im März.
2. Moritz hat   a. [ ] noch kein Thema   b. [ ] schon ein Thema   für die Hausarbeit.
3. Moritz bekommt einen Termin
   a. [ ] am 15. März um halb zwei.   b. [ ] am 15. März um halb drei.   › ÜB B1

2 Daten, Daten, Daten

KB 33 ▶ **a In welchen Monaten sind die Tests und Prüfungen in Statistik und Mathematik? Hören Sie das Gespräch und markieren Sie die Monate im Kalender.**

KB 33 ▶ **b Hören Sie noch einmal. Notieren Sie die Termine.**

Semesterplanung

JANUAR   FEBRUAR   MÄRZ   APRIL

MAI   JUNI   JULI   AUGUST

SEPTEMBER   OKTOBER   NOVEMBER   DEZEMBER

Statistik:
· Test (Frühling): ....
· Prüfung: ....
· Test (Winter): ....

Mathematik:
· Prüfung: ....

· Semesterferien: ....

c Und wann haben Sie Termine? Fragen Sie im Kurs.

der **ers**te, der zwei**te**, der **dri**t**te**, der vier**te**,
der fünf**te** … der **sieb**te … der neunzehn**te**
1., 2. … 19. → **-te**
der zwanzig**ste**, der einundzwanzig**ste** …
20. … → **-ste**

Datum:
am **ers**ten, am zwei**ten** … am fünf**ten** **Dri**t**ten** /
am ers**ten**, am zwei**ten** … am fünf**ten** März
am 1., 2., 3. … → **-ten**

Ich schreibe im Januar eine Klausur, am elften Januar. Wer hat auch einen Termin im Januar?

Ich habe im Januar eine Prüfung, am …

› ÜB B2

3 [GRAMMATIK KOMPAKT] Temporale Präpositionen *um, am, im, von … bis / vom … bis*

a Welche Präposition passt wo? Ordnen Sie zu.

am • von … bis / vom … bis (zum) • um • im

Uhrzeit
Der Termin bei Prof. Pozzo ist .... 14:30 Uhr.

Datum / Wochentag / Tageszeit
Die Sprechstunde ist .... 08.03. / .... Montag. / .... Nachmittag.

Monat / Jahreszeit
Prof. Rabenstein ist .... März / .... Frühling nicht da.

Beginn und Ende
Uhrzeit, Wochentag: Die Mensa ist .... Montag .... Freitag geöffnet.
Datum: Die Semesterferien sind .... 27.02. .... 07.04.

b Beantworten Sie die Fragen in der Spalte *ich*. Ergänzen Sie noch weitere Fragen. Sprechen Sie dann zu zweit und notieren Sie die Antworten.

	ich:	meine Partnerin / mein Partner:
Wann machst du Sport?		
Wann beginnt dein Tag?	*Um*	
Wann bist du an der Uni?		
Wann hast du Prüfung?		
…		› ÜB B3

4 Bist du gerade an der Uni?

a Lesen Sie die Nachricht von Chiara. Was möchte sie wissen? Wo finden Sie die Information?

> Hi William, wie geht's? Bist du gerade an der Uni? Ich muss heute arbeiten, aber ich brauche dringend einen Termin bei Prof. Pozzo! Wann hat er Sprechstunde? Weißt du das? Danke und viele Grüße!

b [MEDIATION] Nehmen Sie eine Antwort an Chiara als Sprachnachricht auf. Hören Sie Ihre Nachrichten zu zweit. Überlegen Sie: Sind die Antworten korrekt? Hat Chiara alle Informationen?

5 Um einen Termin bitten: E-Mail an die Professorin

a Schreiben Sie die E-Mail richtig.

SehrgeehrteFrauProfessorinRabensteinichschreibegerademeineSeminararbeitund habeeineFrageHabenSieam17.MärzSprechstundeIchmöchtegerneinenTerminVielen DankMitfreundlichenGrüßenMoritzFrey

b Sie studieren und möchten einen Termin bei Ihrer Professorin / Ihrem Professor. Schreiben Sie eine E-Mail.

› ÜB B4

1   Gemeinsam is(s)t man nicht allein

a   Was kann *Social Cooking* sein? Kreuzen Sie an.

1.   [ ]   kochen für eine soziale Institution
2.   [ ]   mit Fremden zusammen kochen
3.   [ ]   einen Kochkurs machen

b   Wie funktioniert das? Sammeln Sie Fragen zum *Social Cooking*. Lesen Sie dann den Text auf der Internetseite und notieren Sie die Antworten auf Ihre Fragen.

Wer …?   Wo …?   Was …?   Warum …?

Sie wollen Informationen finden: Stellen Sie W-Fragen an den Text.

SOCIAL COOKING IN STUTTGART

TOLL FÜR GASTGEBER
Deine Gäste laden dich zum Essen ein und bringen alle Zutaten mit. Ihr kocht gemeinsam, und deine Gäste waschen sogar ab!

DU ISST IMMER ANDERS.
Du füllst ein Online-Formular aus und wir losen aus:
Wer ist Gastgeber? Wer ist Gast? Zwei Gäste sind ein Kochteam.

IHR KAUFT ZUSAMMEN EIN.
Das Kochteam wählt ein Gericht aus, kauft ein und bringt die Zutaten mit.
Alle kochen dann gemeinsam das Gericht. Wo? Beim Gastgeber. Das ist besonders: Die Gäste laden den Gastgeber ein! Er muss nichts bezahlen. Die Gäste waschen auch das Geschirr ab (oder räumen die Spülmaschine ein ☺), trocknen ab und räumen die Küche wieder auf.

DU MUSST KEIN PROFI SEIN.
Du kannst nicht perfekt kochen? Kein Problem. Wichtig ist nur: Du feierst mit.
Gemeinsam kochen verbindet.

© Website der social cooking community „Cookasa"

c   Lesen Sie den Text noch einmal. Was ist richtig (r), was ist falsch (f)? Kreuzen Sie an.

		r	f
1.	Gäste und Gastgeber füllen ein Online-Formular aus.	[ ]	[ ]
2.	Gastgeber und Gäste losen das Kochteam aus.	[ ]	[ ]
3.	Gäste und Gastgeber wählen ein Gericht aus.	[ ]	[ ]
4.	Gäste und Gastgeber kaufen die Zutaten ein.	[ ]	[ ]
5.	Die Gäste bringen die Zutaten mit.	[ ]	[ ]
6.	Der Gastgeber lädt die Gäste ein.	[ ]	[ ]
7.	Der Gastgeber wäscht nicht das Geschirr ab.	[ ]	[ ]
8.	Die Gäste müssen die Küche aufräumen.	[ ]	[ ]

› ÜB C1

2 [GRAMMATIK KOMPAKT] **Verben mit trennbarer Vorsilbe**

a **Markieren Sie die Verben in 1c. Schreiben Sie die richtigen Sätze (r) aus 1c in die Tabelle.**

	Position 2	Satzende
Gäste und Gastgeber	füllen	

b **Ergänzen Sie die Regel.**

G

Verben können Vorsilben haben (**ab-, auf-, aus-, ein-, mit-, teil-, vor-**, …) wie z. B. **mit**bringen, **ein**laden. Die Vorsilbe steht im Satz am ...., der konjugierte Teil vom Verb auf Position .... Mit Modalverb steht das Verb im Infinitiv am ....

KB 34 ▶ **c** [AUSSPRACHE] **Welche Silbe ist betont? Hören Sie die Verben und markieren Sie.**

1. teilnehmen   3. auswählen   5. einkaufen   7. mitbringen
2. einladen   4. aufräumen   6. abwaschen   8. abtrocknen

KB 34 ▶ **d** **Hören Sie die Verben in 2c noch einmal und sprechen Sie nach.**

e **Was machen Sie zu Hause (nicht) gern? Notieren Sie.**

aufräumen · abwaschen · einkaufen · das Essen vorbereiten · die Spülmaschine einräumen · abtrocknen · die Spülmaschine ausräumen

🙂 Das mache ich gern.	🙁 Das mache ich nicht gern.
Ich wasche gern ab.	*Ich räume nicht gern auf.*

f **Was glauben Sie: Was macht Ihre Partnerin / Ihr Partner (nicht) gern? Sprechen Sie.**

Ich glaube, du wäschst gern ab.

Genau!

Richtig!

Nein!

Stimmt nicht!

Hausarbeit:
1. Arbeit im Haushalt
2. schriftliche Seminararbeit

› ÜB C2–3

3 **Seine Meinung äußern: Social Cooking: Was denken Sie? Machen Sie mit?**

Wie finden Sie *Social Cooking*? Sprechen Sie.

Meinung   Ich finde Social Cooking   stressig · komisch · gefährlich · spannend · (k)eine tolle Idee · interessant · lustig · …

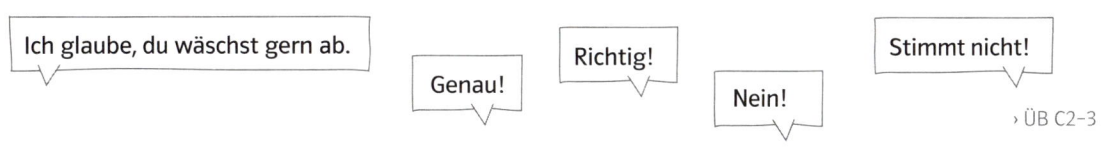

Warum?   denn …   gemeinsam kochen verbindet. · ich kann (nicht) gut kochen. · ich feiere (nicht) gern. · ich treffe (nicht) gern Leute. · ich lerne (nicht) gern Leute kennen. · ich mag (keine) Überraschungen. · ich mag (keine) Hausarbeit. · …

Fazit   Ich möchte (nicht) gern mitmachen.

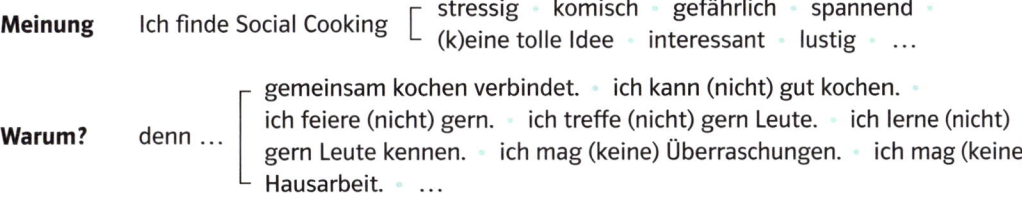

Ich finde Social Cooking interessant, denn ich mag Überraschungen. Ich möchte gern mitmachen.

› ÜB C4

Die Uhrzeit und das Datum sagen

Wie spät ist es? · Wie viel Uhr ist es?	Es ist …
Wann? · Um wie viel Uhr?	`13:00` Um 13:00 Uhr. · Um 15:15 Uhr. · Um ein Uhr / eins. · Um Viertel nach drei.
Wann?	Am fünften Januar. · Am Montag, das ist der fünfte Januar. Am Nachmittag. · Am Montagvormittag. Im Januar. · Im Winter. Von Montag bis Freitag. · Vom 5. bis (zum) 9. Januar.

Sich verabreden

Vorschlag:	Gehen wir heute …?
Zeitpunkt aushandeln:	Kannst du am … um …? · Geht es am … um …? 👍 Das geht, aber ich muss … · Ja / Super, das passt (gut). · Gern. 👎 Nein, das geht leider nicht. Ich muss … · Um … muss ich …

Modalverb *müssen*

	müssen
ich	muss
du	musst
er / sie / es	muss
wir	müssen
ihr	müsst
sie / Sie	müssen

William muss am Mittwoch um 14:00 Uhr ein Referat halten.

Temporale Präpositionen *um, am, im, von … bis / vom … bis*

Wann?

Uhrzeit **um**	Datum / Wochentag / Tageszeit **am**	Monat / Jahreszeit **im**
Der Termin bei Prof. Pozzo ist **um** 14:30 Uhr.	Die Sprechstunde ist **am** 08.03./ **am** Mittwoch. / **am** Nachmittag. Ausnahme: **in** der Nacht.	Prof. Rabenstein ist **im** März / **im** Frühling nicht da.

Wann? Von wann bis wann?

Beginn und Ende **von … bis / vom … bis (zum)**

Uhrzeit:	Die Vorlesung ist **von** 10:15 **bis** 11:45 Uhr.
Wochentag:	Die Mensa ist **von** Montag **bis** Freitag geöffnet.
Datum:	Die Semesterferien sind **vom** 27.02. **bis (zum)** 07.04.

Verben mit trennbarer Vorsilbe

	Position 2		**Satzende**
Die Gäste	bringen	die Zutaten	mit.
Sie	laden	den Gastgeber	ein.
Die Gäste	räumen	die Küche	auf.
Die Gäste	müssen	die Küche	aufräumen.

5 Familie und Freunde

ERINNERN SIE SICH? » Verben mit Akkusativergänzung (L 2) » Unbestimmter, bestimmter und
Negativartikel (L 2) » Modalverben (L 3, 4)

1 Familie und Verwandtschaft

KB 35 ▶ **a** **Wer ist wer? Schreiben Sie die Namen in den Text. Hören Sie dann zur Kontrolle.**

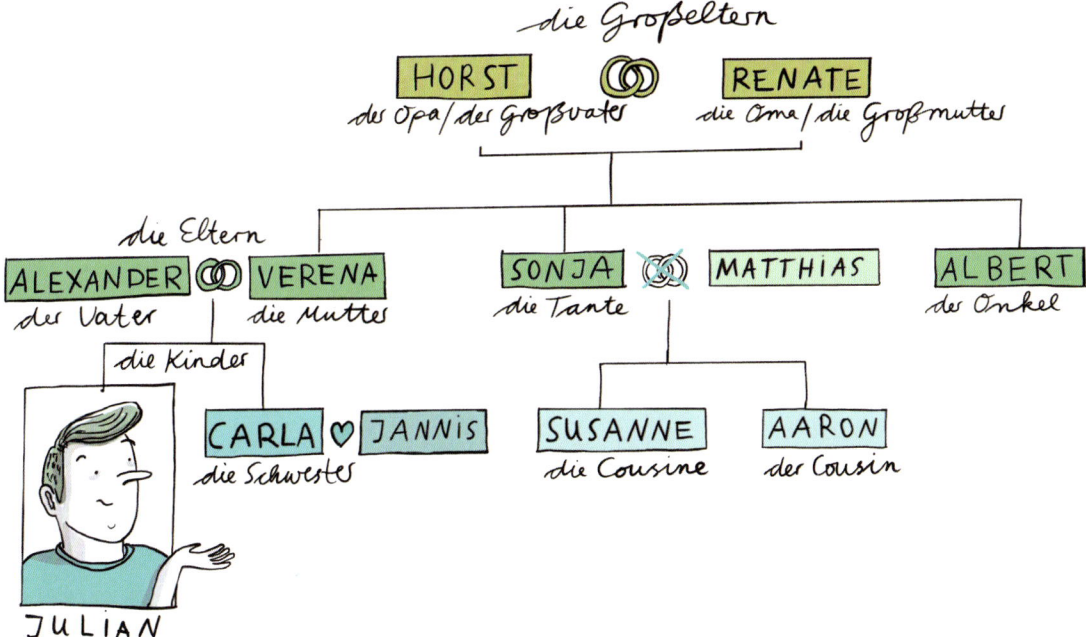

Das ist Julian. Er ist 20 Jahre alt. Die Mutter von Julian heißt .... Der Vater von Julian,
also der Mann von Verena, heißt ....

.... ist die Schwester von Julian. Sie hat einen Freund. Er heißt ....
und lebt mit Carla zusammen.

Verena hat eine Schwester, sie heißt .... Sie hat zwei Kinder, eine Tochter und einen
Sohn. Die Tochter von Sonja heißt .... , der Sohn von Sonja heißt ....
Aaron ist der Cousin und Susanne ist die Cousine von .... und Carla.

Der Vater von Aaron und Susanne heißt .... Er und Sonja sind nicht mehr verheiratet,
sie sind geschieden.

Verena und Sonja haben auch einen Bruder, er heißt .... Er ist nicht verheiratet,
er ist ledig.

.... ist die Tante und Albert ist der Onkel von Julian und Carla. .... ist
die Nichte und Aaron ist der Neffe von Verena und Albert.

Der Großvater von Julian heißt .... Die Frau von Horst, also die Großmutter
von Julian, heißt .... Sie haben vier Enkel: Julian, Carla, Susanne und Aaron.

b **Zeichnen Sie Ihre Familie wie in 1a.**

Lernen Sie Wortschatz
für Familie und
Verwandtschaft am
besten mit Ihrer
eigenen Familie.

1   Meine Mutter feiert Geburtstag

KB 36 ▸ **a Hören Sie Teil 1 vom Gespräch. Was ist richtig? Kreuzen Sie an.**

1. Die Mutter von   a. [ ] Davide   b. [ ] Julian   feiert Geburtstag.
2. Der Gast Nummer 1 ist   a. [ ] der Hund   b. [ ] Aaron.

KB 36 ▸ **b Wer kommt? Hören Sie Teil 1 vom Gespräch noch einmal und kreuzen Sie an.**

1. a. [ ] Unsere Familie.   b. [ ] Eure Verwandtschaft.
2. Meine Schwester, Carla, und   a. [ ] ihr Freund.   b. [ ] ihre Freundin.
3. Mein Cousin, Aaron, und   a. [ ] sein Freund.   b. [ ] seine Freundin.
4. a. [ ] Meine Eltern.   b. [ ] Meine Großeltern.
5. a. [ ] Mein Hund.   b. [ ] Unser Hund.

› ÜB A1

2   [GRAMMATIK KOMPAKT] Possessivartikel im Nominativ

a Markieren Sie in 1b die Possessivartikel und ergänzen Sie die Tabelle.

Nominativ	Singular			Plural
	Maskulinum	**Neutrum**	**Femininum**	
ich	(Vater)	mein (Buch)	(Mutter)	(Eltern)
du	dein	dein	deine	deine
er (Julian)	sein	sein		seine
sie (Carla)		ihr	ihre	ihre
es (das Kind)	sein	sein	seine	seine
wir		unser		unsere
ihr	euer	euer	eure	eure
sie / Sie	ihr / Ihr	ihr / Ihr	ihre / Ihre	ihre / Ihre

b Wer passt zu Verena? Wer passt zu Aaron? Ordnen Sie zu.

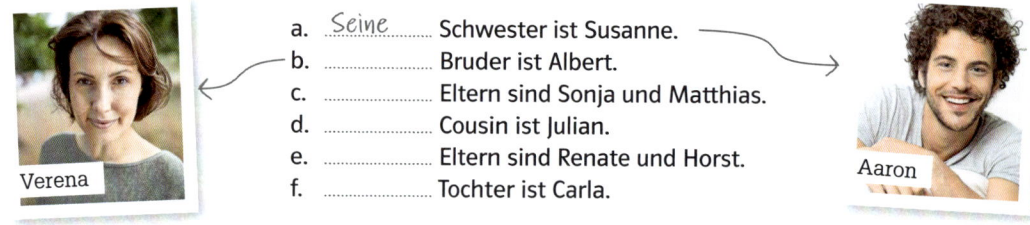

a. _Seine_ Schwester ist Susanne.
b. .... Bruder ist Albert.
c. .... Eltern sind Sonja und Matthias.
d. .... Cousin ist Julian.
e. .... Eltern sind Renate und Horst.
f. .... Tochter ist Carla.

Verena   Aaron

c Ergänzen Sie in 2b die Possessivartikel.

› ÜB A2

3   Und die Familie von Davide?

KB 37 ▸ **Hören Sie Teil 2 vom Gespräch. Wer sagt was? Kreuzen Sie an.**

	Davide	Julian
1. Ich mag keinen Small Talk.	[ ]	[ ]
2. Meine Großeltern wohnen in Italien.	[ ]	[ ]
3. Ich sehe meine Familie in Italien so selten.	[ ]	[ ]
4. Meine Oma vermisst ihre Enkel, mein Opa vermisst seine Enkel natürlich auch.	[ ]	[ ]
5. Ist eure Familie sehr groß?	[ ]	[ ]
6. Oje, das ist ja total anstrengend.	[ ]	[ ]
7. Ich komme mit! Dann bist du nicht allein.	[ ]	[ ]
8. Kannst du deine Eltern fragen?	[ ]	[ ]

› ÜB A3

4 [GRAMMATIK KOMPAKT] Possessivartikel im Akkusativ

a Markieren Sie in 3 die Possessivartikel und ergänzen Sie die Tabelle.

Akkusativ	Singular			Plural
	Maskulinum	**Neutrum**	**Femininum**	
ich	mein**en** *(Vater)*	mein *(Buch)*	_____ *(Mutter)*	meine *(Eltern)*
du	dein**en**	dein	deine	
er *(Julian)*	sein**en**	sein	seine	
sie *(Carla)*	ihr**en**	ihr	ihre	
es *(das Kind)*	sein**en**	sein	seine	seine
wir	unser**en**	unser	unsere	unsere
ihr	eu**ren**	euer	eu**re**	eu**re**
sie / Sie	ihr**en** / Ihr**en**	ihr / Ihr	ihre / Ihre	ihre / Ihre

b Schauen Sie die Tabellen in 2a und 4a an und ergänzen Sie die Regeln.

Endungen • -en

> G

1. Der Possessivartikel hat die gleichen .... wie der Negativartikel /
   unbestimmte Artikel.
2. Akkusativ: Nur das Maskulinum hat eine andere Endung (........................), der Rest ist wie im
   Nominativ ☺.

› ÜB A4

5 Meine Familie

a Ihre Familie: Machen Sie zuerst Notizen in der Spalte *ich*. Sprechen Sie dann zu zweit.
Machen Sie Notizen in der Spalte meine Partnerin / mein Partner. Zeigen Sie auch Fotos.

	ich	meine Partnerin / mein Partner
Vater	Mein Vater heißt ... Er ist ... Er ... gern ...	
Mutter	Meine ...	
...		

Das ist mein Großvater. Er heißt Vincent.
Er wohnt in den Niederlanden. ...

Und das hier ist mein Bruder…

Wie alt ist dein Bruder?
Ist er verheiratet?

b Schreiben Sie einen Text über die Familie von Ihrer Partnerin / Ihrem Partner. Tauschen Sie dann
die Texte und korrigieren Sie.

Das ist die Familie von ... Sein / Ihr Vater heißt ... Er ...

c [MEDIATION] Stellen Sie die Familie von Ihrer Partnerin / Ihrem Partner im Kurs vor.

1 **Julian – seine Familie und Verwandtschaft**

a Die Mutter von Julian feiert ihren Geburtstag. Betrachten Sie das Bild. Wer sind die Personen?
Was vermuten Sie?

Ich denke, Person E ist Aaron.

KB 38 ▶ **b** Auf der Geburtstagsfeier: Julian erklärt Davide seine Familie. In welcher Reihenfolge
sprechen Julian und Davide über die Personen? Nummerieren Sie im Bild.

KB 38 ▶ **c** Hören Sie das Gespräch noch einmal. Was hören Sie? Kreuzen Sie an.

1. Carla ist	a. [ ] groß und schlank.	b. [ ] klein und schlank.
2. Ihre Haare sind	a. [ ] braun und lang.	b. [ ] blond und lang.
3. Davide findet, Carla sieht	a. [ ] sympathisch aus.	b. [ ] super aus.
4. *einen Freund haben* heißt auf Deutsch	a. [ ] verlobt sein.	b. [ ] verliebt sein.
5. Davide findet, Jannis sieht	a. [ ] cool aus.	b. [ ] nicht cool aus.
6. Julian meint, sein Opa sieht	a. [ ] noch sehr jung aus.	b. [ ] schon alt aus.
7. Der Opa von Julian ist	a. [ ] noch sehr fit.	b. [ ] nicht mehr fit.
8. Die Haare von Cousine Susanne sind	a. [ ] blond und lockig.	b. [ ] braun und lockig.
9. Julian findet, Susanne ist	a. [ ] intelligent.	b. [ ] sympathisch.
10. Der Hund ist	a. [ ] klein und kräftig.	b. [ ] dick, aber süß.

KB 38 ▶ **d** Hören Sie das Gespräch noch einmal. Notieren Sie die passenden Beschreibungen.

1. Carla

Haare:
....
....
....

2. Jannis

3. Horst
....
....
....

4. Susanne

5. Hund
....
....
....

....
....
....
....

....
....
....
....

♡ verliebt
⚭ verlobt
⚭ verheiratet

› ÜB B1–3

2 [GRAMMATIK KOMPAKT] Adjektive – prädikativ und adverbial

a Wie ist …? Lesen Sie die Sätze in 2b und markieren Sie die Adjektive.

b Was beschreiben die Adjektive: das Nomen oder das Verb? Lesen Sie die Sätze noch einmal und kreuzen Sie an.

	beschreibt Nomen	beschreibt Verb
1. Meine Schwester ist sehr schlank.	[ ]	[ ]
2. Meine Cousine kann sehr schnell rechnen.	[ ]	[ ]
3. Die Haare von Susanne sind lockig.	[ ]	[ ]
4. Mein Opa kocht sehr gut.	[ ]	[ ]
5. Euer Hund sieht sehr witzig aus.	[ ]	[ ]

c Ergänzen Sie die Regeln.

eine Handlung oder einen Zustand · Form · eine Person oder einen Gegenstand

G

1. Das Verb *sein* definiert ....
   Das Adjektiv beschreibt das Nomen (Subjekt). (Adjektiv = prädikativ)
2. Verben wie *kochen*, *rechnen* und *essen* drücken ....
   aus. Das Adjektiv beschreibt das Verb. (Adjektiv = adverbial)
3. Im Deutschen ist die .... von Adjektiven adverbial und prädikativ identisch ☺.

d Beschreiben Sie eine Person im Kurs. Arbeiten Sie zu zweit. Nennen Sie den Namen von der Person nicht. Ihre Partnerin / Ihr Partner rät.

> Die Person ist … Ihre Haare sind …
> Sie sieht … aus.

> Das ist Jeevan.

> Richtig! / Genau! / Korrekt!

› ÜB B4

3 [AUSSPRACHE] Kurze und lange Vokale

KB 39 ▶ **a Ist der Vokal kurz (.) oder lang (_)? Hören Sie die Wörter und notieren Sie.**

1. Mutter	3. Bruder	5. ledig	7. geschieden	9. Tante	11. blond	13. Enkel
2. Familie	4. lang	6. kurz	8. Sohn	10. fit	12. Vater	14. Großmutter

KB 39 ▶ **b Hören Sie die Wörter in 3a noch einmal und sprechen Sie sie nach.** › ÜB B5

4 Wer ist wer?

a Arbeiten Sie in Gruppen. Zeichnen Sie eine Person auf ein Blatt Papier. Schreiben Sie auf ein anderes Blatt Papier eine genaue Beschreibung für diese Person. Verteilen Sie die Beschreibungen neu im Kurs.

b Die Zeichnungen hängen im Kurs aus. Wer findet schnell das Bild für seine Beschreibung?

Die Person ist ein Junge.
Er ist klein und dick.
Die Haare sind braun,
kurz und lockig. Er sieht
witzig und sehr nett aus.

1 **Kontakte oder Freunde?**

a **Für wen ist wichtig:** *Freunde machen viel gemeinsam*? **Lesen Sie die Beiträge von Studierenden im Unijournal und kreuzen Sie an.**

a. [ ] Dominik   b. [ ] Alexandra   c. [ ] Davide   d. [ ] Leon   e. [ ] Nina   f. [ ] Tim

KONTAKTE ODER FREUNDE?

Freunde oder Kontakte – ein großes Thema. Wir haben oft das Gefühl: „Ich habe sehr viele Kontakte, aber ich habe keine Freunde und meine Kontakte finde ich nur oberflächlich."
Was sind Freunde für dich? Hier sind eure Antworten.

Dominik, 21, Politikwissenschaft: Kontakte sind keine Freunde, denn Freunde müssen loyal, ehrlich und offen sein. Ich kenne meine Freunde gut und wir diskutieren sehr offen.

Alexandra, 23, Romanistik: Ich finde, man muss viel zusammen machen. Zum Beispiel kochen meine Freunde und ich oft etwas: Gemeinsam kochen und essen verbindet! Das kann man im Internet nicht erleben.

Davide, 23, Jura: Echte Freunde? Meine Freunde sind witzig. Man hat Spaß zusammen, aber man hilft und gibt auch viel. Alles hat seinen Preis. Ich denke, nur so behält man seine Freunde.

Leon, 19, Informatik: Freunde müssen immer da sein. Sie begleiten dein Leben. Man muss für eine Freundschaft etwas tun. Nichts ist selbstverständlich.

Nina, 22, Wirtschaft: Ich finde, Freundschaft muss nicht immer perfekt sein. Aber eine Sache finde ich sehr wichtig: Aufmerksam zuhören und Respekt! So kann man auch für das Leben viel lernen.

Tim, 21, Medienwissenschaften: Ich habe nur zwei Freunde. Wir machen viel zusammen, das finde ich wichtig. Ich habe auch Kontakte im Internet, aber ich denke, das sind keine Freunde. Das ist meine Meinung: Qualität und nicht Quantität.

b **Lesen Sie die Beiträge noch einmal. Was ist richtig (r), was ist falsch (f)? Kreuzen Sie an.**

	r	f
1. Dominik findet, Freunde müssen offen sein.	[ ]	[ ]
2. Alexandra und ihre Freunde kochen oft zusammen.	[ ]	[ ]
3. Für Davide ist nur der Spaß wichtig.	[ ]	[ ]
4. Leon denkt, Freunde sind automatisch immer da.	[ ]	[ ]
5. Für Nina muss Freundschaft perfekt sein.	[ ]	[ ]
6. Tim findet, Kontakte im Internet sind keine Freunde.	[ ]	[ ]

› ÜB C1

2 [GRAMMATIK KOMPAKT] **Indefinitpronomen** *man, alles, viel, etwas, nichts*

a Schreiben Sie einen Satz aus 1a an die passende Stelle.

man: ....
....
....

alles: ....
....
....

viel: ....
....

etwas: ....
....
....

nichts: ....
....
....

a 100 % (Sachen),
   Gegenteil von nichts

   b generell für Personen,
      Personen sind nicht
      bekannt

c Null, Gegenteil
   von alles

d die Menge ist groß

   e die Menge ist klein;
      braucht man für
      Sachen / Gegenstände

- alles (Sg.): 100 %
  Man kann die Sache
  nicht zählen,
  z. B. Alles ist gut.
- alle (Pl.): 100 %
  Man kann die
  Personen / Sachen
  zählen, z. B. alle
  Freunde, alle Tage

b Wann benutzt man diese Pronomen? Ordnen Sie die Definitionen a bis e in 2a zu.

c Was passt? Ergänzen Sie die Indefinitpronomen aus 2a.

1. Ich muss noch .... lernen.
2. Ist .... klar?
3. Ich habe nicht viel, aber .... Hunger.
4. Heute habe ich keine Lust. Ich mache ....
5. Die Hausaufgabe ist perfekt, ... ist richtig.
6. Heute bekommt .... ein Getränk gratis.

› ÜB C2–4

3 **Was sind Freunde für Sie?**

a Wie müssen Freunde sein?
Machen Sie zuerst Notizen.

Freunde:
- müssen ...
- helfen immer
- ...

Sammeln Sie zuerst
Ideen und machen Sie
Notizen.

b [MEDIATION] Interviewen Sie Ihre Partnerin / Ihren Partner.
Nehmen Sie das Interview als Sprachnachricht auf und hören
Sie es noch einmal an. Berichten Sie dann mindestens zwei
anderen Personen über Ihre Partnerin / Ihren Partner.

Was sind Freunde für dich?

Ich finde Freunde …

Yussuf findet, Freunde …

c [MEDIATION] Schreiben Sie in Kleingruppen einen Text über Freunde und Kontakte für
das Unijournal wie in 1a. Nutzen Sie dazu die Sprachnachrichten aus 3b.

Yussuf, 23, Jura: Für Yussuf müssen Freunde …
Giorgia, 24, Germanistik: Giorgia findet …
…

› ÜB C5

Familie und Freunde vorstellen

Das ist meine Mutter. Sie heißt … Ihre … Ihr …
Und das ist meine / mein …. Sie / Er … Ihre / Seine … Ihr / Sein …
Das sind meine Großeltern. Sie …

Aussehen und Charakter beschreiben

Mein(e) … ist … (Adjektiv).
Ich finde, er / sie / es ist … (Adjektiv).
Er / Sie / Es sieht … (Adjektiv) aus.
Ich finde, er / sie / es sieht … (Adjektiv) aus.
Seine / Ihre Haare sind … (Adjektiv).
Freunde müssen … (Adjektiv) sein.
Ich finde, Freunde müssen … (Adjektiv) sein.

Possessivartikel im Nominativ und Akkusativ

	Nominativ				Akkusativ			
	Singular			**Plural**	**Singular**			**Plural**
	M	**N**	**F**		**M**	**N**	**F**	
ich	mein	mein	meine	meine	mein**en**	mein	meine	meine
du	dein	dein	deine	deine	dein**en**	dein	deine	deine
er	sein	sein	seine	seine	sein**en**	sein	seine	seine
sie	ihr	ihr	ihre	ihre	ihr**en**	ihr	ihre	ihre
es	sein	sein	seine	seine	sein**en**	sein	seine	seine
wir	unser	unser	unsere	unsere	unser**en**	unser	unsere	unsere
ihr	euer	euer	eure	eure	eur**en**	euer	eure	eure
sie / Sie	ihr / Ihr	ihr / Ihr	ihre / Ihre	ihre / Ihre	ihr**en** / Ihr**en**	ihr / Ihr	ihre / Ihre	ihre / Ihre

Adjektive – prädikativ und adverbial

Prädikativ – Adjektiv beschreibt Nomen (Subjekt)	Meine Schwester ist sehr groß. Die Haare von Susanne sind lockig.
Adverbial – Adjektiv beschreibt Verb	Mein Opa kocht sehr gut. Meine Cousine rechnet schnell. Euer Hund sieht sehr witzig aus.

Indefinitpronomen

man (generell für Personen, Personen sind nicht bekannt)	**Man** muss für eine Freundschaft etwas tun. Nur so behält **man** seine Freunde
viel (die Menge ist groß)	Aber man hilft und gibt auch **viel**.
etwas (die Menge ist klein, braucht man für Sachen / Gegenstände)	Meine Freunde und ich kochen oft **etwas**.
nichts (null ÷ alles)	**Nichts** ist selbstverständlich.
alles (100 % ÷ nichts)	**Alles** hat seinen Preis.

Wohnen am Studienort

ERINNERN SIE SICH? » Artikelwörter (L2) » Nominativ, Akkusativ (L2) » Possessivartikel (L5)

1 So wohne ich

a Ordnen Sie die Aussagen den Wohnformen zu.

1. Mira: Das Studierendenwohnheim ist perfekt für mich. Hier wohne ich günstig und die Studierenden sind international! Es ist immer was los!   Foto: ....

2. Pavel: Ich lebe gern in einer Wohngemeinschaft (WG), denn ich möchte nicht allein wohnen.   Foto: ....

3. Olli: Ich brauche nicht viel Platz. Ich wohne im Olympia-Park in München. Dort wohne ich in einem Minihaus. Das gibt es so nur in München.   Foto: ....

4. Wiebke: Ich wohne allein. Das mag ich lieber. So kann ich besser lernen.   Foto: ....

in einem Minihaus   in einer WG   im Studentenwohnheim   allein in einer Wohnung

b Ordnen Sie die Zimmer den Fotos zu. Notieren Sie.

das Arbeitszimmer · das Bad · das Schlafzimmer · die Küche · das Wohnzimmer

....

c Wie heißen die Möbel? Ordnen Sie die Nummern zu.

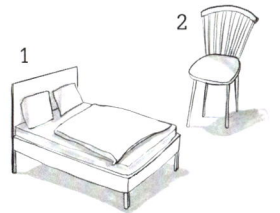 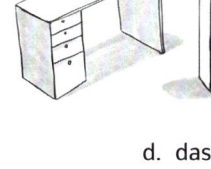    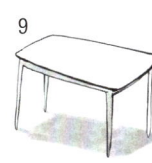

a. das Bett, -en   [ ]   d. das Regal, -e   [ ]   g. das Sofa, -s   [ ]

b die Kommode, -n   [ ]   e. der Schrank, ⸚e   [ ]   h. der Stuhl, ⸚e   [ ]

c. die Lampe, -n   [ ]   f. der Schreibtisch, -e   [ ]   i. der Tisch, -e   [ ]

d Welche Möbel haben Sie? Notieren Sie.

Ich habe zwei Stühle, ...

1 **Wohnformen**

a **Wie wohnen Studierende in München? Was denken Sie? Ergänzen Sie die Grafik und sprechen Sie.**

in einer Wohngemeinschaft (WG) ·
bei den Eltern · allein in einer Wohnung ·
im Studierendenwohnheim

Man schreibt: 17,5 %.
Man sagt: siebzehn
Komma fünf Prozent.
Das Verb ist im Plural,
z. B. 17,5 % **wohnen** in
einer WG.

> Ich denke, 34,3 Prozent
> wohnen in einer WG.

> Nein, ich denke, in einer
> WG wohnen 17,5 Prozent.
> Was denkst du?

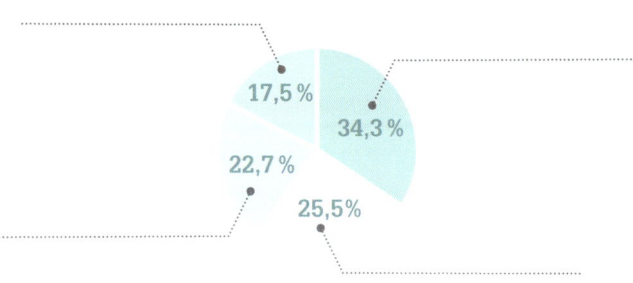

17,5 %
34,3 %
22,7 %
25,5 %

KB 40 ▶ **b** **Wie wohnen Studierende in München? Hören Sie jetzt den Beitrag im Uni-Radio München und vergleichen Sie mit Ihren Lösungen. Und wie wohnen Sie? Berichten Sie.**

2 **Ich wohne gern in einer WG!**

a **Lesen Sie die Beiträge aus dem Unijournal und ordnen Sie die Wohnformen aus 1a zu.**

Ersti (umgangs-
sprachlich)
= Erstsemester

WIE WOHNEN STUDIERENDE IN MÜNCHEN?

Wiebke Mayer (23), Wirtschaftsinformatik, Hochschule München
Ich habe eine Wohnung mit zwei Zimmern – ein Schlafzimmer und ein Wohn- und Arbeitszimmer. Alle Zimmer sind sehr klein, aber ich wohne allein. Ich lade oft meine Freundinnen ein. Sie können gern hier auf dem Sofa schlafen, aber ich möchte lieber allein leben. Ich kann allein besser lernen, denn es gibt keine Spontanpartys. 🙂 Ein Problem gibt es aber: Meine Wohnung ist sehr teuer und ich kann meine Mietkosten nicht teilen. _____

Henry Schuster (19), Geschichte, LMU (Ludwig-Maximilians-Universität)
Das WG-Leben ist super. Als Ersti findet man so schnell Freunde. Man ist nie allein. Die WG ist wie eine Familie. Bei einem Geburtstag ist die ganze WG da. Das ist genial. Wir machen viel zusammen, aber ich kann auch die Tür zuma- chen. Das ist auch wichtig. Und wir teilen unsere Kosten. _____

Pavel Nowak (24), Film- und Fernsehregie, Hochschule für Fernsehen und Film
Ich bin ein Familienmensch. Ich wohne gern mit meinen Eltern und meinem Bruder zusammen. Meine Schulfreunde wohnen auch noch in München, wir können immer mit dem Fahrrad fahren. Bei den Kumpels von der Uni gibt es oft nur Spaghetti oder Pizza. Aber klar: Der Satz „Ich wohne noch bei meinen Eltern" ist nicht immer attraktiv. _____

Mira Daalov (26), Raumfahrttechnik, Technische Universität (TU)
Von meinem Stockwerk kommt immer Musik. Denn wir feiern viel! Mein Zim- mer hat ein Minibad, aber die Küche müssen wir teilen. Unsere Küchenpartys sind mega! Und es ist immer was los! Die Mitbewohner sind international. Die Zimmer sind klein, aber das macht nichts. Und bei keiner Wohnform ist die Miete so günstig. _____

b Lesen Sie die Beiträge im Unijournal noch einmal. Was ist richtig, was ist falsch? Kreuzen Sie an.

		r	f
1.	Wiebke lebt gern mit ihren Freundinnen zusammen.	[ ]	[ ]
2.	Wiebkes Wohnung ist sehr teuer.	[ ]	[ ]
3.	Henry ist gern allein.	[ ]	[ ]
4.	In einer WG findet man schnell Freunde.	[ ]	[ ]
5.	Pavel fährt gern mit dem Fahrrad.	[ ]	[ ]
6.	Pavel findet das Leben bei seinen Eltern nicht attraktiv.	[ ]	[ ]
7.	Das Zimmer von Mira hat eine Küche und ein Bad.	[ ]	[ ]
8.	Ein Zimmer im Studierendenwohnheim ist nicht teuer.	[ ]	[ ]

› ÜB A1–3

3 [GRAMMATIK KOMPAKT] **Präpositionen mit Dativ: *bei, mit, von***

a Lesen Sie die Beiträge von Henry, Pavel und Mira noch einmal. Ergänzen Sie die Artikel.

Maskulinum	Neutrum	Femininum	Plural
bei ein......... Geburtstag	bei einem Zimmer	bei kein......... Wohnform	bei d......... Kumpels
mit mein......... Bruder	mit d......... Fahrrad	mit der Familie	mit mein......... Eltern
von dem Freund	von mein......... Stockwerk	von einer Universität	von keinen Freunden

b Schauen Sie die Artikelendungen in 3a an und ergänzen Sie die Regel.

G

Nach den Präpositionen *bei, mit* und *von* folgt immer der Dativ. Im Dativ haben die Artikel die Endungen:

-_em_ (Maskulinum), -............ (Neutrum), -............ (Femininum), -............ (Pl.).

c Welche Präposition passt? Ergänzen Sie.

1. Heute essen wir _bei_ .... unserer Mutter. Es gibt Lasagne!
2. Kommst du .... deinem Fahrrad?
3. Viele Studierende haben wenig Geld. Sie wohnen .... ihren Eltern.
4. Die Schwester .... meinem Freund lebt in Australien.

› ÜB A4

4 Wie wohnst du oder wie möchtest du wohnen?

a Schreiben Sie Pro- und Contra-Argumente zu den Wohnformen aus 2a in eine Tabelle.

Wohnform	pro	contra
1. allein in einer Wohnung	- besser lernen - keine Spontanpartys - ...	- sehr teuer - oft allein - ...
2. bei den Eltern	...	...
3. in einer WG		
4. in einem Studierendenwohnheim		

Notizen machen:
Notieren Sie keine Sätze, sondern Stichwörter, das geht schneller.

b Das Uni-Journal macht eine Umfrage. Wie wohnst du? Wie möchtest du wohnen? Schreiben Sie einen Beitrag. Benutzen Sie die Pro-Contra-Argumente aus 4a.

Ich wohne allein in einer Wohnung. Da gibt es keine Spontanpartys und ich kann besser lernen. Ein Problem ist aber: Die Wohnung ist sehr teuer und ich bin oft allein.

Ich möchte in einer WG wohnen. Denn da ...

› ÜB A5

1　Eine WG sucht ihre Mitbewohnerin

a　Ein WG-Zimmer suchen. Lesen Sie die WG-Anzeigen. Welche WG finden Sie interessant? Warum?

Zimmer in 5er-WG 　　　1 in Haus mit Garten | München Milbertshofen 450 € | ab 01.01. | 20 m²	Ich, Studentin, suche Mit-　3 bewohnerin für Zimmer mit Balkon direkt am Schloss | München Neuhausen 550 € | ab 01.03. | 16 m²	**ZIMMER FREI** in ♀-WG　5 an der Theresienwiese mit Balkon | 3er-WG mit Katze | München | möbliert 285 € | 10 m² | ab 10.12.
Im Westen von München |　2 Zimmer mit Balkon in 4er- WG | Pasing Miete: 410 € | ab 15.12. | 18 m²	**NEU-GRÜNDUNG**　　4 3er-WG!!! ERSTBEZUG!!! mit Balkon! voll möbliert | München Bogenhausen 595 € | ab 20.12. | 15 m²	Studenten-WG im　　　6 Zentrum | 5er-WG | München Hackenviertel 390 € | ab 01.02. | 17 m²

Ich finde Anzeige 1 interessant, denn es gibt einen Garten.　　　　Aber 450 Euro finde ich sehr teuer.

b　Welche Anzeigen passen? Lesen Sie die Anzeigen in 1a noch einmal und kreuzen Sie an.

Mit welch- fragt man nach Personen und Dingen. welch- hat die gleichen Endungen wie der bestimmte Artikel.

	1	2	3	4	5	6
1. Welche WG hat einen Balkon?	[ ]	[ ]	[ ]	[ ]	[ ]	[ ]
2. Wo kann ich mit vier Personen zusammenwohnen?	[ ]	[ ]	[ ]	[ ]	[ ]	[ ]
3. Welches Zimmer kostet maximal 450 Euro?	[ ]	[ ]	[ ]	[ ]	[ ]	[ ]
4. Wo wohnen nur Frauen?	[ ]	[ ]	[ ]	[ ]	[ ]	[ ]
5. Welche WG hat einen Garten?	[ ]	[ ]	[ ]	[ ]	[ ]	[ ]
6. Welche WG ist neu?	[ ]	[ ]	[ ]	[ ]	[ ]	[ ]
7. Wo kann man zentral wohnen?	[ ]	[ ]	[ ]	[ ]	[ ]	[ ]
8. Welches Zimmer ist möbliert?	[ ]	[ ]	[ ]	[ ]	[ ]	[ ]

› ÜB B1–2

2　Ist das Zimmer noch frei?

KB 41 ▶ **a　Thea sucht eine WG in München und ruft bei Lisa an. In welcher WG aus 1a wohnt Lisa? Hören Sie das Telefongespräch und ergänzen Sie.**

Lisa wohnt in WG ....

KB 41 ▶ **b　Hören Sie das Telefongespräch noch einmal. Was hören Sie? Kreuzen Sie an.**

1. a. [ ] Wir hatten heute schon drei Bewerberinnen. Du bist die vierte.
   b. [ ] Wir hatten heute schon vier Bewerberinnen. Du bist die fünfte.
2. a. [ ] Warst du schon einmal mit Erasmus weg?
   b. [ ] Warst du schon einmal in einer WG?
3. a. [ ] Ich war mit Erasmus in Polen und war in einer 5er-WG.
   b. [ ] Ich war mit Erasmus in Polen und war in einer 3er-WG.
4. a. [ ] Ich hatte Probleme.
   b. [ ] Ich hatte keine Probleme.

Erasmus-Programm: Für die Studienzeit im Ausland bekommt man Unterstützung: finanziell und organisatorisch.

3　[GRAMMATIK KOMPAKT] Präteritum von *haben* und *sein*

a　Markieren Sie die Verben in 2b und ergänzen Sie die Tabelle.

haben				**sein**			
ich		wir		ich		wir	waren
du	hattest	ihr	hattet	du		ihr	wart
er/sie/es	hatte	sie/Sie	hatten	er/sie/es	war	sie/Sie	waren

b Schauen Sie die Tabelle in 3a an und ergänzen Sie die Regel.

G

Die Formen *hatt-* und *war-* sind die Vergangenheitsformen von *haben* und *sein*.
Die 1. und ...... Person im Singular sind gleich und die ...... und 3. Person im Plural sind gleich.

c *haben* oder *sein* im Präteritum? Ergänzen Sie.

1. .... Sie schon mit Erasmus im Ausland?
2. Wir .... mit Erasmus in Polen.
3. Thea .... fünf Monate in Polen.
4. Sie .... in Polen viele Freunde.
5. .... du schon ein Zimmer in einer WG?
6. Ja, ich .... schon ein Zimmer in einer 5er-WG.   › ÜB B3

4 Das WG-Interview: Stimmt die Chemie?

a Das Zimmer ist noch frei. Es gibt ein Interview per
Videokonferenz. Welche Fragen erwarten Sie? Notieren Sie
fünf Fragen. Vergleichen Sie mit einer Partnerin / einem Partner.

- Was studierst du?
- Hattest du schon ein
  Zimmer in einer WG?
- Magst du ...?
...

KB 42 ⏵ **b** Welche Fragen hören Sie im Interview? Notieren Sie die Fragen und vergleichen Sie sie dann
mit Ihren Fragen aus 4a.

KB 42 ⏵ **c** Hören Sie das Interview noch einmal. Ergänzen Sie die Antworten.

1. ● Ich komme aus ....
2. ● Ich bin ....
3. ● Ich stehe .... auf.
4. ● Ja, etwas. Ich .... gern.
5. ● Ja, ich .... sehr gern.
6. ● Ich mag .... und ....
7. ● Ja, sehr. Ich spiele ....
8. ● Ja, ich mag .... sehr.
9. ● Ja, in einer .... in ....   › ÜB B4

5 Und Ihr WG-Interview?

a Arbeiten Sie zu zweit. Überlegen Sie jede / jeder allein, wie „Ihre" WG ist: Wie viele Personen
wohnen in „Ihrer" WG? Was machen die Personen? Was ist wichtig?

- 5er-WG (3 Frauen, 1 Mann) sucht Frau oder Mann
- alle studieren: Mathematik, Biologie, ...
- kochen gern
...

b Interviewen Sie Ihre Partnerin / Ihren Partner. Stellen Sie Fragen wie in 4a / 4b und notieren Sie
die Antworten. Passt Ihre Partnerin / Ihr Partner in „Ihre" WG?

c [MEDIATION] Arbeiten Sie mit einer anderen Partnerin / einem anderen Partner. Wie waren
die Antworten von Ihrer Partnerin / Ihrem Partner in 5b? Passt sie / er in Ihre WG? Berichten Sie.

Mein Interview war mit Amira. Amira studiert ...
Sie ... gern und ... Sie passt gut in unsere WG.

1 Du kannst einziehen

a **Thea bekommt das Zimmer. Sie braucht noch Möbel. Welche? Lesen Sie die Nachrichten und markieren Sie.**

> Hi Thea, du bekommst das Zimmer. Es ist möbliert. Im Zimmer gibt es einen Schrank, ein Bett, ein Regal und einen Schreibtisch mit Stuhl. Aber keine Schreibtischlampe. Ach ja, der Schrank ist sehr klein. Vielleicht hast du noch eine Kommode? Wir freuen uns auf dich. Liebe Grüße Lisa

> Hallo Lisa, das ist toll! Bei meiner Oma steht eine Kommode und ich kann sie haben. Die Lampe kaufe ich dann. LG Thea

b **Was steht wo? Thea richtet ihr Zimmer ein. Kreuzen Sie an. Was ist richtig?**

1. Das Bett steht links an der Wand. [ ]
2. Die Kommode steht hinter dem Bett. [ ]
3. Der Schrank steht rechts neben der Tür. [ ]
4. Das Bild hängt über der Kommode. [ ]
5. Der Tisch steht zwischen dem Schrank und dem Regal. [ ]
6. Der Stuhl steht vor dem Tisch. [ ]
7. Die Schreibtischlampe steht im Regal. [ ]
8. Das Kissen liegt unter dem Bett. [ ]
9. Die Katze sitzt auf dem Stuhl. [ ]
10. Die Bücher für Slawistik sind im Regal. [ ]

c **Wo sind die Möbel wirklich? Korrigieren Sie die falschen Sätze in 1b.**

> Die Kommode …

› ÜB C1

2 [GRAMMATIK KOMPAKT] Lokalpräpositionen – einen Ort angeben

a **Markieren Sie die Präpositionen in 1b.**

b **Ergänzen Sie die Präpositionen und die Endungen.**

an + dem = am
in + dem = im

das Buch ist	.... / auf / in /	dem Tisch	der	→ d..........
das Kissen liegt	über / .... /	dem Bett	das	→ d..........
der Stuhl steht	hinter / .... /	der Kommode	die	→ d..........
die Lampe hängt	neben / zwischen	den Regalen	die (Pl.)	→ den

› ÜB C2

3 Wo ist …?

KB 43 ▶ **a** **Thea ruft Lisa an. Was ist passiert?**

KB 43 ▶ **b** **Hören Sie das Telefongespräch noch einmal. Wo sucht Lisa? Kreuzen Sie an.**

1. neben dem Schreibtisch [ ]
2. zwischen den Büchern [ ]
3. auf dem Boden [ ]
4. hinter dem Regal [ ]

5. unter dem Bett [ ]
6. im Schrank [ ]
7. auf dem Küchentisch [ ]
8. vor dem Kühlschrank [ ]

c **Wo liegt er?**

d **Schauen Sie die Zeichnung an und ergänzen Sie die Präpositionen.**

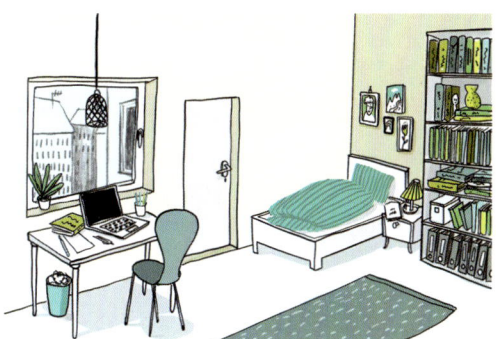

1. Das Bett steht rechts .... der Tür.
2. .... dem Schreibtisch hängt eine Lampe.
3. Der Schreibtisch steht .... dem Fenster.
4. Der Laptop steht .... dem Tisch.
5. .... dem Tisch steht ein Papierkorb.
6. .... der Wand rechts steht das Regal.
7. .... Regal stehen die Bücher. › ÜB C3

4 [AUSSPRACHE] Betonung im Satz

KB 44 ▶ **a** **Welche Wörter sind betont? Hören Sie die Sätze und markieren Sie.**

1. Der Ausweis liegt nicht auf dem Küchentisch, er liegt auf dem Kühlschrank.
2. Die Kissen liegen nicht unter dem Bett, sie liegen auf dem Bett.
3. Die Katze sitzt nicht auf dem Stuhl, sie sitzt auf dem Sofa.
4. Die Lampe hängt nicht über dem Sofa, sie hängt über dem Schreibtisch.
5. Der Stuhl steht nicht vor dem Tisch, er steht neben dem Tisch.

KB 45 ▶ **b** **Hören Sie die Sätze in 4a noch einmal und sprechen Sie sie nach.** › ÜB C4

5 Mein Zimmer

a **Thea schreibt an eine Freundin in Magdeburg. Markieren Sie die Adjektive.**

b **Schreiben Sie die E-Mail in 5a neu. Ändern Sie die Wohnungsbeschreibung und ersetzen Sie mindestens drei Adjektive durch ihr Gegenteil.**

hell / dunkel · möbliert / unmöbliert · modern / altmodisch · groß / klein · laut / leise · schön / hässlich · lang / kurz

c **Zeichnen Sie Ihr Zimmer oder Ihr Traumzimmer. Beschreiben Sie es. Was ist wo? Eine Partnerin / ein Partner zeichnet.**

> In meinem Zimmer steht das Bett in der Mitte / an der Wand / links / rechts / …

✉

≡ 📎 ✕

Hallo Inga,

ich habe nun ein WG-Zimmer in München! Es ist hell und möbliert. Die Möbel sind sehr modern. Die Wohnung hat vier Zimmer (wir sind eine 3er-WG mit Katze!). Die Küche ist groß, wir haben viel Platz, aber das Wohnzimmer ist klein. Die Wohnung hat auch einen Flur. Er ist dunkel und lang, aber der Balkon ist schön. Ach ja, und die Wohnung ist neben der Theresienwiese! Das kann dann im Herbst laut sein, aber das ist kein Problem. Wir sind dann bestimmt auch immer auf dem Oktoberfest.

Liebe Grüße
Thea

auf + Fest:
auf dem Oktoberfest,
auf dem Straßenfest,
auf der Party sein

› ÜB C5

Präteritum von *haben* und *sein*

	haben Präsens	Präteritum		sein Präsens	Präteritum
ich	habe	hatte	ich	bin	war
du	hast	hattest	du	bist	warst
er / sie / es	hat	hatte	er / sie / es	ist	war
wir	haben	hatten	wir	sind	waren
ihr	habt	hattet	ihr	seid	wart
sie / Sie	haben	hatten	sie / Sie	sind	waren

Präpositionen mit Dativ: *bei, mit, von*

Maskulinum	Neutrum	Femininum	Plural
mit d**em** Freund	mit d**em** Fahrrad	mit d**er** Familie	bei d**en** Kumpels
bei ein**em** Geburtstag	bei ein**em** Zimmer	von ein**er** Universität	von kein**en** Freunden
von kein**em** Kumpel	bei kein**em** Bad	bei kein**er** Wohnform	mit mein**en** Eltern
von mein**em** Bruder	von mein**em** Stockwerk	bei mein**er** Schwester	

Lokalpräpositionen – einen Ort angeben

Die Präpositionen *an, auf, in, über, unter, hinter, vor, neben, zwischen* antworten auf die Frage *Wo?* und nennen einen Ort. Auf die Frage *Wo?* stehen diese Präpositionen mit Dativ.

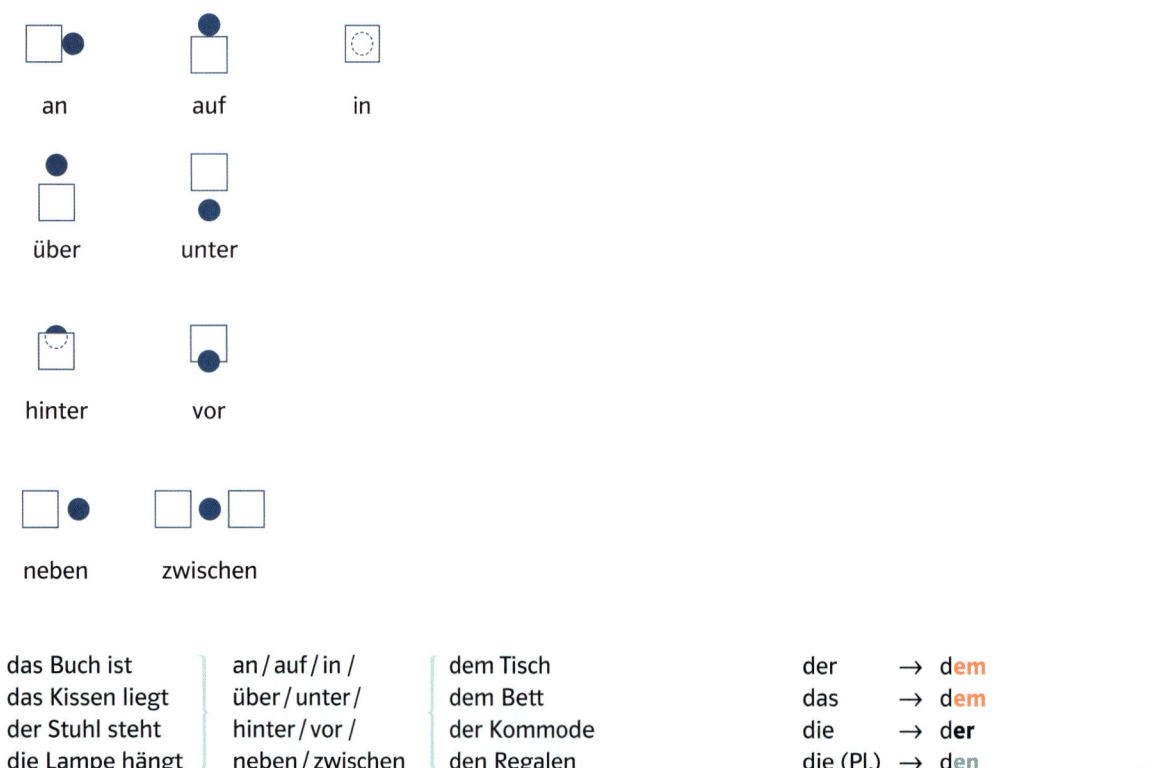

das Buch ist	an / auf / in /	dem Tisch	der	→	d**em**
das Kissen liegt	über / unter /	dem Bett	das	→	d**em**
der Stuhl steht	hinter / vor /	der Kommode	die	→	d**er**
die Lampe hängt	neben / zwischen	den Regalen	die (Pl.)	→	d**en**

7 Unterwegs in der Stadt

ERINNERN SIE SICH? » Akkusativ (L2) » temporale Präpositionen (L4) » *haben* und *sein* im Präteritum (L6) »
Präpositionen mit Dativ (L6) » einen Ort angeben (L6)

1 In der Stadt

a Ordnen Sie die Fotos den Orten zu. Notieren Sie.

der Bahnhof	Foto	der Marktplatz	Foto	das Schloss	Foto	der Zoo	Foto ....
die Kirche	Foto	der Park	Foto	der Turm	Foto		

**b Ordnen Sie die Orte und Sehenswürdigkeiten den Kategorien unten zu. Manchmal gibt es mehrere
Lösungen.**

die Bibliothek · der Bahnhof · der Bus · das Café · die Fußgängerzone · das Geschäft · das Kino ·
die Kirche · die Kneipe · der Marktplatz · die Moschee · das Museum · der Park · die Pyramide ·
das Restaurant · das Schloss · das Stadion · die Straßenbahn · die Synagoge · der Tempel ·
das Theater · der Turm · die Universität · das Zentrum · der Zoo

Historisches Gebäude	Einkaufen	Essen und Trinken	Freizeit	Bildung	Religion	Verkehr
				die Bibliothek		

c Ergänzen Sie in der Tabelle die Pluralformen. Der Lektionswortschatz hilft.

2 Und Ihre Orte?

Welche Orte sind für Sie wichtig? Notieren Sie fünf Orte.

Was ist für Sie
wichtig? Notieren Sie
so Wörter und lernen
Sie sie so.

1   **Meri möchte eine City-Tour machen**

Lesen Sie die Tourangebote aus Karlsruhe. Welche Tour passt? Kreuzen Sie an.

TOUR 1:

City-Tour „Klassik" mit dem Bus
2,5 Stunden

TOUR 2:

Radtour in der Stadt
3 Stunden

Steigen Sie ein. Wir fahren Sie bequem in das Zentrum. Unser Guide erzählt die Geschichte von Karlsruhe und auch von Menschen und Fakten. Vom Bahnhof fahren wir nach Norden in das Zentrum, zum Marktplatz. Dort sehen Sie die Pyramide und die Stadtkirche. Danach fahren wir weiter zum Schloss. Dort machen wir eine Pause. Sie können im Schlosspark spazieren gehen oder das Museum besuchen. Am Ende fahren wir Sie zum Bahnhof zurück. Wer möchte, kann aber auch in das Zentrum laufen und in der Fußgängerzone bummeln und in den vielen Geschäften shoppen.

Fahren Sie mit dem Rad und sehen Sie viele Sehenswürdigkeiten in der Stadt. Treffpunkt: am Schloss. Zuerst besteigen wir den Schlossturm und genießen die Aussicht. Dann besichtigen wir das Museum im Schloss. Anschließend radeln wir zum Marktplatz. Am Marktplatz haben Sie Zeit für ein Eis. Sie können aber auch Obst und Gemüse kaufen oder die Pyramide und die Stadtkirche besichtigen. Vom Marktplatz fahren wir nach Süden zum Zoo. Dort endet unsere Tour.

	Tour 1	Tour 2
1. Die Tour beginnt am Bahnhof.	[ ]	[ ]
2. Die Tour beginnt am Schloss.	[ ]	[ ]
3. Ein Guide erzählt etwas zu Karlsruhe.	[ ]	[ ]
4. Man fährt mit dem Bus.	[ ]	[ ]
5. Man besucht das Museum im Schloss.	[ ]	[ ]
6. Man kann die Stadtkirche und die Pyramide besichtigen.	[ ]	[ ]
7. Man kann im Park spazieren gehen.	[ ]	[ ]
8. Man kann am Marktplatz einkaufen.	[ ]	[ ]
9. Vom Marktplatz fährt man zum Zoo.	[ ]	[ ]
10. Man kann dann in die Fußgängerzone gehen.	[ ]	[ ]

2   **Meri macht eine City-Tour**

KB 46 ▶   **a**   **Welche Tour macht Meri? Hören Sie die Touransage und kreuzen Sie an.**

    [ ] Tour 1   [ ] Tour 2

KB 46 ▶   **b**   **Hören Sie die Touransage noch einmal. In welcher Reihenfolge hören Sie die Orte und Sehenswürdigkeiten? Nummerieren Sie.**

[1] Hauptbahnhof	[ ] Museum	[ ] Schloss	[ ] Turm
[ ] Marktplatz	[ ] Pyramide	[ ] Schlosspark	[ ] Zoo

  c   **Vergleichen Sie Ihre Lösungen mit einer Partnerin / einem Partner.**

KB 46 ▶   **d**   **Was empfiehlt der Guide für die Pause? Hören Sie die Touransage noch einmal zur Kontrolle.**

    1. Besuch in .... und ....

    2. Spaziergang im ....   › ÜB A1–2

3 [GRAMMATIK KOMPAKT] Lokalpräpositionen *an, in, nach, von, zu*

a Markieren Sie die lokalen Präpositionen in 1 und ergänzen Sie die Tabelle.

Wo? 🧍	Wohin? 🚶→ 🔵	Woher? 🔵→🚶
an + Platz / Gebäude (Dativ)	*zu* + Platz / Gebäude / Person (Dativ)	*von* + Platz / Gebäude / Ort / Person /
in + Gebäude / Ort / Himmelsrichtung	*in* + Gebäude / Ort (Akkusativ)	Himmelsrichtung (Dativ)
(Dativ)	*nach* + Stadt / Land / Himmelsrichtung	*von* + Stadt / Land (ohne Artikel)
in + Stadt / Land (ohne Artikel)	(ohne Artikel)	
_am_ Bahnhof beginnen	.... Bahnhof fahren	.... Bahnhof fahren
.... Marktplatz einkaufen	.... Marktplatz fahren	.... Marktplatz fahren
im Zoo sein	.... Zoo fahren	vom Zoo kommen
.... Schloss sein	.... Schloss fahren	vom Schloss kommen
.... Schlosspark spazieren gehen	in den Schlosspark gehen	vom Schlosspark kommen
.... der Fußgängerzone bummeln	in die Fußgängerzone gehen	von der Fußgängerzone kommen
im Zentrum sein	.... das Zentrum laufen	vom Zentrum kommen
im Norden / Süden sein	.... Norden / Süden fahren	von / vom Norden / Süden kommen
in Karlsruhe sein	nach Karlsruhe fahren	von Karlsruhe kommen
in Frankreich sein	nach Frankreich fahren	von Frankreich kommen

b Ergänzen Sie die Regel.

Akkusativ · Dativ · an · in · nach · von · woher · wohin · wo

G

1. Mit dem Fragepronomen .... fragt man nach der Position / dem Ort 🧍. Man kann
   die lokalen Präpositionen .... und .... verwenden. Sie stehen immer mit Dativ.
   Achtung: Bei Städten und Ländern steht kein Artikel.

2. Mit dem Fragepronomen .... fragt man nach der Richtung 🚶→ 🔵. Man kann die lokalen
   Präpositionen *in, zu* und *nach* verwenden. Bei *in* braucht man den ...., bei *zu*
   braucht man immer den .... Achtung: Nach der lokalen Präposition .... steht
   kein Artikel.

3. Mit dem Fragepronomen .... fragt man nach dem Startpunkt 🔵→🚶. Man verwendet hier
   oft die lokale Präposition .... Sie steht immer mit Dativ. Achtung: Bei Städten und Ländern
   steht kein Artikel.

aus: aus Karlsruhe / aus Frankreich: Die Person wohnt in Karlsruhe / Frankreich.
von: von Karlsruhe / von Frankreich: Die Person war in Karlsruhe / Frankreich und kommt zurück.

an + dem = am
in + dem = im
zu + dem = zum
zu + der = zur
von + dem = vom

c Ortsangaben. Ergänzen Sie.

Ich möchte einen Spaziergang zu Fuß _in_ (1) Karlsruhe machen. Das ist mein Plan: Zuerst gehe
ich .... (2) Schloss. .... (3) Schloss besuche ich das Museum. .... (4) Schloss gehe ich
direkt .... (5) Marktplatz. .... (6) Marktplatz mache ich eine Pause und esse ein Eis.
.... (7) Markplatz laufe ich noch .... (8) Bahnhof. Und danach gehe ich wieder .... (9)
Hause. 🙂

zu Fuß = 🚶

› ÜB A3

4 Wohin gehen wir?

a Wohin möchten Sie gehen? Schreiben Sie fünf Sätze mit den Orten von der Seite *Kurs nehmen*.
Sprechen Sie dann mit einer Partnerin / einem Partner. Wohin möchte sie / er gehen?

b Planen Sie mit Ihrer Partnerin / Ihrem Partner einen Spaziergang in der Stadt.

> Ich möchte zum / zur … gehen. Und du?

› ÜB A4

verstehen, was andere Personen gemacht haben · von einem persönlichen Ereignis in der Vergangenheit erzählen · berichten, was andere gemacht haben

1 Wie war …?

KB 47 ▶ **a** **Hören Sie ein Gespräch. Wer spricht? Was ist das Thema?**

KB 47 ▶ **b** **Hören Sie das Gespräch noch einmal. Was haben Alan, Jana, Lucia, Meri und Timo gemacht? Schreiben Sie die Namen zu den Fotos.**

 1

 2

 3

 4

 5

c **Was haben Alan, Jana, Lucia, Meri und Timo gesagt? Kreuzen Sie an.**

1. a. [ ] Ich habe am Wochenende in der Bibliothek Bücher gesucht und kopiert.
   b. [ ] Ich habe am Wochenende in der Bibliothek an meiner Hausarbeit gearbeitet.
2. a. [ ] Ich habe für das Studium gelernt.
   b. [ ] Ich habe nichts für das Studium gemacht.
3. a. [ ] Ich habe bis 2:00 Uhr in der Kneipe gearbeitet.
   b. [ ] Ich habe bis 3:00 Uhr in der Kneipe gearbeitet.
4. a. [ ] Ich habe meine Wohnung aufgeräumt und geputzt.
   b. [ ] Ich habe meine Wohnung aufgeräumt und die Küche geputzt.
5. a. [ ] Ich habe für meine Freundinnen gekocht und am Sonntag haben wir Karlsruhe angeschaut.
   b. [ ] Ich und meine Freundinnen haben zusammen gekocht und am Sonntag haben wir Karlsruhe angeschaut.
6. a. [ ] Ich habe am Samstagnachmittag Tennis gespielt.
   b. [ ] Ich habe am Samstagnachmittag Tennis im Fernsehen geschaut.
7. a. [ ] Ich habe mit einer Freundin telefoniert.
   b. [ ] Ich habe mit einer Freundin eine Party organisiert.
8. a. [ ] Ich habe sehr viel bezahlt.
   b. [ ] Ich habe nur 20 Euro bezahlt.

KB 47 ▶ **d** **Vergleichen Sie Ihre Lösungen mit einer Partnerin / einem Partner. Hören Sie dann das Gespräch noch einmal zur Kontrolle.**

› ÜB B1

2 [GRAMMATIK KOMPAKT] Perfekt – regelmäßige Verben

a **Markieren Sie die Perfektformen in 1c.**

b **Schreiben Sie die Perfektformen aus 1c und die passenden Infinitive in die Tabelle.**

ge-[…]-(e)t	[…]-(e)t	[…]-ge[…]-(e)t
suchen: gesucht arbeiten: gearbeitet	kopieren: kopiert	

c **Schauen Sie die Verben in der Tabelle in 2b an und ergänzen Sie die Regeln.**

ge- • -t • -t • Vorsilbe

G

1. Regelmäßige Verben bilden das Partizip Perfekt mit der Vorsilbe .... und der Endung ....
2. Regelmäßige Verben mit untrennbarer Vorsilbe und Verben mit *-ieren* bilden das Partizip Perfekt nur mit der Endung ....
3. Regelmäßige Verben mit trennbarer Vorsilbe haben *-ge-* zwischen .... und Wortstamm.

d **Schreiben Sie vier Sätze aus 1c in die Tabelle. Wo stehen die Perfektformen? Was fällt auf?**

	Position 2		Satzende
Ich	habe	am Wochenende in der Bibliothek Bücher	gesucht.
Ich			

G

Das Hilfsverb steht auf Position ...., das Partizip Perfekt steht am ....

e **Lesen Sie die Nachricht an Meri. Ergänzen Sie die Formen im Partizip Perfekt.**

Hey Meri, wie geht's? Ich habe diese Woche so viel für die Uni .... (1) (arbeiten). Und dann habe ich am Samstag noch mein Zimmer .... (2) (aufräumen) und einen Kuchen .... (3) (machen). Jetzt brauche ich eine Pause! 😉 Hast du schon .... (4) (hören)? Das Kunstmuseum hat eine Ausstellung zu Videokunst .... (5) (organisieren). 🤩 Ich habe schon lange keine Ausstellung mehr .... (6) (besuchen). Kommst du mit? Lucia

› ÜB B2

3 **Was hast du schon gemacht? Was hast du noch nie gemacht?**

a **Wählen Sie mindestens sechs Aktivitäten aus der Liste aus. Schreiben Sie die Sätze im Perfekt.**

Tennis spielen • Essen kochen • mit einer Freundin / einem Freund zusammenwohnen • Musik hören • ein Musikinstrument spielen • in einer Kneipe arbeiten • eine Ausstellung besuchen • Urlaub in den Bergen / am Meer machen • eine Fremdsprache lernen • einen Horrorfilm schauen • ein Erasmus-Semester machen • Geschirr spülen • eine Party organisieren • …

Ich habe schon …   Ich habe noch nie …

b **Sprechen Sie mit einer Partnerin / einem Partner. Was hat sie / er schon gemacht? Was hat sie / er noch nie gemacht? Machen Sie Notizen.**

c [MEDIATION] **Berichten Sie in Kleingruppen von Ihrer Partnerin / Ihrem Partner.**

Susanna hat schon Gitarre gespielt, aber sie hat noch nie …

Mustafa hat noch nie … und …

› ÜB B3

1 Zu Fuß im Schwarzwald

a Was hat Jana gemacht? Lesen Sie die Fragen und markieren Sie die Schlüsselwörter.

Schlüsselwörter markieren: Markieren Sie beim Lesen wichtige Wörter / Informationen.

1. ==Wo== ist Jana ==am Sonntag gewandert==?
2. Wie war das Wetter am Sonntag?
3. Wohin ist Jana mit der S-Bahn gefahren?
4. Wie lange hat die Fahrt gedauert?
5. Was hat Jana im Tourismusbüro gekauft?
6. Was ist der Schweizerkopf?
7. Wie war die Aussicht?
8. Was hat Jana gesehen?
9. Wo hat sie gegessen und getrunken?
10. Wohin ist sie dann gewandert?

b Lesen Sie den Blogbeitrag von Jana. Markieren Sie die Informationen zu den Fragen in 1a.

Hallo!

Ich bin Jana, Informatik-Studentin und Reisebloggerin. Hier in meinem Blog findest du meine Reisen, Ausflüge und Wanderungen in der Natur, aber auch Infos und Tipps zu Reisen und mehr. Viel Spaß beim Lesen!

Am Sonntag bin ich im Schwarzwald gewandert. Das Wetter war super, es war sonnig, keine Wolke am Himmel und es war auch nicht sehr heiß. Und da habe ich gedacht: hopp … raus in die Natur! Wohin? In den Schwarzwald.
Ich bin um 6:00 Uhr aufgestanden, habe schnell gefrühstückt und einen Kaffee getrunken. Auf dem Bahnhofsplatz habe ich die S-Bahn genommen und bin nach Bad Herrenalb gefahren. Das hat 1 Stunde gedauert. Dort, im Tourismusbüro, habe ich eine Wanderkarte gekauft und bin dann auf den Schweizerkopf – das ist ein Berg – gelaufen. Die Aussicht über den Schwarzwald war super. Das war DAS High-light! Von dort habe ich sogar Frankreich gesehen. Der Schwarzwald ist wirklich wunderbar. Das habe ich gar nicht gewusst!
In der Nähe gibt es ein Gasthaus. Dort habe ich eine Bratwurst mit Salat gegessen und einen Apfelsaft getrunken. Danach bin ich wieder nach Bad Herrenalb zurück-gewandert. Die S-Bahn hat mich wieder nach Hause zurückgebracht. Sport, Natur, etwas für die Seele … und alles ökologisch! Das ist ein super Tag gewesen! 😃

c Lesen Sie den Blogbeitrag von Jana noch einmal und beantworten Sie die Fragen in 1a. › ÜB C1

2 [GRAMMATIK KOMPAKT] Perfekt – unregelmäßige und gemischte Verben

a Markieren Sie die Perfektformen im Blogbeitrag in 1b. Und schreiben Sie sie mit dem Infinitiv in die Tabelle.

regelmäßige Verben (ge)-[…]-(e)t / […]-ge-[…]-(e)t	unregelmäßige Verben (ge)-[meistens Vokalwechsel]-en / […]-ge-[meistens Vokalwechsel]-en	gemischte Verben (ge)-[Vokalwechsel]-t / […]-ge-[Vokalwechsel]-t
wandern: gewandert zurückwandern: zurückgewandert	trinken: getrunken aufstehen: aufgestanden	denken: gedacht

b Schauen Sie die Verben in der Tabelle in 2a an und ordnen Sie in der Regel zu.

G

1. Unregelmäßige Verben bilden das Partizip Perfekt
2. Gemischte Verben bilden das Partizip Perfekt

a. [ ] mit *ge*-[…]-*t* und haben immer einen Vokalwechsel.
b. [ ] mit *ge*-[…]-*en* und haben meistens einen Vokalwechsel.

c **Markieren Sie die Hilfsverben und das Partizip Perfekt. Ergänzen Sie dann die Regel.**

1. Am Sonntag bin ich im Schwarzwald gewandert.
2. Ich bin um 6:00 Uhr aufgestanden.
3. Dann bin ich auf den Schweizerkopf gelaufen.
4. Das ist ein super Tag gewesen.

G

Verben der Bewegung mit Richtung von A nach B, z.B. *gehen, laufen, wandern,*
Verben der Veränderung, z.B. *aufstehen, sein* und *bleiben*
bilden das Perfekt mit dem Hilfsverb ....

d **Schreiben Sie die Perfektformen und den Infinitiv in die Tabelle von 2a.**

gespielt · gefunden · angerufen · verstanden · telefoniert · geblieben · geschwommen ·
gekannt · bestellt · getanzt · getroffen · ergänzt · geschrieben · gelesen · gebracht › ÜB C2–3

3 Wie ist das Wetter? / Wie wird das Wetter?

a **Wie war das Wetter am Sonntag bei Jana?**

b **Ordnen Sie die Bilder den Sätzen zu.**

1   2   3   4   5

6   7   8   9   10

a. Die Sonne scheint./ Es ist sonnig.   [ ]
b. Der Himmel ist bewölkt./ Es ist wolkig.   [ ]
c. Es ist heiter bis wolkig.   [ ]
d. Es regnet.   [ ]
e. Es ist windig./ Der Wind weht.   [ ]

f. Es donnert und blitzt.   [ ]
g. Es schneit.   [ ]
h. Es ist kühl / kalt.   [ ]
i. Es wird warm / heiß.   [ ]
j. Es bleibt trocken.   [ ]

Es schneit./
Heute schneit es./
Es regnet./
Morgen regnet es.

KB 48 ▶ **c** **Wie wird das Wetter? Was hören Sie? Kreuzen Sie an.**

1. Hier nun das Wetter für   a. [ ] den ersten Mai.   b. [ ] den zweiten Mai.
2. Am Vormittag bleibt es   a. [ ] heiter bis wolkig.   b. [ ] heiter bis windig.
3. Aus Süden kommt   a. [ ] Regen.   b. [ ] ein Gewitter.
4. Heute Nachmittag   a. [ ] schneit es.   b. [ ] scheint die Sonne.
5. Heute bleibt es   a. [ ] kühl.   b. [ ] schön.
6. Der Himmel ist   a. [ ] blau.   b. [ ] grau.

KB 49 ▶ **d** [AUSSPRACHE] **Markieren Sie in den Sätzen in 3c die Wörter mit *au, eu, ai, ei.***
Hören Sie dann die Sätze noch einmal und sprechen Sie sie nach.   › ÜB C4–5

4 Mein „Nicht"-Wochenende

a **Was haben Sie am Wochenende nicht gemacht? Wie war das Wetter nicht? Machen Sie Notizen.**
Schreiben Sie dann einen Text. Hängen Sie ihn im Kursraum auf.

Ich habe am Wochenende ...

b **Gehen Sie im Kursraum herum und lesen Sie die Texte der anderen. Welchen Text finden Sie sehr gut?**

Das Wetter

Das Wetter ist / wird / bleibt schön / schlecht.
Es ist / bleibt / wird sonnig / wolkig / heiter bis wolkig / windig / kühl / kalt / warm / heiß / trocken.
Es regnet. / Es schneit. / Es donnert. / Es blitzt.
Es scheint die Sonne. Die Sonne scheint.
Der Himmel ist bewölkt / blau / grau.
Der Wind weht.

Wo? / Wohin? / Woher?

Wo? 👤	Wohin? 🚶→	Woher? →🚶
an + Platz / Gebäude (Dativ) *in* + Gebäude / Ort / Himmelsrichtung (Dativ) *in* + Stadt / Land (ohne Artikel)	*zu* + Platz / Gebäude / Person (Dativ) *in* + Gebäude / Ort (Akkusativ) *nach* + Stadt / Land / Himmelsrichtung (ohne Artikel)	*von* + Platz / Gebäude / Ort / Person / Himmelsrichtung (Dativ) *von* + Stadt / Land (ohne Artikel)
am Marktplatz / Bahnhof am Schloss / Museum ⎤ be- an der Kirche / Bibliothek ⎦ ginnen	zum Marktplatz / Bahnhof zum Schloss / Museum ⎤ fahren zur Kirche / Bibliothek ⎦	vom Marktplatz / Bahnhof vom Schloss / Museum ⎤ kommen von der Kirche / Bibliothek ⎦
im Park / Zoo im Schloss / Museum ⎤ sein in der Kirche / Bibliothek ⎦	in den Park / Zoo in das Schloss / Museum ⎤ gehen in die Kirche / Bibliothek ⎦	
im Norden / Süden / Westen / Osten ⎤ sein	nach Norden / Süden / Westen / Osten ⎤ fahren	von / vom Norden / Süden / Westen / Osten ⎤ kommen
in Karlsruhe in Frankreich ⎤ sein	nach Karlsruhe nach Frankreich ⎤ fahren	von Karlsruhe von Frankreich ⎤ kommen

Einige Präpositionen bilden mit dem bestimmten Artikel zusammengesetzte Formen:

an + de**m** = a**m**   in + de**m** = i**m**   zu + de**m** = zu**m**   von + de**m** = vo**m**
zu + de**r** = zu**r**

Das Perfekt

regelmäßige Verben (**ge**)-[…]-(e)**t** / […]-**ge**-[…]-(e)**t**	unregelmäßige Verben (**ge**)-[meistens Vokalwechsel]-**en** / […]-**ge**-[meistens Vokalwechsel]-**en**	gemischte Verben (**ge**)-[Vokalwechsel]-**t** / […]-**ge**-[Vokalwechsel]-**t**
machen: gemacht arbeiten: gearbeitet kopieren: kopiert ergänzen: ergänzt aufräumen: aufgeräumt	fahren: gefahren trinken: getrunken verstehen: verstanden aufstehen: aufgestanden sein: gewesen	denken: gedacht kennen: gekannt wissen: gewusst erkennen: erkannt zurückbringen: zurückgebracht

	Position 2		Satzende
Ich	habe	am Wochenende in der Bibliothek Bücher	gesucht.
Am Sonntag	haben	wir Karlsruhe	angeschaut.
Ich	bin	um 6:00 Uhr	aufgestanden.
Danach	sind	alle mit dem Bus nach Hause	gefahren.

Perfekt meistens mit *haben*: Ich **habe** schnell gefrühstückt und einen Kaffee getrunken.

Bei wenigen Verben mit *sein*:
· Verben der Bewegung mit Richtung von A nach B: Am Sonntag **bin** ich im Schwarzwald gewandert.
· Verben der Veränderung: Ich **bin** um 6:00 Uhr aufgestanden.
· *sein* und *bleiben*: Das Wetter **ist** schön geblieben.

8 Gute Besserung!

ERINNERN SIE SICH? » Personalpronomen im Nominativ (L1) » Nominativ, Akkusativ (L2) » Modalverben *können, wollen, müssen* (L3, L4)

1 Körper und Körperteile

a Wie heißen die Körperteile? Notieren Sie die Körperteile. Ergänzen Sie den Plural.

~~der Arm~~ · das Auge · der Bauch · das Bein · der Finger · der Fuß · der Hals · die Hand · das Knie · der Kopf · die Nase · das Ohr · der Rücken

b Recherchieren Sie andere Körperteile und ordnen Sie sie dem Körper in 1a zu.

der Arm, - e

Ordnen Sie Wörter Wortfeldern zu. Zeichnungen können dabei helfen.

2 Mir ist schlecht

a Die Personen sind krank, es geht ihnen nicht gut. Wer sagt was? Ordnen Sie zu.

1   2   3   4   5

a. Mir ist schlecht! Und mein Bauch tut weh.   [ ]
b. Ich habe Halsschmerzen.   [ ]
c. Aua, mein Kopf tut so weh.   [ ]
d. Ich habe eine Erkältung mit Husten, Schnupfen und Fieber.   [ ]
e. Meine Augen tun weh. Und ich habe Rückenschmerzen.   [ ]

b Was tut weh? Wo haben Sie Schmerzen? Formulieren Sie um.

1. Mein Bauch tut weh. → *Ich habe Bauchschmerzen.*
2. .... → Ich habe Rückenschmerzen.
3. Meine Augen tun weh. → ....
4. .... → Ich habe Ohrenschmerzen.
5. Mein Kopf tut so weh. → ....

c Welche anderen Krankheiten kennen Sie? Notieren Sie.

1   Ich möchte einen Termin vereinbaren

KB 50 ▶ **a Carolina ruft beim Arzt an. Warum? Was hat Carolina? Was braucht sie? Was möchte sie? Hören Sie das Gespräch und notieren Sie.**

1. Carolina hat eine ....
2. Carolina braucht ein ....
3. Sie möchte einen .... vereinbaren.

b Was sagt Carolina (C), was sagt die Arzthelferin (A)? Markieren Sie in zwei unterschiedlichen Farben: gelb (A), blau (C).

[ ] Sie können um 15:00 Uhr kommen, aber da müssen Sie ein oder zwei Stunden warten.
[ ] Vielen Dank und auf Wiederhören!
[ ] Moment … Ich habe morgen um 14:00 Uhr einen Termin frei oder am Donnerstag um 11:00 Uhr.
[ ] Gut, ich habe alles notiert. Dann bis morgen.
[1] Praxis Dr. Sarraf, guten Tag!
[ ] Ja gern, ich bin Carolina Sousa. Sousa schreibt man: S – O – U – S – A.
[ ] Alles klar. Entschuldigung, wie ist Ihr Name? Können Sie den bitte buchstabieren?
[ ] Dann komme ich lieber morgen um 14:00 Uhr.
[ ] Auf Wiederhören!
[ ] Das ist aber spät. Kann ich auch heute Nachmittag kommen?
[2] Hallo, hier ist Carolina Sousa. Ich habe eine Erkältung mit Husten, Schnupfen und Fieber und ich brauche ein Attest für die Universität. Ich möchte einen Termin vereinbaren.

KB 50 ▶ **c Sortieren Sie die Sätze und schreiben Sie das Gespräch. Hören Sie dann noch einmal zur Kontrolle.**

d Spielen Sie zu zweit das Gespräch in 1b. Variieren Sie Namen, Datum, Uhrzeit und Krankheit. › ÜB A1

2   Beim Arzt

a Überlegen Sie: Was rät der Arzt? Was soll / darf Carolina machen? Was soll / darf sie nicht machen? Ordnen Sie zu.

im Bett bleiben · Medikamente nehmen · Sport treiben · spazieren gehen · rauchen · Tee trinken · eine Prüfung schreiben

✅	🚫

KB 51 ▶ **b Carolina ist beim Arzt. Hören Sie das Gespräch. Was bekommt Carolina? Kreuzen Sie an.**

Wo? Ich bin **bei der** Ärztin / **beim** Arzt.
Wohin? Ich gehe **zur** Ärztin / **zum** Arzt.

1. a. [ ] ein Rezept gegen Halsschmerzen
    b. [ ] ein Rezept für Hustentropfen, Nasenspray und Halstabletten

2. a. [ ] ein Attest für eine Woche
    b. [ ] ein Attest für drei Tage

KB 51 ▶ **c Was rät der Arzt, was soll Carolina machen? Hören Sie das Gespräch noch einmal und notieren Sie.**

1. Carolina darf eine Woche lang nicht ....
2. Sie soll zwei bis drei Tage im .... bleiben.
3. Sie soll nicht zur .... gehen.
4. Sie soll viel .... trinken.
5. Sie soll die .... nehmen.
6. Sie darf einen .... machen.

KB 51 ▶ **d Was passt? Ordnen Sie zu. Hören Sie dann noch einmal zur Kontrolle.**

1. Sie dürfen eine Woche nicht
2. Darf ich zur Prüfung gehen oder muss ich
3. Sie müssen gar nichts. Aber Sie
4. Darf ich ein bisschen
5. Ja, das dürfen Sie. Bewegung

a. [ ] spazieren gehen?
b. [ ] rauchen.
c. [ ] sollen! Das ist mein Ratschlag.
d. [ ] ist immer gut.
e. [ ] im Bett bleiben? › ÜB A2–3

3 [GRAMMATIK KOMPAKT] **Modalverben** *sollen* **und** *dürfen*

a **Markieren Sie die Formen von** *sollen* **und** *dürfen* **in 2c und 2d und ergänzen Sie die Tabellen.**

	sollen				**dürfen**			
ich	soll	wir	sollen	ich		wir	dürfen
du	sollst	ihr	sollt	du	darfst	ihr	dürft
er / sie / es		sie / Sie		er / sie / es		sie / Sie	

	Position 2		**Satzende**
Carolina		eine Woche lang nicht	
Sie		zwei bis drei Tage im Bett	
Sie		die Medikamente	

b **Schauen Sie die Tabellen in 3a und die Grammatikseiten in Lektion 3 und 4 an und ordnen Sie in der Regel zu.**

G

1. Die 1. und 3. Person Singular a. [ ] wechselt oft der Vokal.
2. Im Singular b. [ ] und der Infinitiv steht am Satzende.
3. Das Modalverb steht auf Position 2 c. [ ] haben keine Endung.

c **Welche Bedeutung haben** *(nicht) sollen* **und** *(nicht) dürfen***? Ordnen Sie zu.**

Ich darf nicht rauchen.   ·   Ich soll (nicht) spazieren gehen.   ·   Ich darf rauchen.

1. Rauchen ist erlaubt. → ....
2. Rauchen ist verboten. → ....
3. Jemand rät oder erwartet etwas (nicht), → ....
   z. B. spazieren gehen.

› ÜB A4–5

4 [MEDIATION] **Und? Was sagt der Arzt?**

Carolina scheibt einer Freundin und berichtet vom Arztbesuch. Was darf sie (nicht), was soll sie (nicht) machen? Lesen Sie noch einmal die Sätze in 2c und schreiben Sie.

Hallo Carmen,
ich war heute beim Arzt. Der Arzt sagt, ich darf nicht … und ich soll (nicht) …
Ich darf … Hoffentlich bin ich bald wieder gesund!
Liebe Grüße
Carolina

5 **Bitte entschuldigen Sie!**

a **Carolina hat morgen eine Prüfung, aber sie ist krank. Sie schreibt an die Dozentin. Sortieren Sie die E-Mail und schreiben Sie sie dann.**

[ ] Der Arzt hat gesagt,   [ ] denn ich bin krank.
[ ] Mit freundlichen Grüßen Carolina Sousa   [ ] bitte entschuldigen Sie,
[ ] aber ich kann morgen nicht zur Prüfung kommen, [ ] ich soll im Bett bleiben.
[ ] Das Attest finden Sie im Anhang.   [1] Sehr geehrte Frau Dr. Novotny,

b **Sie können eine Woche lang nicht zum Deutschkurs kommen, denn Sie sind krank. Schreiben Sie eine E-Mail an Ihre Lehrerin / Ihren Lehrer. Denken Sie auch an die Anrede und die Grußformel.**

› ÜB A6

1 **Arbeit im Homeoffice? Machen Sie Rückentraining!**

a Theo arbeitet viel im Homeoffice am Computer. Jetzt hat er Rückenschmerzen. Welche Tipps hat Prof. Dr. Studer von der ETH Zürich? Lesen Sie den Ratgebertext. Markieren Sie.

RÜCKENPROBLEME? BEWEGUNG HILFT!

Im Büro, im Homeoffice, am Computer – die Menschen sitzen zu viel, oft mehr als elf Stunden pro Tag.
Das Resultat: Rückenschmerzen! Prof. Dr. Studer von der ETH Zürich gibt Tipps:
→ Reduzieren Sie Sitzzeiten: Stehen Sie pro Stunde mindestens 5 Minuten auf!
→ Integrieren Sie Bewegung in den Alltag: Gehen Sie zu Fuß! Benutzen Sie die Treppe, nicht den Aufzug!
→ Machen Sie Rückentraining: am besten täglich 5 Minuten!
Rückenübungen → Tipps von Prof. Dr. Studer

b Was soll man bei Rückenproblemen machen? Formulieren Sie die Tipps aus 1a mit *sollen*. Sprechen Sie im Kurs.

Professor Doktor Studer sagt, man soll …	Ja, und man soll …

› ÜB B1

2 **[GRAMMATIK KOMPAKT] Formeller Imperativ**

a Was ist richtig? Lesen Sie noch einmal die markierten Sätze in 1a und kreuzen Sie in den Regeln an.

G

1. Den Imperativ benutzt man für	a. [ ] Gründe, Erklärungen.	b. [ ] Ratschläge.
2. Beim Imperativ steht das Verb auf	a. [ ] Position 1.	b. [ ] Position 2.
3. Bei trennbaren Verben steht die Vorsilbe	a. [ ] auf Position 2.	b. [ ] am Satzende.

b Gut arbeiten im Homeoffice: Welche anderen Tipps hat Prof. Dr. Studer? Formulieren Sie um: *sollen* ↔ Imperativ.

1. Man soll am Tisch arbeiten und gerade sitzen. _Arbeiten Sie am Tisch und_ _____
2. Man soll den Arbeitsplatz aufräumen. _____
3. Man soll Arbeitszeiten und Pausen planen. _____

› ÜB B2–3

3 **Danke für die Ratschläge …**

KB 52 ▷ **a** Theo, Carolina und Marc wohnen in einer WG. Wer macht was? Hören Sie das Gespräch und verbinden Sie. Mehrere Lösungen sind möglich.

Carolina
Marc
Theo

studiert noch.
studiert nicht mehr, hat einen Job.
macht täglich Sport.
macht keinen Sport.

KB 52 ▷ **b** Welche Ratschläge hat die WG für die Arbeit im Homeoffice? Hören Sie das Gespräch noch einmal und ergänzen Sie die Wörter.

Imperativ: oft in Kombination mit *bitte / mal* (wirkt freundlicher) oder *doch* (betont).

1. Arbeite _am Tisch_ und sitz gerade!
2. Nimm doch einen _____ !
3. Macht bitte mal das _____ auf!
4. Geh _____ spazieren!
5. Spiel nicht so viel _____ .
6. Sei mal _____ und fokussiert!
7. Schlaf _____ !
8. Habt immer _____ im Haus!

4 [GRAMMATIK KOMPAKT] Informeller Imperativ

a Markieren Sie in 3b die Imperativformen und schreiben Sie sie in die Tabelle. Ergänzen Sie dann die Infinitive.

informell Singular (du)	informell Plural (ihr)	formell Singular + Plural (Sie)	Infinitiv
Arbeite!	Arbeitet!	Arbeiten Sie!	arbeiten
	Nehmt!	Nehmen Sie!	
Mach auf!		Machen Sie auf!	
	Schlaft!	Schlafen Sie!	
	Seid …!	Seien Sie …!	
Hab …!		Haben Sie …!	

Verben mit Vokalwechsel:
e → i, z. B. nehmen → du nimmst → Nimm! Alle anderen Verben mit Vokalwechsel: Vokal wie im Infinitiv, z. B. schlafen → Schlaf!

b Schauen Sie die Imperativformen in 4a an und ergänzen Sie die Regeln.

G

1. Imperativ für *du: du* und Endung *-st* fallen weg, z. B. du mach**st** (auf) → _____ (auf)!
2. Imperativ für *du:* bei Verben mit *-e-* bei 2. Pers. Sg. (z. B. du verbind**est**, du arbeit**est**, du rechn**est**) und auf *-ig* steht auch im Imperativ ein *-e*, z. B. Verbind**e**!, Arbeit**e**!, Rechn**e**!, Entschuldi**ge**!
3. Imperativ für *ihr:* wie Präsensform, *ihr* fällt weg, z. B. ~~ihr~~ macht (auf) → _____ (auf)!

Imperativ für *du*:
Man kann auch bei anderen Verben den Imperativ mit *-e* am Wortende bilden, z. B. Lern! / Lern**e**!, Mach! / Mach**e**!, Trink! / Trink**e**!

KB 53 ▶ **c** [AUSSPRACHE] Hören Sie die Wörter. Wie hört man das *-e* und das *-en* am Wortende? Kreuzen Sie an.

1. arbeiten – Arbeite!   3. atmen – Atme!   5. entschuldigen – Entschuldige!   7. finden → Finde!
2. verbinden – Verbinde!   4. öffnen – Öffne!   6. antworten – Antworte!   8. bitten → Bitte!

A

Das *-e* und *-en* am Wortende hört man   a. [ ] stark.   b. [ ] schwach.

KB 53 ▶ **d** Hören Sie die Wörter in 4c noch einmal und sprechen Sie sie nach.

e Probleme, Probleme … Was raten Sie? Arbeiten Sie zu zweit. Notieren Sie Tipps im Imperativ (Partner/in A für Problem A, Partner/in B für Problem B). Vergleichen Sie dann und ergänzen Sie. Sammeln Sie dann alle Tipps im Kurs.

Problem A: Ich möchte 5 kg zunehmen.   Problem B: Ich rauche und möchte aufhören.

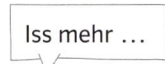
Iss mehr …

Geh …

› ÜB B4-5

5 Hast du einen Tipp?

a Eine Freundin / Ein Freund braucht Hilfe. Welches Problem hat sie / er? Lesen Sie.

Du, hör mal, ich habe in einer Woche Prüfung und bin supernervös! Ich kann nicht mehr schlafen! Was soll ich tun, hast du einen Tipp? Danke! Norik   …

b Was antworten Sie? Schreiben Sie einen Tipp. Nehmen Sie ihn dann als Sprachnachricht mit dem Handy auf. Spielen Sie die Nachricht einer Partnerin / einem Partner vor. Versteht sie / er alles?

Tee trinken · warm duschen · einen Lernplan schreiben · vor dem Schlafen nicht lernen · Sport treiben · viel spazieren gehen · in den Lernpausen Musik hören · …

1 **Stärke deine Gesundheit!**

a **Wie kann man seine Gesundheit stärken? Sammeln Sie im Kurs.**

> Sport ist gut für die Gesundheit!

> Ich habe gelesen, man soll viel Obst und Gemüse essen.

b **Lesen Sie die Webseite und markieren Sie die Gesundheitstipps. Vergleichen Sie sie mit Ihren Ideen aus 1a.**

physisch = körperlich,
psychisch = geistig

← → C   Hochschule / Studierende / Sport_Gesundheit / AG_Gesundheit   ★ ≡

ARBEITSGRUPPE: GESUNDHEIT FÜR STUDIERENDE

**Du hast oft Kopfschmerzen? Rücken und Nacken tun weh? Das Studium stresst dich?
Unser Ratschlag: Stärke deine Gesundheit – physisch und psychisch!**

GESUNDHEIT IM STUDIUM UND IM ALLTAG! ABER WIE?

1. Die Gesundheit stärken – physisch

➔ Finde deinen Sport und treib ihn regelmäßig! → zum Sportprogramm der Uni

➔ Du hast nur wenig Zeit? Mach unsere kostenlosen Online-Kurse (Yoga, Pilates, …)!
Du möchtest sie zuerst ansehen? Hier findest du Beispiel-Kurse.
TIPP: Installier die Unisport-App und benutz sie für Programm, Anmeldungen und Infos.

➔ Bewegung im Alltag: Geh zu Fuß, nimm die Treppe und natürlich – Rückentraining!
Probier es mal!
TIPP: Rückenprobleme? Tipps von Prof. Dr. Studer

2. Die Gesundheit stärken – psychisch

3. Fragen? Wir helfen! Ruf uns an!

Leseziel kennen: Sie wollen einen Text lesen? Fragen Sie vor dem Lesen: Was interessiert mich? Welche Informationen sind für mich wichtig?

c **Lesen Sie die Webseite noch einmal. Zu welchen Fragen gibt es noch Informationen? Kreuzen Sie an.**

a. [ ] Gibt es ein Online-Sportprogramm?   c. [ ] Wie installiert man die Unisport-App?

b. [ ] Welche Vorteile hat die Unisport-App?   d. [ ] Wo findet man Tipps bei Rückenproblemen? › ÜB C1

2 **[GRAMMATIK KOMPAKT] Personalpronomen im Akkusativ**

a **Lesen Sie die Sätze. Die Personalpronomen kann man nicht mehr lesen. Suchen Sie sie in 1b und ergänzen Sie die Tabelle.**

Du hast oft Kopfschmerzen?
Das Studium stresst   ?
Finde deinen Sport!
Mach unsere kostenlosen Online-Kurse!
Du möchtest   zuerst ansehen?
Installier die Unisport-App und benutz
für Programm, Anmeldungen und Infos.
Rückentraining! Probier   mal!
Fragen? Wir helfen! Ruf   an!

Singular		Plural	
Nominativ	Akkusativ	Nominativ	Akkusativ
ich	mich	wir	
du		ihr	euch
er	ihn	sie	
sie		Sie	Sie
es			

b Ergänzen Sie die Personalpronomen im Nominativ und Akkusativ.

1. • Der Online-Yoga-Kurs ist toll!   ○ Ja, ... ist super!
   Hast du schon den Pilates-Kurs probiert?   ○ Nein, ich habe .... noch nicht probiert.
2. • Die Unisport-App funktioniert gut.   ○ Ja, ... ist ganz neu.
   Hast du die App schon installiert?   ○ Nein, ich habe .... noch nicht installiert.
3. • Das Rückentraining macht Spaß!   ○ Ja, aber .... ist auch sehr anstrengend.
   Machst du das Training regelmäßig?   ○ Nein, ich mache .... leider nicht
   regelmäßig.   › ÜB C2

3 Gesundheit und Stress

a Haben Sie manchmal Stress? Warum sind Sie gestresst? Berichten Sie im Kurs. Die Punkte unten helfen.

Ja, ich habe manchmal / oft / immer Stress. • Nein, ich habe (fast) nie Stress, denn …
… stresst / stressen mich. • … ist / sind stressig. • Ich bin gestresst, denn …

· Lern- / Zeitplan machen
· regelmäßig lernen
· Lern- / Arbeitspausen machen
· täglich spazieren
  gehen / Sport treiben
· …

· die Arbeit
· das Homeoffice
· das Studium
· die Klausuren
· …

· viel arbeiten / lernen müssen
· eine Hausarbeit schreiben
· in einer Woche eine Prüfung haben
· viele Klausuren schreiben müssen
· …

> Ich bin sehr gestresst, denn ich habe in einer Woche drei Prüfungen.

> Ich habe fast nie Stress, denn ich lerne regelmäßig.

> Meine Arbeit ist sehr stressig.

b Was machen Sie bei Stress? Fragen Sie eine Partnerin / einen Partner. Machen Sie Notizen.

> Was machst du bei Stress?

> Bei Stress treffe ich Freunde. Ich schlafe viel und … Und du?

c [MEDIATION] Was macht Ihre Partnerin / Ihr Partner bei Stress? Berichten Sie im Kurs. Sammeln Sie dann: Welche Tipps geben viele? Welche Tipps gibt nur eine / einer?

> Ramona trifft bei Stress Freunde. Sie …

4 Das Stressforum

a Sie lesen eine Nachricht im Uni-Stressforum. Geben Sie Tipps im Imperativ. Schreiben Sie die Tipps auf Zettel.

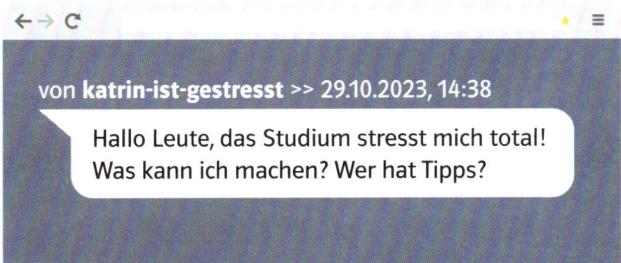

von **katrin-ist-gestresst** >> 29.10.2023, 14:38

Hallo Leute, das Studium stresst mich total! Was kann ich machen? Wer hat Tipps?

Geh täglich spazieren.

mach …

b Hängen Sie alle Zettel im Kursraum auf. Gehen Sie im Kursraum herum und kommentieren Sie die Tipps (z. B. mit Smileys 😁 ☹️). Welche Tipps sind besonders gut?   › ÜB C3

Einen Termin vereinbaren – bei der Ärztin / beim Arzt

Arzthelferin / Arzthelfer	Patientin / Patient
Praxis Dr. …, guten Tag!	Ich möchte einen Termin vereinbaren.
Ich habe am / um … einen Termin frei.	Kann ich auch am / um … kommen?
Sie können kommen, aber Sie müssen warten.	Dann komme ich lieber am / um …
Ich habe alles notiert. Dann bis …	Vielen Dank und auf Wiederhören!

Ärztin / Arzt	Patientin / Patient
Was kann ich für Sie tun?	Ich habe Hals- / Bauch- / Ohren- / Rückenschmerzen.
Bleiben Sie im Bett und nehmen Sie die Medikamente!	Mein Bauch / Hals tut weh! / Meine Ohren tun weh.
Ich schreibe ein Rezept für Tropfen / Tabletten / …	Mir ist schlecht.
Ich schreibe ein Attest für eine Woche / die Uni / …	Ich habe Husten / Schnupfen / eine Erkältung.
Sie sollen (nicht) / dürfen (nicht) …	Ich brauche ein Attest.
Gute Besserung!	Darf / Soll ich …?

Modalverben *sollen* und *dürfen*

	sollen		dürfen
ich	soll	ich	darf
du	sollst	du	darfst
er / sie / es	soll	er / sie / es	darf
wir	sollen	wir	dürfen
ihr	sollt	ihr	dürft
sie / Sie	sollen	sie / Sie	dürfen

Sie **dürfen nicht** rauchen. → Rauchen ist verboten.
Sie **dürfen** spazieren gehen. → Spazierengehen ist erlaubt.
Sie **sollen** im Bett bleiben. → Ratschlag / Tipp

Formeller und informeller Imperativ

formell Singular und Plural (Sie)	informell Singular (du)	informell Plural (ihr)
Sie gehen → Gehen Sie!	du gehst → Geh!	ihr geht → Geht!
Sie machen auf → Machen Sie auf!	du machst auf → Mach auf!	ihr macht auf → Macht auf!
Sie verbinden → Verbinden Sie!	du verbindest → Verbinde!	ihr verbindet → Verbindet!
Sie arbeiten → Arbeiten Sie!	du arbeitest → Arbeite!	ihr arbeitet → Arbeitet!
Sie öffnen → Öffnen Sie!	du öffnest → Öffne!	ihr öffnet → Öffnet!
Sie entschuldigen → Entschuldigen Sie!	du entschuldigst → Entschuldige!	ihr entschuldigt → Entschuldigt!
Sie nehmen → Nehmen Sie!	du nimmst → Nimm!	ihr nehmt → Nehmt!
Sie schlafen → Schlafen Sie!	du schläfst → Schlaf!	ihr schlaft → Schlaft!
Sie laufen → Laufen Sie!	du läufst → Lauf!	ihr lauft → Lauft!

Position 1		Satzende
Integrieren	Sie Bewegung in den Alltag!	
Spiel	nicht so viel am Handy!	
Macht	bitte mal das Fenster	auf!

Man verwendet den Imperativ oft in Kombination mit *bitte / mal* (wirkt freundlicher) oder *doch* (betont):
Kauf **bitte** Kaffee ein.
Nimm **doch** einen Stuhl!
Trink **doch mal** mehr Wasser!

Personalpronomen im Akkusativ

Singular		Plural	
Nominativ	Akkusativ	Nominativ	Akkusativ
ich	mich	wir	uns
du	dich	ihr	euch
er	ihn	sie	sie
sie	sie	Sie	Sie
es	es		

Shopping

ERINNERN SIE SICH? » Grafiken lesen (L6) » bestimmter Artikel im Nominativ und Akkusativ (L2) »
Personalpronomen im Nominativ und Akkusativ (L1, L8), Adjektive (L5)

1 Kleidung

a Ordnen Sie die Kleidungsstücke den Bildern zu. Notieren Sie auch die Pluralform.

der Anzug · die Bluse · das Hemd · die Hose · die Jacke · die Jeans · das Kleid · der Mantel ·
der Pullover · der Rock · das Sakko · der Schuh · die Socke · der Strumpf · das T-Shirt

 1 ....

 2 ....

 3 ....

 4 ....

 5 ....

 6 *der Anzug, ̈e*

 7 ....

 8 ....

 9 ....

 10 ....

 11 ....

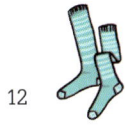 12 ....

 13 ....

 14 ....

 15 ....

b Kennen Sie noch weitere Kleidungsstücke? Notieren Sie.

2 Kleidung einkaufen

a Welche Verben passen? Kreuzen Sie an. Es gibt immer zwei Lösungen.

1. online	a. [ ] anfassen	b. [ ] bestellen	c. [ ] einkaufen
2. Bewertungen	a. [ ] lesen	b. [ ] umtauschen	c. [ ] vergleichen
3. Kleidung	a. [ ] anfassen	b. [ ] anprobieren	c. [ ] lesen
4. Produkte	a. [ ] anprobieren	b. [ ] bestellen	c. [ ] umtauschen
5. mit Kreditkarte	a. [ ] bezahlen	b. [ ] vergleichen	c. [ ] zahlen

b Welche Farben gefallen Ihnen, welche Farben gefallen Ihnen nicht? Notieren Sie.

Ordnen Sie die Wörter
für Gegenstände,
Farben etc. nach
Sympathie, z. B. *gefällt
mir / gefällt mir nicht.*

bunt · schwarz · weiß · rot · gelb · blau · grün · braun · beige · grau · orange · rosa · lila · türkis · hellblau · dunkelblau

☺ Gefällt mir   ☺ Gefällt mir nicht

c Welche Farbe hat Ihre Kleidung? Notieren Sie.

Meine Hose ist blau. Meine Bluse ist orange.

1 **Shopping**

KB 54 ▷ **a** **Hören Sie das Gespräch. Warum wollen die Personen Kleidung kaufen? Kreuzen Sie an.**

die Immatrikulations-
feier = offiziell /
formell;
die Erstsemester-
party = inoffiziell /
informell

1. [ ] Sie haben in einer Woche
ihre Immatrikulaitonsfeier.
2. [ ] Sie möchten in einer Woche
zur Erstsemesterparty gehen.

KB 54 ▷ **b** **Hören Sie das Gespräch noch einmal.**
Was ist richtig, was ist falsch? Kreuzen Sie an.

	r	f
1. María und Jordan wollen die Kleidung für die Immatrikulationsfeier im Internet bestellen.	[ ]	[ ]
2. María hatte schon Probleme mit Online-Shopping.	[ ]	[ ]
3. Jordan hat im Internet eine Uhr gekauft.	[ ]	[ ]
4. María hat online einen Laptop bestellt.	[ ]	[ ]

KB 54 ▷ **c** **Wer sagt das? Hören Sie das Gespräch noch einmal und kreuzen Sie an.**

1. Bei Kleidung gefällt mir Online-Shopping nicht.   a. [ ] María   b. [ ] Jordan
2. Die Jacke hat mir nicht gepasst.   a. [ ] María   b. [ ] Jordan
3. Fehlt dir da nicht die Beratung?   a. [ ] María   b. [ ] Jordan
4. Die anderen Käufer beschreiben ihre Erfahrungen   a. [ ] María   b. [ ] Jordan
    und ich vertraue ihnen.

› ÜB A1

2 **[GRAMMATIK KOMPAKT] Personalpronomen im Dativ**

a **Markieren Sie die Personalpronomen in 1c und ergänzen Sie die Tabelle.**

Singular		Plural	
Nominativ	**Dativ**	**Nominativ**	**Dativ**
ich		wir	uns
du		ihr	euch
er	ihm	sie	
es	ihm	Sie	Ihnen
sie	ihr		

Feste Ausdrücke mit
Dativ: Mir geht es
gut. / Mir ist heiß /
kalt / langweilig /
schlecht / …

b **Markieren Sie die Verben in 1c und ergänzen Sie die Regel.**

G

Einige Verben haben eine Dativergänzung, z.B. _gefallen_____ , _____ ,
_____ und _vertrauen_____ .

c **Ergänzen Sie die Personalpronomen im Dativ.**

1. María kauft Elektroartikel nicht gern im Internet ein, denn _____ fehlt die Beratung.
2. Jordan bestellt alles online. _____ gefällt Online-Shopping.
3. Er liest immer die Produktbewertungen von anderen Kunden, denn er glaubt _____ .
4. Ich will nicht alleine im Internet recherchieren. Kannst du _____ helfen?
5. Jordan, ich danke _____ für deine Hilfe. Jetzt habe ich alle Informationen.
6. Könnt ihr bitte den Laptop bestellen? Ich vertraue _____ .
7. Den Anzug und das Kleid kaufen wir im Geschäft. Die Kleidung aus dem Internet passt _____
    vielleicht nicht.

› ÜB A2

3 Wie und wo kauft man gern?

a Schauen Sie die Grafik an und lesen Sie den Informationstext. Was passt: a oder b? Kreuzen Sie an.

Online shoppen oder lieber im Laden einkaufen? – Wie entscheiden das die Leute? Hier kommen dazu Zahlen aus Deutschland. Lebensmittel kaufen mehr als 90 Prozent lieber im Laden, aber Elektroartikel kaufen mehr als 50 %, also mehr als die Hälfte, online. Knapp ein Drittel kauft Kleidung online, aber 37 % bevorzugen hier den Einkauf im Geschäft. Über die Hälfte kauft Möbel und Apothekenartikel lieber im Geschäft.

Geschäft oder online? Beides hat **Vorteile und Nachteile**. Vorteilhaft beim Online-Shopping ist: Man kann bequem von zu Hause einkaufen und ist unabhängig von Öffnungszeiten. Außerdem kann man im Internet einfach die Preise vergleichen. Positiv sind auch die Online-Produkt-informationen und die Bewertungen von anderen Käufern.

Negativ sind die Kosten und Probleme beim Versand. Ein Vorteil beim Einkauf im Geschäft ist: Man kann die Produkte im Laden sehen, anfassen, anprobieren und direkt mitnehmen. Man kann die Produkte auch einfach umtauschen. Eine Shoppingtour mit Freunden und Familie kann außerdem ein Erlebnis sein. Nachteilig ist: Man muss die Öffnungszeiten beachten und kann nicht spätabends oder am Sonntag einkaufen.

Achten Sie bei Grafiken auf die zentralen Informationen: Was ist das Thema der Grafik? Angaben in Prozent oder in ganzen Zahlen?

SHOPPING-VORLIEBEN IN DEUTSCHLAND
Angaben in %

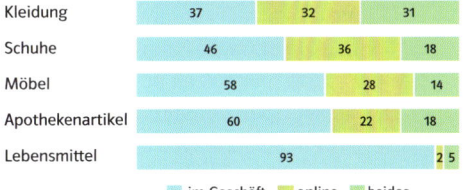

	im Geschäft	online	beides
Elektroartikel	23	56	21
Kleidung	37	32	31
Schuhe	46	36	18
Möbel	58	28	14
Apothekenartikel	60	22	18
Lebensmittel	93	2	5

1. Fast alle Personen kaufen Lebensmittel lieber   a. [ ] im Internet.   b. [ ] im Geschäft.
2. a. [ ] Mehr als die Hälfte   b. [ ] Weniger als die Hälfte   kauft Elektroartikel lieber online.
3. a. [ ] Mehr als ein Drittel   b. [ ] Weniger als ein Drittel   kauft Kleidung lieber im Geschäft.
4. a. [ ] Mehr als ein Viertel   b. [ ] Weniger als ein Viertel   kauft Apothekenartikel im Internet.
5. a. [ ] Im Internet   b. [ ] Im Geschäft   kann man ein Produkt einfach zurückgeben.
6. a. [ ] Im Internet   b. [ ] Im Geschäft   findet man schnell Informationen über Produkte.

(Prozent-)Angaben:
drei Viertel = ¾ = 75 %;
die Hälfte = ½ = 50 %;
ein Drittel = ⅓ = 33 %;
ein Viertel = ¼ = 25 %

b Welche Vorteile und Nachteile haben der Kauf im Internet und der Kauf im Geschäft? Notieren Sie die Informationen aus dem Informationstext in 3a.

im Internet einkaufen		im Geschäft einkaufen	
Vorteile	Nachteile	Vorteile	Nachteile
bequem von zu Hause einkaufen ...			

c Wie beschreibt man Vor- und Nachteile? Markieren Sie die Redemittel in 3a und notieren Sie sie.

Vorteile: Vorteilhaft ist, ...

Nachteile: _____

d Wie kaufen Sie gern ein – im Internet oder im Geschäft? Welche Vorteile und Nachteile sehen Sie persönlich? Machen Sie Notizen. Sprechen Sie dann zu zweit.

> Ich kaufe Kleidung gern im Geschäft. Denn da kann ich die Kleidung anfassen und anprobieren.

> Ja, richtig, aber ein Nachteil ist: Man kann nicht am Sonntag oder spätabends einkaufen. Ich kaufe Kleidung lieber im Internet. Vorteilhaft ist hier: ...

› ÜB A3–4

1 Groß, größer, am größten

a Lesen Sie die Informationen auf der Webseite und die Aussagen unten. Was ist richtig: a oder b? Kreuzen Sie an.

★★★★★ (27)
LAPTOP SOMNUS

Bildschirmdiagonale: 14 Zoll
Arbeitsspeicher: 8 GB
Gewicht: 1,5 kg
Akku-Laufzeit: 4 Stunden
Preis: 396 €

★★★★ (35)
LAPTOP JANUS

Bildschirmdiagonale: 15,6 Zoll
Arbeitsspeicher: 16 GB
Gewicht: 1,9 kg
Akku-Laufzeit: 7 Stunden
Preis: 548 €

★★★★★ (14)
LAPTOP INVICTUS

Bildschirmdiagonale: 17,3 Zoll
Arbeitsspeicher: 16 GB
Gewicht: 2,3 kg
Akku-Laufzeit: 6 Stunden
Preis: 773 €

1. a. [ ] Der Laptop Janus ist schwerer als der Somnus.
   b. [ ] Der Laptop Invictus ist so schwer wie der Janus.
2. a. [ ] Die Akku-Laufzeit vom Somnus ist kürzer als die Akku-Laufzeit vom Janus.
   b. [ ] Die Akku-Laufzeit vom Invictus ist länger als die Akku-Laufzeit vom Janus.
3. a. [ ] Der Laptop Somnus ist größer als der Janus.
   b. [ ] Der Laptop Invictus ist am größten.
4. a. [ ] Der Arbeitsspeicher vom Somnus ist so groß wie der Arbeitsspeicher vom Janus.
   b. [ ] Der Arbeitsspeicher vom Janus ist so groß wie der Arbeitsspeicher vom Invictus.
5. a. [ ] Der Laptop Somnus ist teurer als der Janus.
   b. [ ] Der Laptop Janus ist nicht so teuer wie der Invictus.

KB 55 ▶ **b** Hören Sie Teil 1 vom Gespräch. Welchen Laptop finden María und Jordan am besten?

María: ....   Jordan: ....

KB 55 ▶ **c** Hören Sie Teil 1 vom Gespräch noch einmal. Welche Laptop-Eigenschaften sind María am wichtigsten? Kreuzen Sie an.

a. [ ] die Akku-Laufzeit   c. [ ] die Bildschirmdiagonale
b. [ ] das Gewicht   d. [ ] der Preis   › ÜB B1

2 [GRAMMATIK KOMPAKT] Komparativ und Superlativ

a Markieren Sie die Adjektive in 1a und ergänzen Sie die Tabelle.

Grundform	Komparativ	Superlativ	Grundform	Komparativ	Superlativ
		am schwersten			am teuersten
lang		am längsten	gut	besser	am besten
groß			viel	mehr	am meisten
kurz		am kürzesten	gern	lieber	am liebsten

b Lesen Sie die Regeln und kreuzen Sie an.

G

1. Den Komparativ bildet man mit   a. [ ] *mehr* und Adjektiv.   b. [ ] Adjektiv + Endung *-er*.
   Adjektive auf *-er* und *-el* verlieren im Komparativ das *e*, z.B. teurer, dunkler.
2. Den Superlativ bildet man mit   a. [ ] *viel* und Adjektiv.   b. [ ] *am* und Adjektiv + Endung *-sten*.
   Aber: am größten, am kürzesten.
3. Bei einsilbigen Adjektiven meistens mit Umlaut: *a* → .... , *o* → .... , *u* → ....
4. Manchmal gibt es Sonderformen, z.B. bei *gut*: .... , ...

› ÜB B2

3 Wie bezahlen?

a Lesen Sie im Warenkorb die Informationen zum Laptop Janus und beantworten Sie die Fragen.

1. Wie viel muss man für den Versand vom Laptop bezahlen?
2. Wie lange dauert die Lieferung in Deutschland?
3. Welche Zahlungsmöglichkeiten gibt es?
4. Wie lange kann man den Laptop zurückgeben?

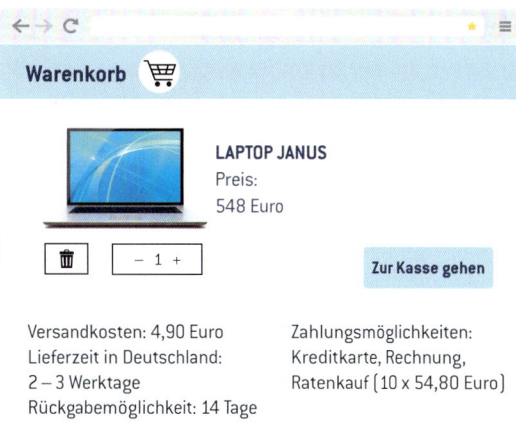

Warenkorb

LAPTOP JANUS
Preis:
548 Euro

🗑 − 1 +

Zur Kasse gehen

Versandkosten: 4,90 Euro
Lieferzeit in Deutschland:
2 – 3 Werktage
Rückgabemöglichkeit: 14 Tage

Zahlungsmöglichkeiten:
Kreditkarte, Rechnung,
Ratenkauf (10 x 54,80 Euro)

KB 56 ▶ **b** Hören Sie Teil 2 vom Gespräch. Was ist richtig, was ist falsch? Kreuzen Sie an.

	r	f
1. María findet die Versandkosten zu teuer.	[ ]	[ ]
2. Beim Ratenkauf muss man das Produkt nicht sofort bezahlen.	[ ]	[ ]
3. María bezahlt mit Kreditkarte.	[ ]	[ ]
4. Jordan findet Ratenkauf gut.	[ ]	[ ]

› ÜB B3–5

4 Beratung beim Laptop-Kauf

a Lesen Sie die Nachricht von Lara. Was möchte sie wissen?

b [MEDIATION] Welcher Laptop passt für Lara? Vergleichen Sie die Laptops in 1a und antworten Sie Lara.

Hallo Jordan, María hat mir erzählt, dass du sie beim Kauf vom Laptop beraten hast. Ich brauche auch einen Laptop. Kannst du mir auch helfen? Das ist mir wichtig: Der Laptop muss leicht sein und er muss viel Akku-Laufzeit haben. Der Preis: nicht mehr als 600 €. Liebe Grüße Lara

5 Ich bin sehr zufrieden

a María hat den Laptop bekommen und eine Produktbewertung geschrieben. Lesen Sie die Bewertung und beantworten Sie die Fragen mit einer Partnerin / einem Partner.

1. Wie lange hat die Lieferung vom Laptop gedauert?
2. Wie war die Bezahlung?
3. Wie findet María den Laptop?

María
★★★★★ **Super Gerät**
Bewertung aus Deutschland vom 30. September

Ich habe vor einer Woche den Laptop Janus gekauft. Die Lieferung war sehr schnell, der Laptop ist nach zwei Tagen gekommen. Auch die Bezahlung mit Rechnung hat sehr gut funktioniert. Jetzt habe ich den Laptop schon fünf Tage lang benutzt, und ich bin sehr zufrieden. Das Gerät läuft perfekt und ist sehr leise, die Bildqualität ist toll, und der Akku hält wirklich sieben Stunden. Ich gebe 5 Sterne!

b Schreiben Sie eine Produktbewertung für einen Laptop. Die Produktbewertung in 5a und die Punkte unten helfen.

vor drei Wochen Laptop bestellen · Laptop erst gestern kommen · Bezahlung mit Kreditkarte nicht funktionieren · dann mit Rechnung bezahlen · Laptop jetzt einen Tag lang benutzen · nicht zufrieden sein · Gerät langsam laufen · sehr laut sein · Bildqualität schlecht sein · Akku nur eine Stunde halten · nur einen Stern geben · …

Ich habe vor drei Wochen einen Laptop bestellt. …

› ÜB B6

1 **Shopping für die Immatrikulationsfeier**

KB 57 ▶ **a Hören Sie Teil 1 vom Gespräch. Was wollen María und Jordan kaufen? Welches Foto passt?**

Farben als Nomen schreibt man groß. Oft steht ein Artikel oder eine Präposition vor der Farbe, z. B. Das Rot ist sehr schön. Ich nehme das Kleid in Schwarz.

KB 58 ▶ **b Hören Sie Teil 2 vom Gespräch. Ordnen Sie die Reaktionen von Jordan zu.**

1. ● Wie gefällt dir der Anzug hier?
2. ● Nein, dieser hier, in Dunkelblau.
3. ● Ja, stimmt. Mal sehen. Und wie findest du diese Hose?
4. ● Ja, diese Hose. Sie sieht sehr schön und modern aus.
5. ● Hier sind noch zwei Modelle. Welches Sakko gefällt dir besser?
6. ● Ich glaube, diese Modelle finde ich besser. Sportlich steht dir bestimmt sehr gut.

a. [ ] ○ Welche Hose? Meinst du diese hier?
b. [1] ○ Welcher Anzug? Der hier? In Schwarz?
c. [ ] ○ Dieses Sakko, es ist kurz. Und welche Modelle findest du besser? Sportlich oder elegant?
d. [ ] ○ Stimmt, die Hose ist gut. Aber das Sakko ist ein bisschen lang. Gibt es noch andere Modelle?
e. [ ] ○ Okay, dann probiere ich diesen Anzug jetzt gleich mal an.
f. [ ] ○ Hm, die Farbe ist nicht schlecht. Aber die Hose ist sehr weit.

› ÜB C1

2 **[GRAMMATIK KOMPAKT] Frageartikel und -pronomen _welch-_ – Demonstrativartikel und -pronomen _dies-_**

a Markieren Sie die Frageartikel und -pronomen _welch-_ und die Demonstrativartikel und -pronomen _dies-_ in 1b. Ergänzen Sie die Tabelle.

	Maskulinum	**Neutrum**	**Femininum**	**Plural**
Nominativ	Welch........ Anzug? → Dies........ Anzug.	Welch........ Sakko? → Dies........ Sakko.	Welche Hose? → Diese Hose.	Welche Modelle? → Diese Modelle.
Akkusativ	Welchen Anzug? → Diesen Anzug.	Welches Sakko? → Dieses Sakko.	Welch........ Hose? → Dies........ Hose.	Welch........ Modelle? → Dies........ Modelle.

b Schauen Sie die Tabelle in 2a noch einmal an und kreuzen Sie in den Regeln an.

G

1. _welch-_   a. [ ] weist auf Dinge und Personen hin.   b. [ ] fragt nach Dingen und Personen.
2. _dies-_   a. [ ] weist auf Dinge und Personen hin.   b. [ ] fragt nach Dingen und Personen.
3. _welch-_ und _dies-_ haben die gleichen Endungen wie der
    a. [ ] bestimmte Artikel.   b. [ ] unbestimmte Artikel.

c Ergänzen Sie die Endungen.

aus + Material (immer ohne Artikel), z. B. Der Anzug ist aus Wolle.

1. ● Welch........ Bluse soll ich kaufen?   ○ Dies........ Bluse aus Seide.
2. ● Welch........ Rock steht mir am besten?   ○ Dies........ Rock aus Samt.
3. ● Welch........ Pullover gefällt dir besser?   ○ Dies........ Pullover aus Wolle.
4. ● Welch........ Jacke findest du am schönsten? ○ Dies........ Jacke aus Leder.
5. ● Welch........ T-Shirt sieht schöner aus?   ○ Dies........ T-Shirt aus Baumwolle.

› ÜB C2

3 Grün steht mir nicht

KB 59 **a** **Was sagt die Verkäuferin? Was sagt María? Sortieren Sie die Sätze. Hören Sie dann das Gespräch zur Kontrolle.**

[ ] Dieses Modell ist sehr schön. Kann ich es anprobieren?
[1] Guten Tag, kann ich Ihnen helfen?
[ ] Ich danke Ihnen.
[ ] Hm, und wie finden Sie dieses Kleid in Rot?
[2] Ja, gern, ich suche ein Kleid für eine Immatrikulationsfeier.
[ ] Da drüben sind Kleider für Feiern. Welche Größe haben Sie?
[ ] Es ist hübsch, aber Grün steht mir leider nicht.
[ ] Natürlich, da drüben sind die Umkleidekabinen.
[ ] In Spanien trage ich Größe 38.
[ ] Dann tragen Sie hier bestimmt eine Nummer kleiner.
Mal sehen. – Wie gefällt Ihnen dieses Kleid? Es ist aus Seide.

KB 60 **b** [AUSSPRACHE] **Sind die Umlaute lang (_) oder kurz (.)? Hören Sie die Wörter und markieren Sie.**

ä: Geschäft – Gerät – Hälfte – spät – Qualität – gefällt
ö: Größe – möchten – schön – Körper – Möbel – Öffnungszeiten
ü: drüben – grün – hübsch – günstig – natürlich – Rücken

KB 60 **c** **Hören Sie die Wörter in 3b noch einmal und sprechen Sie nach.**

d **Spielen Sie zu zweit Einkaufsgespräche. Variieren Sie Kleidungsstück, Größe und Farbe.**

Guten Tag, kann ich Ihnen helfen?

> Ja, gern, ich suche …

Da drüben sind …
Welche Größe haben Sie?

> Ich habe / trage Größe …

Wie gefällt Ihnen dieser / dieses / diese …?

> Er / Es / Sie ist hübsch, aber …

Und wie finden Sie diesen / dieses / diese …?

> Dieses Modell ist sehr … Kann ich es anprobieren?

Natürlich, da drüben sind die Umkleidekabinen.

> Ich danke Ihnen.

› ÜB C3–4

4 Was ist Ihre Lieblingskleidung?

a **Was tragen Sie am liebsten?**

Lieblingskleidung: ....
Lieblingsfarbe: ....
Lieblingsmaterial: ....

b **Was glauben Sie: Was trägt Ihre Partnerin / Ihr Partner gern? Sprechen Sie zu zweit.**

Ich glaube, du trägst sehr gern T-Shirts in Gelb und aus Baumwolle.

Ja, das stimmt. / Nein, ich trage am liebsten Blusen in Weiß.

c **Welche Kleidungsstücke, Farben und Materialien mögen Sie gern? Sammeln Sie im Kurs und erstellen Sie eine Kursstatistik.** › ÜB C5

Im Bekleidungsgeschäft

Verkäuferin / Verkäufer	Kundin / Kunde
Guten Tag, kann ich Ihnen helfen?	Ja, gern, ich suche …
Da drüben sind … Welche Größe haben Sie?	Ich habe / trage Größe …
Wie gefällt Ihnen dieser / dieses / diese …?	Er / Es / Sie ist hübsch, aber …
Und wie finden Sie diesen / dieses / diese …?	Dieses Modell ist sehr … Kann ich es anprobieren?
Natürlich, da drüben sind die Umkleidekabinen.	Ich danke Ihnen.

Personalpronomen im Nominativ, Akkusativ und Dativ

Singular

Nominativ	Akkusativ	Dativ
ich	mich	mir
du	dich	dir
er	ihn	ihm
es	es	ihm
sie	sie	ihr

Plural

Nominativ	Akkusativ	Dativ
wir	uns	uns
ihr	euch	euch
sie	sie	ihnen
Sie	Sie	Ihnen

Komparativ und Superlativ

Grundform	Komparativ	Superlativ	Grundform	Komparativ	Superlativ
schwer	schwerer	am schwersten	teuer	teurer	am teuersten
lang	länger	am längsten	gut	besser	am besten
groß	größer	am größten	viel	mehr	am meisten
kurz	kürzer	am kürzesten	gern	lieber	am liebsten

Frageartikel und -pronomen *welch*- – Demonstrativartikel und -pronomen *dies*-

	Maskulinum	Neutrum	Femininum	Plural
Nominativ	Welcher Anzug? → Dieser Anzug.	Welches Sakko? → Dieses Sakko.	Welche Hose? → Diese Hose.	Welche Modelle? → Diese Modelle.
Akkusativ	Welchen Anzug? → Diesen Anzug.	Welches Sakko? → Dieses Sakko.	Welche Hose? → Diese Hose.	Welche Modelle? → Diese Modelle.

10 Schönes Fest!

ERINNERN SIE SICH? ›› Modalverben (L3, L4, L8) ›› Konnektoren *aber, denn* (L3)

1 Partys, Feste, Feiern

a Welche Feste sehen Sie auf den Fotos? Ordnen Sie die Feste zu.

die Erstsemesterparty ⋅ der Geburtstag ⋅ der Jahrmarkt / die Kirmes ⋅ der Karneval / der Fasching ⋅
das Silvester / das Neujahr ⋅ ~~das Straßenfest~~ ⋅ die Uni-Absolventenparty ⋅ das Weihnachten

das Straßenfest

b Was kann man noch feiern? Notieren Sie.

die Hochzeit, …

c Schauen Sie die Fotos oben an. Was ist typisch für die Feste? Ordnen Sie die Wörter zu. Mehrfach-nennungen sind möglich.

das Barett, -s ⋅ die Blume, -n ⋅ das Büfett, -s ⋅ die Eintrittskarte, -n / das Ticket, -s ⋅
~~das Fahrgeschäft, -e~~ ⋅ das Festzelt, -e ⋅ das Feuerwerk, -e ⋅ das Geschenk, -e ⋅ das Karussell, -s ⋅
die Kerze, -n ⋅ das Kostüm, -e ⋅ die (Live-)Band, -s ⋅ die Maske, -n ⋅ die Parade, -n ⋅ der Sekt, -e ⋅
die Süßigkeit, -en ⋅ der Tannenbaum, ̈-e ⋅ der Talar, -e ⋅ die Torte, -n ⋅ der Verkaufsstand, ̈-e

Erstsemesterparty	
Geburtstag	
Jahrmarkt / Kirmes	*das Fahrgeschäft, -e*
Karneval / Fasching	
Silvester / Neujahr	
Straßenfest	
Uni-Absolventenparty	
Weihnachten	

Veranstaltungstipps lesen und Hauptinformationen entnehmen · etwas vorschlagen ·
auf Vorschläge reagieren · etwas vereinbaren · höfliche Fragen und Bitten formulieren

1 Feiern und ausgehen in Bonn

a Sie haben die Veranstaltungsapp der Uni installiert und lesen die Veranstaltungstipps. Markieren
Sie: Was ist vielleicht interessant für Studierende (gelb), was vielleicht für Familien (blau)?

RUND UM DIE UHR GEÖFFNET
Freizeitpark Rheinaue

Für Jung und Alt – hier findet
jeder etwas! Flohmarkt
(Apr. – Okt.), Feuerwerk
(Mai & Silvester), Ballonfest
(Juni), Gratis-Konzerte am
Wochenende u. v. m.! Oder
möchten Sie unser Restaurant
für eine Feier mieten?

A

Freitag, 22.09. – Sonntag, 24.09.
**KIRMES IN
BONN PLITTERSDORF**

Unsere Herbstkirmes für
Jung und Alt mit vielen
Fahrgeschäften und
Verkaufsständen mit Essen
und Getränken. Und am
Abend: Live-Bands mit
Musik.

B

Samstag, 30.09.
**Interkulturelles
One-World-Festival**

„One World, One Love"
– das ist unser Motto!
Internationale Projekte
und Organisationen,
Musik & Bands aus
aller Welt, Workshops
und natürlich die One-
World-Parade! Komm
und tanz mit!

C

FREITAG, 13.10.
ERSTSEMESTERPARTY

Feiern, tanzen, Spaß haben, neue Leute
kennenlernen! Eintritt: 10 €, Softdrinks
kostenlos! Beginn: 21:00.

D

Samstag, 21.10.
**Absolventenfeier
der Hochschule Bonn-Rhein-Sieg**

Die Absolventen der H-BRS feiern ihren Abschluss
wie in den USA – mit Talar und Barett!
Wo: im Telekom Dome in Bonn

E

u. v. m.
= und vieles mehr

b Welche Veranstaltung finden Sie interessant / nicht interessant? Warum?
Sprechen Sie zu dritt.

› ÜB A1

2 Super, das machen wir!

KB 61 ▷ **a** Eleni und Mert arbeiten im Studierendenclub International an der Uni Bonn und wollen ein Treffen
für die Mitglieder organisieren. Hören Sie das Gespräch. Über welche Veranstaltungen sprechen sie?
Kreuzen Sie an.

1. [ ] Absolventenfeier 3. [ ] Erstsemesterparty 5. [ ] Kirmes
2. [ ] Ballonfest 4. [ ] Flohmarkt 6. [ ] One-World-Festival

b Zu welcher Veranstaltung wollen Eleni und Mert mit dem Club gehen?

KB 61 ▷ **c** Hören Sie das Gespräch noch einmal. Welche Sätze hören Sie? Kreuzen Sie an.

1. [ ] Wollen wir das zuerst machen? 7. [ ] Wollen wir lieber tanzen gehen?
2. [ ] Wir könnten die Veranstaltungstipps lesen. 8. [ ] Ich habe eine Idee: …
3. [ ] Ja, gute Idee! 9. [ ] Das machen wir!
4. [ ] Hm, ich weiß nicht. 10. [ ] Könntest du allen eine Nachricht schreiben?
5. [ ] Wir könnten zur Kirmes gehen. Was meint ihr? 11. [ ] 16:00 Uhr finde ich besser.
6. [ ] Nein, das mag ich nicht so. 12. [ ] Okay, 15:00 Uhr ist gut. Das passt.

d Vorschlagen – reagieren – vereinbaren. Sie planen ein Treffen mit einer Freundin / einem Freund.
Was sagen Sie? Ordnen Sie die Redemittel aus 2c zu.

| etwas vorschlagen /
höflich fragen | zustimmen /
etwas vereinbaren | etwas ablehnen /
etwas anderes vorschlagen |
| --- | --- | --- |
| Wollen wir …? | | |

e Mert schreibt eine Nachricht an den Studierendenclub. Sortieren Sie die Sätze und schreiben Sie die Nachricht.

[ ] One-World-Festival! Da gibt es
[ ] 30.09. und wir gehen zum
[ ] Live-Bands, eine Parade und Workshops! Yuva und James,
[ ] würdest du die Fotos für unsere Homepage machen? Wir treffen uns um
[1] Hallo Leute! Also, unser Treffen ist am
[ ] 15:00 am Friedensplatz! Viele Grüße Eleni und Mert
[ ] würdet ihr bitte eure Gitarren mitbringen? Und Nina,

› ÜB A2–3

3 [GRAMMATIK KOMPAKT] **Vorschläge und höfliche Fragen mit *könnt-* und *würd-***

a Wann benutzt man was? Markieren Sie die Sätze mit *könnt-* und *würd-* in 2c und 2e. Ergänzen Sie dann ein Beispiel pro Kategorie.

G

etwas vorschlagen:	*könnt-* →	– Wir könnten die Veranstaltungstipps lesen.
		– ....
höflich fragen / bitten:	*könnt- / würd-* →	– Könntest du allen eine Nachricht schreiben?
		– Würdest du die Fotos für unsere Homepage machen?
		– ....

b Lesen Sie die Sätze in 3a und ergänzen Sie die Formen von *könnt-* und *würd-*.

könnt-				**würd-**			
ich	könnte	wir		ich	würde	wir	würden
du		ihr	könntet	du		ihr	
er / sie / es	könnte	sie / Sie	könnten	er / sie / es	würde	sie / Sie	würden

c Formulieren Sie die Imperative als höfliche Fragen mit *könnt-* und *würd-*.

1. Schreib bitte allen!   *Könntest / würdest du bitte allen schreiben?* ....

2. Helft mir bitte!   ....

3. Räum bitte die Küche auf!   ....

4. Zeigen Sie uns bitte den Weg!   ....

5. Sei bitte etwas leiser!   ....

› ÜB A4

4 **Wir könnten zum Flohmarkt gehen!**

a Was möchten Sie am Wochenende gern machen? Wohin möchten Sie gehen? Notieren Sie.

b Arbeiten Sie zu zweit. Was möchte Ihre Partnerin / Ihr Partner am Wochenende machen? Fragen Sie. Planen Sie dann ein Treffen. Die Redemittel in 2d helfen.

c Suchen Sie ein anderes Paar. Was macht dieses Paar am Wochenende? Fragen Sie.

d [MEDIATION] Sie möchten jetzt etwas zu viert unternehmen. Planen Sie ein Treffen. Was haben Sie geplant? Berichten Sie im Kurs.

Samstag:
am Vormittag: zum
Flohmarkt gehen
am Abend: ...

1   Kommt und feiert mit!

a   **Lesen Sie die Einladung von Mert schnell. Was feiert er?**

Geburtstags-Vorweihnachts-Party

> Hallo ihr,
>
> ich habe am 21.12. Geburtstag und möchte euch herzlich einladen! Feiert mit!
>
> Wann? am 21.12., ab 20:00, im Studierendenclub International
> Es gibt ein Büfett, Bier, Wein und alkoholfreie Getränke und natürlich Musik!
> Und bringt bitte ein Geschenk mit (Kosten: maximal 5 €) – wir wichteln!
>
> Könnt ihr kommen? Schreibt mir oder ruft mich an! Hoffentlich seid ihr alle
> so kurz vor Weihnachten noch in Bonn.
>
> Liebe Grüße Mert

b   **Lesen Sie die Antworten auf die Einladung und die Fragen unten. Was passt? Notieren Sie die Namen.**

Hi Mert, das ist eine super Idee! Ich bringe Sekt und eine Geburtstagstorte mit. Wir müssen auf deinen Geburtstag anstoßen! Und ich spiele für dich Gitarre! James

Hi Mert, leider kann ich nicht kommen, denn ich fahre schon am 21.12. nach Hause in den Norden. 😢 Am 31.12. komme ich für die Silvesterfeier im Club zurück. Da sehen wir uns. Feier schön! 🎂 Philipp

Lieber Mert, ich komme sehr gern! Ich kann dir helfen. Ich kann am 21. mit dir das Büfett aufbauen oder räume am 22. mit dir auf. Was ist dir lieber? Diego

Lieber Mert, ich freue mich schon auf deine Feier. Ich kann dir bei der Vorbereitung helfen. Aber ich habe eine Frage: Was ist „wichteln"? Eleni

Hallo Mert, das ist super! Brauchst du Hilfe? Ich kann z. B. Getränke kaufen und ich kann etwas für das Büfett mitbringen, z. B. einen Kuchen mit Lachs und Tomaten – den lieben alle! 😃 Yuva

Hallo Mert, ich komme super gern. Brauchst du noch einen Nachtisch für das Büfett? Ich kann einen Obstsalat mitbringen oder einen Schokoladenkuchen backen. Ich freue mich schon! Nina

Hi Mert, ich komme sehr gern, aber leider erst um 22:00. Früher kann ich nicht. Sorry! Lea

1. Wer kommt?	James,
2. Wer sagt ab?	
3. Wer möchte Essen mitbringen?	
4. Wer möchte helfen?	
5. Wer hat eine Frage?	

› ÜB B1–2

2   [GRAMMATIK KOMPAKT] Die Hauptsatzkonnektoren *aber, denn, oder, und*

a   **Markieren Sie in den Antworten in 1b die Konnektoren und ergänzen Sie die Sätze.**

Hauptsatz 1 / Satzteil 1	Hauptsatz 2 / Satzteil 2		
	Position 0	Position 1	Position 2
Ich komme sehr gern,	aber	(ich)	(komme) leider erst um 22:00.
Ich kann dir helfen.	Aber	ich	habe eine Frage.
Ich kann einen Obstsalat mitbringen(,)			
Ich kann mit dir das Büfett aufbauen(,)			
Ich bringe Sekt			
Ich kann z. B. Getränke kaufen(,)			
Leider kann ich nicht kommen,			

b Lesen Sie die Sätze in 2a noch einmal und ergänzen Sie die Regeln.

G

1. _aber_____ nennt einen Gegensatz.   3. .... nennt eine Alternative.
2. .... nennt einen Grund.   4. .... verbindet zwei Sätze oder Satzteile.
5. Die Hauptsatzkonnektoren *aber, denn, oder,* und stehen auf Position ....
6. Das konjugierte Verb steht auf Position ....
7. Bei *aber, oder, und*: Subjekt (und Verb) in Hauptsatz 1 = Subjekt (und Verb) in Hauptsatz 2
→ Subjekt (und Verb) können in Hauptsatz .... wegfallen.

› ÜB B3

3 Ich komme gern!

a Sie machen eine Party. Schreiben Sie eine Einladung für Ihre Familie und / oder Freunde. Die Einladung in 1a hilft.

b Suchen Sie eine Partnerin / einen Partner. Lesen Sie ihre / seine Einladung. Möchten Sie kommen? Schreiben Sie eine Antwort. Die Nachrichten in 1b helfen.

4 [AUSSPRACHE] *sp* und *st*

KB 62 ► **a** Was hören Sie: schp oder sp / scht oder st? Kreuzen Sie an. Ergänzen Sie dann die Regel.

1. Spaß	[ ] schp	[ ] sp	8. Fest	[ ] scht	[ ] st
2. Es·presso	[ ] schp	[ ] sp	9. Ge·burts·tag	[ ] scht	[ ] st
3. Ge·spräch	[ ] schp	[ ] sp	10. Stra·ße	[ ] scht	[ ] st
4. Schloss·park	[ ] schp	[ ] sp	11. an·sto·ßen	[ ] scht	[ ] st
5. spät	[ ] schp	[ ] sp	12. könn·test	[ ] scht	[ ] st
6. Bei·spiel	[ ] schp	[ ] sp	13. Stu·die·ren·de	[ ] scht	[ ] st
7. Ar·beits·plan	[ ] schp	[ ] sp	14. Sil·ves·ter	[ ] scht	[ ] st

G

1. *sp* und *st* am Wortanfang und Silbenanfang spricht man: schp / ....
2. In den anderen Fällen spricht man: .... / st.

KB 62 ► **b** Hören Sie die Wörter in 4a noch einmal und sprechen Sie sie nach.   › ÜB B4

5 Kann ich dir helfen?

[MEDIATION] Lesen Sie die Nachricht von einem Freund von Mert und schreiben Sie die Antwort von Mert. Die Informationen in den Nachrichten in 1b helfen.

> Hallo Mert, sorry, ich melde mich spät. Brauchst du noch Hilfe? Brauchst du noch etwas für das Büfett? LG Hamid

Hi Hamid, vielen Dank, aber ich bekomme schon Hilfe und Essen für das Büfett: James ...

6 Wichteln – was ist das?

a Eleni möchte wissen: Was ist Wichteln, wie funktioniert das? Lesen Sie die Abschnitte und bringen Sie den Informationstext in die richtige Reihenfolge.

[2] Man kauft ein Geschenk für eine Feier.
[ ] Am Ende gibt jede / jeder der Person auf dem Zettel ihr / sein Geschenk.
[1] Wichteln ist eine Weihnachtstradition.

[ ] Man mischt alle Zettel und jede / jeder nimmt einen Zettel und klebt ihn auf ihr / sein Geschenk.
[ ] Auf der Feier schreiben alle ihren Namen auf kleine Zettel.

b Kennen Sie Wichteln oder eine ähnliche Tradition? Berichten Sie im Kurs.

1   Karneval – Alaaf! und Helau!

a   Trainieren Sie Ihr Leseverstehen. Arbeiten Sie zu dritt und lesen Sie jeden Abschnitt einzeln.
Jede / Jeder wählt eine von drei Lesestrategien. Tauschen Sie bei jedem Abschnitt die Lesestrategie.

1. **Thema nennen:** Was ist das Thema in dem Abschnitt? Schreiben Sie eine Überschrift oder einen Satz.
2. **W-Fragen:** Schreiben Sie zwei W-Fragen zum Abschnitt.
3. **Richtig-/Falsch-Aussagen:** Schreiben Sie zwei Aussagen zum Abschnitt. Die Aussagen können richtig oder falsch sein.

KARNEVAL IN ALLER WELT

A Bald ist wieder Karneval – in Bonn und in aller Welt. Aber warum feiert man das Fest?
Der Winter geht und der Frühling kommt, das haben schon die Römer gefeiert! Und auch
für Christen ist Karneval wichtig: Für sie beginnt am „Aschermittwoch" nach Karneval die
Fastenzeit. Und weil die Fastenzeit 40 Tage (bis Ostern) dauert, wollen alle vorher feiern. Das
Wort „Karneval" kommt von Latein „Carne vale" und heißt „Auf Wiedersehen, Fleisch".

B In Deutschland feiert man den Karneval speziell im Rheinland: Dort beginnt er am 11.11.
um 11:11 Uhr, Höhepunkt sind die sechs Tage vor Aschermittwoch. Karnevalshauptstadt ist
Köln (mit circa 1,5 Millionen Besuchern), aber auch in Bonn, Mainz und anderen Städten gibt
es Partys, Paraden und Straßenkarneval mit Musik und Tanz. Alle tragen ein Kostüm, man isst
„Berliner" (kleine Zuckerkuchen) und ruft „Alaaf!" oder „Helau!".

C Auch in anderen Regionen von Deutschland feiert man Karneval, dort sagt man aber oft
„Fasching" oder „Fastnacht". Und wo in Europa feiert man Karneval? Venedig ist hier sehr
bekannt, dort feiert man 10 Tage lang mit traditionellen Masken und Maskenbällen. Andere
Orte sind Teneriffa und Cádiz oder Basel und Luzern. Und international? Karneval ist beliebt in
Argentinien, Kolumbien, New Orleans und natürlich in Rio und ganz Brasilien! Dort tanzen die
Leute fast eine Woche lang in der Sonne und das ganze Land ist eine Party!

b   Lesen Sie nach jedem Abschnitt Ihre Überschrift, Ihre Fragen und Richtig-Falsch-Aussagen. Die
anderen kommentieren die Überschriften und beantworten die W-Fragen und Richtig-Falsch-Aussagen.

c   Welche Lesestrategie war (nicht) einfach? Welche finden Sie (nicht) gut? Warum? Kennen Sie
andere Lesestrategien? Sprechen Sie im Kurs.

d   Haben Sie auch schon Karneval gefeiert? Wo und wie war das, was haben Sie gemacht?   › ÜB C1–2

2   Internationale Feste

KB 63 ▸ **a**   Schauen Sie die Fotos an. Kennen Sie die Feste? Hören Sie dann die Kurzbeiträge im Radio.
In welcher Reihenfolge sprechen die Personen über die Feste? Nummerieren Sie.

[ ] Holi   [ ] Día de los   [1] Halloween   [ ] Chinesisches   [ ] Purim
                      Muertos   Neujahr

KB 63 ⊳ **b** Hören Sie die Kurzbeiträge noch einmal. Warum mögen die Personen die Feste? Ordnen Sie zu.

1. James (USA) mag Halloween,
2. Mailin (China) mag das Chinesische Neujahr,
3. Lea (Israel) findet Purim gut,
4. Diego (Mexiko) gefällt der Día de los Muertos,
5. Yuva (Indien) mag Holi,

a. [ ] weil die ganze Familie zusammen feiert.
b. [1] weil man viele Süßigkeiten bekommt.
c. [ ] denn alle sind für einen Tag gleich: alt und jung, arm und reich.
d. [ ] weil es Geld-Geschenke und Feuerwerk gibt.
e. [ ] denn es gibt eine Parade und alle tanzen auf der Straße.   › ÜB C3

3 [GRAMMATIK KOMPAKT] **Kausale Nebensätze – Begründung mit *weil***

a Ergänzen Sie die Sätze aus 2b.

Hauptsatz	Nebensatz mit Nebensatzkonnektor		
	Position 1		Satzende
Jordan mag Halloween,			
Mailin mag das Chinesische Neujahr,			
Diego gefällt der Día de los Muertos,			

b Schauen Sie die Sätze in 3a an und ergänzen Sie die Regel.

G

1. Der Nebensatzkonnektor steht auf Position ....
2. Im Nebensatz steht das Verb am .... Zwischen Hauptsatz und Nebensatz steht ein Komma.

c Schreiben Sie die Sätze mit *weil*.

1. Ich feiere gern **meinen Geburtstag**, *weil ich gern meine Freunde einlade* ....
   (Ich lade gern meine Freunde ein.)
2. **Kostümpartys** mag ich nicht so gern, ...
   (Kostüme finde ich blöd.)
3. Von den 100 € Geburtstagsgeld kaufe ich **eine Uhr**, ...
   (Meine Uhr ist kaputt.)
4. Ich fahre im Urlaub **in die Schweiz**, ...
   (Ich wandere gern in den Bergen.)

Achtung! Trennbare Verben schreibt man im Nebensatz am Satzende zusammen.

d Und Sie? Sprechen Sie zu zweit. Ersetzen Sie die markierten Wörter und begründen Sie selbst.

Ich feiere gern Silvester, weil ich Feuerwerk sehr mag.   › ÜB C4

4 Zeig uns dein Lieblingsfest!

a Sie sind im Studierendenclub International. Sie wollen im Club ein Fest präsentieren. Wählen Sie ein Fest aus und notieren Sie Stichwörter. Folgende Punkte helfen.

· Wann? / Wo? / Warum?
· Kostüme / spezielle Kleidung?
· Geschenke?
· Musik / Tanz?
· Aktivitäten?
· Feuerwerk / Parade / …?
· Spezialitäten (Essen / Trinken)?

b Präsentieren Sie nun in Gruppen oder im Kurs Ihr Fest (ca. 5 Minuten pro Person). Sie können auch Fotos, Kleidung, Musik etc. mitbringen. Die anderen dürfen fragen / mittanzen / probieren / … Die Redemittel im Übungsbuch helfen.

c Welches Fest gefällt Ihnen am besten, wo möchten Sie mitfeiern? Und warum? Sprechen Sie im Kurs.   › ÜB C5

vorschlagen – reagieren – vereinbaren

etwas vorschlagen / höflich fragen	zustimmen / etwas vereinbaren	etwas ablehnen / etwas anderes vorschlagen
Ich habe eine Idee: … Wir könnten … Wollen wir …? Was meinst du / meint ihr? / meinen Sie? Könntest du …? / Könntet ihr …? / …?	Ja, gute Idee! Das machen wir! Okay, … ist gut. Das passt.	Ich weiß nicht. Nein, das mag ich nicht so. Wollen wir lieber …? … finde ich besser.

Vorschläge und höfliche Fragen mit *könnt-* und *würd-*

etwas vorschlagen:	*könnt-* →	Wir könnten die Veranstaltungstipps lesen. Wir könnten zur Kirmes gehen.
höflich fragen / bitten:	*könnt- / würd-* →	Könntest du eine Nachricht schreiben? Würdet ihr bitte eure Gitarren mitbringen?

	könnt-		**würd-**
ich	könnte	ich	würde
du	könntest	du	würdest
er / sie / es	könnte	er / sie / es	würde
wir	könnten	wir	würden
ihr	könntet	ihr	würdet
sie / Sie	könnten	sie / Sie	würden

Die Hauptsatzkonnektoren *aber, denn, oder, und*

- *aber* nennt einen Gegensatz.
- *denn* nennt einen Grund.
- *oder* nennt eine Alternative.
- *und* verbindet zwei Sätze oder Satzteile.

Hauptsatz 1 / Satzteil 1	Hauptsatz 2 / Satzteil 2			
	Position 0	Position 1	Position 2	
Ich komme sehr gern,	aber	(ich)	(komme)	leider erst um 22:00.
Ich kann dir helfen.	Aber	ich	habe	eine Frage.
Ich kann einen Obstsalat mitbringen(,)	oder	(ich)	(kann)	einen Schokoladenkuchen backen.
Ich kann mit dir das Büfett aufbauen(,)	oder	(ich)	räume	am 22. mit dir auf.
Ich bringe Sekt	und	(ich)	(bringe)	eine Geburtstagstorte mit.
Ich kann z. B. Getränke kaufen(,)	und	(ich)	(kann)	etwas für das Büfett mitbringen.
Leider kann ich nicht kommen,	denn	ich	fahre	schon am 21.12. nach Hause.

- Die Hauptsatzkonnektoren *aber, denn, oder, und* stehen auf Position 0.
- Das konjugierte Verb steht auf Position 2.
- Bei *aber, oder, und*: Subjekt (und Verb) in Hauptsatz 1 = Subjekt (und Verb) in Hauptsatz 2
  → Subjekt (und Verb) können in Hauptsatz 2 wegfallen.

Kausale Nebensätze – Begründung mit *weil*

Hauptsatz	Nebensatz mit Nebensatzkonnektor		Satzende
	Position 1		
Jordan mag Halloween,	weil	man viele Süßigkeiten	bekommt.
Mailin mag das Chinesische Neujahr,	weil	es Geld-Geschenke und Feuerwerk	gibt.

- Der Nebensatzkonnektor steht auf Position 1.
- Im Nebensatz steht das Verb am Satzende. Zwischen Hauptsatz und Nebensatz steht ein Komma.

Übungsbuchteil

Kurs DaF A1

1 **Guten Tag! Ich heiße ...**   › KB A1

a **Welche Antwort passt? Ordnen Sie zu.**

Gespräch A:
- 1. Woher kommen Sie, Frau Larsson?
- 2. Wie ist Ihr Familienname?
- 3. Guten Tag, ich heiße Angelika Kessler.

[ ] ○ a. Guten Tag, Frau Kessler. Ich heiße Emma.
[ ] ○ b. Mein Familienname ist Larsson.
[1] ○ c. Ich komme aus Stockholm.

Gespräch B:
- 1. Hallo! Ich heiße Bojan. Wie heißt du?
- 2. Ich komme aus Warna. Und du?

[ ] □ a. Ich komme aus Split.
[ ] □ b. Hallo Bojan! Ich bin Lea. Woher kommst du?

ÜB 1–2 ⊙ **b** **Sortieren und schreiben Sie die Gespräche A und B aus 1a. Hören Sie dann zur Kontrolle.**

Gespräch A:

Guten Tag, ...

....

....

....

....

Gespräch B:

....

....

....

....

....

c **Welches Gespräch ist formell, welches Gespräch ist informell?**

Gespräch A: ....   Gespräch B: ....

2 **Wie schreibt man das?**   › KB A1

ÜB 3 ⊙ **a** **Buchstabieren Sie die Namen. Hören Sie dann zur Kontrolle.**

1. Anke
2. Thorsten
3. Xaver
4. Wigald
5. Mey
6. Jöckel
7. Dussmann
8. Quandt
9. Bäßler
10. Pfützner

ÜB 4 ⊙ **b** **Hören Sie und ergänzen Sie die Namen.**

1. ......ochen Schnei......er

2. Va......en......in...... P......len......

3. Chri......ian Bü......el

4. Ale......and......a W......nn......r

ÜB 5 ⊙ **c** **Hören Sie und schreiben Sie die Namen.**

1. ....

2. ....

3. ....

4. ....

ÜB 6 ⊙ **d** **Hören Sie und ergänzen Sie die Vokale. Sprechen Sie dann nach.**

Hall......! ......ch h......ße Lin.

......ch b......n neu hier ......m Deutschk......rs.

......ch k......mme aus Ch......na.

......nd d......, woh......r k......mmst d......?

ÜB 7 ⊙ **e** **Hören Sie und schreiben Sie. Beantworten Sie dann die Fragen.**

....

....

3 [GRAMMATIK KOMPAKT] **W-Fragen und Antworten** › KB A2

a Was passt? Ergänzen Sie.

Woher · ~~Wie~~ · Wie · Wie · ist · komme · heiße

1. ● _Wie_____ heißen Sie? □ Ich _____ Schulz.

2. ● _____ ist Ihr Vorname? □ Mein Vorname _____ Thomas.

3. ● _____ schreibt man das? □ T-H-O-M-A-S.

4. ● _____ kommen Sie? □ Ich _____ aus Deutschland.

b Schreiben Sie sechs Fragen.

Wie Woher	kommen / kommst heißen / heißt ist	Ihr Familienname / dein Familienname Ihr Vorname / dein Vorname Sie / du	? ? ?

1. _Wie heißt du?_____ 4. _____

2. _____ 5. _____

3. _____ 6. _____

c Schreiben Sie Antworten zu 3b.

1. _Ich heiße ..._

4 **Woher kommt …?** › KB A3

Erkennen Sie die europäischen Flaggen? Schreiben Sie wie im Beispiel.

1. Simone 5. Jean 9. Arek

2. Alina 6. Wout 10. Jaromír

3. Niklas 7. Anouk 11. Luisa

4. Noah 8. Mette 12. Enikö

1. _Simone kommt aus Deutschland._

5 **Woher kommen Sie?** › KB A4

ÜB 8 ▶ **Ergänzen Sie das Gespräch. Hören Sie dann zur Kontrolle.**

1. ● Guten Tag, ich _____ Fabiola Pessoa.

   Und wie _____ Sie?

2. ○ Ich _____ Ferenc Simon. Ferenc _____

   mein Vorname und Simon mein _____ .

3. ● Wie _____ man das?

   ○ F-E-R-E-N-C S-I-M-O-N.

4. ● Woher _____ Sie, Herr Simon?

5. ○ Ich komme _____ . Und Sie?

6. ● Ich _____ aus Portugal.

Fabiola Pessoa
aus Portugal

Ferenc Simon
aus Ungarn

1 Informationen
› KB B1

a Ergänzen Sie *Er* oder *Sie* (Singular oder Plural).

1. Nicole kommt aus Kamerun. _Sie_ wohnt jetzt in Leipzig.
2. Gabriel wohnt in Berlin. .... arbeitet schon.
3. Eivor und Fynn sind aus Schweden. .... wohnen in Potsdam.
4. Sarah und Dana sind neu im Deutschkurs. .... lernen Deutsch.
5. Sarah kommt aus Frankreich. .... wohnt jetzt in Deutschland.
6. Frau Klein ist Deutschlehrerin. .... kommt aus Deutschland.
7. Herr Klein ist Architekt. .... wohnt in Berlin.
8. Tina studiert Germanistik. .... spricht Englisch, Französisch und Deutsch.

b *du* und *ich* – *ihr* und *wir*. Welche Antwort passt? Ordnen Sie zu.

1. Woher kommst du?
2. Was studierst du?
3. Welche Sprachen sprichst du?
4. Wo wohnst du?
5. Woher kommt ihr?
6. Was studiert ihr?
7. Welche Sprachen sprecht ihr?
8. Wo wohnt ihr?

a. [ ] Ich wohne in Leipzig.
b. [ ] Wir studieren Medizin.
c. [ ] Ich spreche Französisch und Englisch.
d. [ ] Wir wohnen in Potsdam.
e. [ ] Wir sprechen Schwedisch und Dänisch.
f. [ ] Ich studiere Informatik.
g. [1] Ich komme aus Kamerun.
h. [ ] Wir kommen aus Schweden.

2 [GRAMMATIK KOMPAKT] Verben im Präsens
› KB B2

a Ergänzen Sie die Pronomen und Verbformen.

	sein	wohnen	heißen	arbeiten	sprechen
ich	bin	wohne			spreche
du				arbeitest	sprichst
er / sie / es	ist	wohnt	heißt	arbeitet	
wir	sind				
	seid		heißt		sprecht
sie / Sie				arbeiten	

b Ergänzen Sie die passenden Verbformen.

1. ● Wer .... Frau Klein? ○ Sie .... meine Deutschlehrerin. (sein)
2. ● Woher .... Nicole? ○ Sie .... aus Kamerun. (kommen)
3. ● Was .... Fynn und Eivor? ○ Sie .... Medizin. (studieren)
4. ● Wie .... du? ○ Ich .... Gabriel. (heißen)
5. ● Welche Sprache .... du? ○ Ich .... Deutsch. (lernen)
6. ● Wo .... ihr? ○ Wir .... in Potsdam. (wohnen)
7. ● Welche Sprachen .... du? ○ Ich .... Englisch und Polnisch. (sprechen)
8. ● Welche Sprache .... ihr? ○ Wir .... Deutsch. (lernen)
9. ● Was .... Laura? ○ Laura .... Germanistik. (studieren)
10. ● Was .... Laura? ○ Laura .... Englisch. (lernen)

3 Wer ist das?
› KB B2

a Schreiben Sie die Sätze. Achten Sie auf Groß- und Kleinschreibung.

dasistsandrahofer.siekommtausdeutschland.siewohntinmünchenundstudiert
medizin.sandrasprichtdeutsch,französischundenglisch.

Das ist Sandra Hofer.

b Ergänzen Sie die passenden Verbformen.

arbeiten • kommen • lernen • sein • sein • sprechen • wohnen

Das _____ (1) Ana Laura Ramírez. Sie _____ (2)

aus Peru. Sie _____ (3) in Lima. Ana Laura _____ (4)

schon. Sie _____ (5) Architektin. Ana Laura _____ (6)

Spanisch und Englisch. Sie _____ (7) jetzt Deutsch.

c Schreiben Sie die Sätze. Achten Sie auf Groß- und Kleinschreibung.

1. Austin • sind • und • das • Shannon • . _____

2. den • aus • kommen • sie • USA • . _____

3. neu • sind • Deutschkurs • im • sie • . _____

4. Elektrotechnik • Informatik • studieren • und • sie • . _____

④ So kommen wir auf Kurs! › KB B3

Video 1 ▶ **a Wie können Sie neue Wörter lernen?**
Sehen Sie das Video an.

b Schreiben Sie die Tabelle in Ihr Heft. Sehen Sie die Wortliste
zu 1A und 1B an und ordnen Sie die Wörter zu.

Nomen	Verben	Adjektive	Sätze
das Gespräch, die Gespräche			Hallo!

c Können Sie auch die Wörter aus der Wortliste zu 1C zuordnen?

⑤ Das bin ich › KB B3

a Wer sind Sie? Woher kommen Sie? Notieren Sie Schlüsselinformationen.

1. Name: _____   4. Beruf: _____

2. Studienfach: _____   5. Wohnort: _____

3. Land: _____   6. Sprachen: _____

b [WORTBILDUNG] Ergänzen Sie die Sprachen mit der Endung -isch.

1. Ungarn   Ungarisch   3. Schweden _____   5. Portugal _____

2. Spanien _____   4. Dänemark _____   6. Frankreich _____

Sprachen haben oft
die Endung -isch.
Es gibt Ausnahmen:
Deutsch, Swahili,
Urdu, …

c Schreiben Sie zu den Schlüsselinformationen 1.–6. in Aufgabe 5a jeweils einen Satz.

1. Ich heiße … 2. Ich studiere …

d Sortieren Sie die Sätze aus 5c und schreiben Sie einen Text. Schicken Sie den Text an Ihre Lehrerin /
Ihren Lehrer.

Das bin ich
Ich heiße … und komme aus … Ich wohne in …

1 **Hallo! Wie geht es dir?** › KB C1

a Welche Wörter passen? Ergänzen Sie.

Auf Wiedersehen. • Bis bald. • Bis morgen. • ~~Guten Morgen.~~ • Guten Tag. • Hallo! • Tschüss.

Begrüßung: _Guten Morgen._ ....

Verabschiedung: ....

ÜB 9 ▷ **b** Ergänzen Sie das Gespräch und hören Sie dann zur Kontrolle.

Bis morgen. Tschüss! • Es geht so. Ich arbeite viel. • Hallo. Wie geht es dir? • Ja, ich komme zum Kurs.

1. • ....

   ○ Mir geht es super. Und dir?

2. • ....

   ○ Kommst du morgen Abend zum Deutschkurs?

3. • ....

   ○ Schön. Bis morgen!

4. • ....

c Wie geht es dir? Ordnen Sie zu.

Es geht mir (sehr) gut. / Mir geht es (sehr) gut. • Es geht mir nicht so gut. / Mir geht es nicht so gut. •
Es geht (so). • Es geht mir super. / Mir geht es super.

😃　　　　　🙂　　　　　😐　　　　　🙁

Es geht mir ....　　 ....　　 ....　　 ....

Mir geht es ....　　 ....　　 ....　　 ....

2 [AUSSPRACHE] **Satzmelodie** › KB C1

ÜB 10 ▷ **a** Hören Sie eine Frage (?) oder eine Antwort (.)? Ergänzen Sie die Satzzeichen.

1. Wie geht es dir......　　　3. Wo wohnst du......　　　5. Wohnst du in Berlin......
2. Mir geht es super......　　4. Ich wohne in Berlin......　　6. Sprechen Sie Deutsch......

b Wo ist die Satzmelodie besonders? Kreuzen Sie an.

1. [ ] W-Frage　　　2. [ ] Ja/Nein-Frage　　　3. [ ] Aussage

3 [GRAMMATIK KOMPAKT] **W-Fragen, Ja/Nein-Fragen, Antworten / Aussagen** › KB C2

a Schreiben Sie W-Fragen und Antworten.

1. • geht • Ihnen • es • wie • ?　　　　○ geht • gut • mir • es • .

   Wie geht es Ihnen? ....　　　_Mir geht es gut._ ....

2. • heißen • Sie • wie • ?　　　　　　○ heiße • Sarah Girard • ich • .

   ....　　　...

3. • im Sprachenzentrum • was • ihr • macht • ?　○ zusammen • Polnisch • lernen • wir • .

   ....　　　...

b Schreiben Sie Ja/Nein-Fragen und Antworten.

1. • Sie · Stuttgart · wohnen · in · ?   ○ nein, · Tübingen · wohne · in · ich · .

....

2. • Tübingen · Sie · arbeiten · in · ?   ○ nein, · Biologie · studiere · ich · .

....

3. • ihr · heute Abend · zum Kurs · kommt · ?   ○ ja, · wir · kommen · .

....

c Ergänzen Sie jeweils die informelle und die formelle Frage.

1. • *Wie heißt du? Wie heißen Sie?* ....   4. • ....

   ○ Ich heiße Igor Smirnow.   ○ Ich komme aus Russland.

2. • ....   5. • ....

   ○ Ja. Ich studiere Informatik.   ○ Nein. Wir wohnen in Potsdam.

3. • ....   6. • ....

   ○ Ich wohne in Hamburg.   ○ Ja. Ich komme morgen zum Kurs.

4 Zahlen

› KB C4

a Schreiben Sie als Wort und als Zahl.

1. und · ßig · drei · drei   *dreiunddreißig* ....   *33* ....

2. sie · fünf · zig · und · ben   ....

3. zwan · sie · zig · und · ben   ....

4. zig · und · neun · zwei   ....

5. und · zig · acht · sech   ....

ÜB 11 ▷ **b Was hören Sie? Kreuzen Sie an.**

1. a. [ ] 17   b. [ ] 70   c. [ ] 77   4. a. [ ] 1823   b. [ ] 1832   c. [ ] 1833
2. a. [ ] 548   b. [ ] 584   c. [ ] 854   5. a. [ ] 68 437   b. [ ] 68 734   c. [ ] 86 734
3. a. [ ] 1015   b. [ ] 1050   c. [ ] 1055   6. a. [ ] 27 456   b. [ ] 72 456   c. [ ] 72 465

c Schreiben Sie Zahlen.

1. sechsundfünfzig   *56* ....   4. dreihundertvierundsiebzig   ....
2. dreiundsechzig   ....   5. eintausendsiebenundzwanzig   ....
3. sechsundachtzig   ....   6. viertausenddreihundertneunzehn   ....

ÜB 12 ▷ **d Was hören Sie? Notieren Sie die Telefonnummern.**

1. ....   4. ....

2. ....   5. ....

3. ....   6. ....

e Wie ist Ihre Telefonnummer? Nehmen Sie Ihre Telefonnummer als Sprachnachricht auf. Schicken Sie die Sprachnachricht an eine Partnerin / einen Partner. Die Partnerin / Der Partner schickt die Telefonnummer als Textnachricht zurück. Ist alles korrekt?

Studium international

1 **Studierende aus Deutschland in der Welt**

a **Lesen Sie die Porträts schnell. Wo sind die Personen? Schreiben Sie in die Weltkarte.**

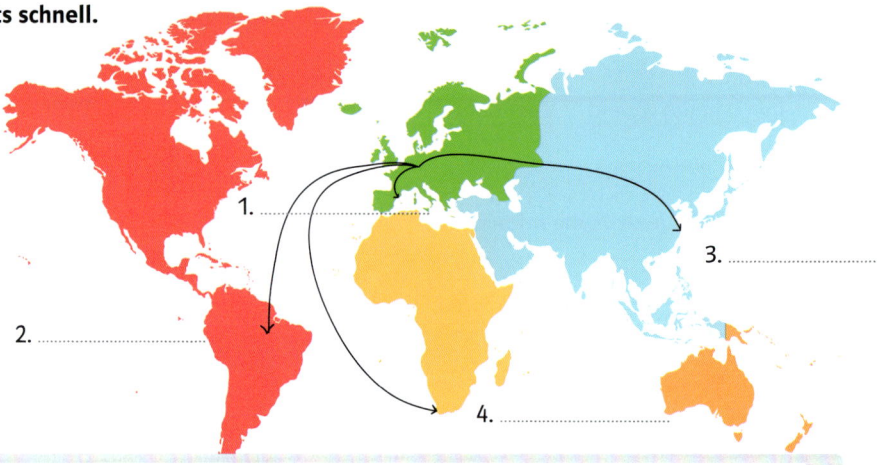

1. ....
2. ....
3. ....
4. ....

Das ist Zeynep Gül. Sie kommt aus Stuttgart. Sie wohnt jetzt in Shanghai.
››› **Zeynep, was studierst du?**
Ich studiere Medizininformatik in Stuttgart und jetzt bin ich in Shanghai und lerne Chinesisch.
››› **Welche Sprachen sprichst du?**
Ich spreche Deutsch, Türkisch und Englisch und ein bisschen Chinesisch.

Das sind Piotr Nowak und Stefan Wróbel. Sie kommen aus Berlin. Sie studieren in Kapstadt.
››› **Piotr und Stefan, was studiert ihr?**
Wir studieren Design.
››› **Welche Sprachen sprecht ihr?**
Wir sprechen Deutsch, Polnisch und Englisch. Wir lernen Afrikaans und Zulu.

Das ist Merle Brinkmann. Sie kommt aus Bremen. Sie wohnt in Barcelona.
››› **Merle, was studierst du?**
Ich arbeite schon. Ich bin Chemikerin. Ich arbeite an der Universität Barcelona.
››› **Welche Sprachen sprichst du?**
Ich spreche Deutsch, Spanisch und Französisch.

Das ist Timo Schmidt. Er kommt aus Tübingen. Er spricht Deutsch, Portugiesisch und Spanisch.
››› **Timo, wo wohnst du?**
Ich wohne jetzt in Brasilien, in Manaus.
››› **Was studierst du?**
Ich arbeite schon. Ich bin Biologe. Ich arbeite an der Universität.

Ordnen Sie Informationen in eine Tabelle.

b **Lesen Sie die Porträts noch einmal und ergänzen Sie die Tabelle.**

	Zeynep	Merle	Piotr und Stefan	Timo
Wohnort				
Sprachen				
Studienfach / Beruf				

c **Wählen Sie eine Person aus und vergleichen Sie: Wer sind Sie?**

Zeynep kommt aus Stuttgart. Ich komme aus ...
Sie wohnt in ... Ich ...

Herzlich willkommen!

1A

Hallo!
Guten Tag!
das Gespräch, -e
das Foto, -s
der Kurs, -e
  der Deutschkurs, -e
sein
neu
hier
kommen
  kommen aus …
der Lehrer, -/
  die Lehrerin, -nen
  der Deutschlehrer, -/
  die Deutschlehrerin,
  -nen
heißen
der Name, -n*
  der Familienname, -n
  der Vorname, -n
Entschuldigung!
schreiben
der Buchstabe, -n*
buchstabieren
man
  Wie schreibt man
  das?
bitte
Danke sehr!
Vielen Dank!
die Anrede, -n
formell ≠ informell
der / die Studierende,
  -n
der Freund, -e /
  die Freundin, -nen
die Familie, -n
der Professor, -en /
  die Professorin, -nen

der / die Fremde, -n
die Frage, -n ≠ die
  Antwort, -en
die Stadt, ⸚e
das Land, ⸚er
China
Dänemark
Deutschland
Frankreich
Ghana
Großbritannien
Japan
Kanada
Kasachstan
Österreich
Peru
Portugal
Tansania
Ungarn
die Niederlande
die Schweiz
die Türkei
die USA
der Iran
die Chemie (nur Sg.)
der Frieden (nur Sg.)
die Literatur (nur Sg.)
die Medizin (nur Sg.)
die Physik (nur Sg.)
die Wirtschaft (hier nur
  Sg.)
die Architektur
  (nur Sg.)*

1B

studieren
das Porträt, -s
das Interview, -s
  das Kurzinterview, -s

die Information, -en
international
Brasilien
Kamerun
Kolumbien
Schweden
wohnen
  wohnen in …
der Wohnort, -e
das Studienfach, ⸚er*
die Informatik (nur Sg.)
die Elektrotechnik
  (nur Sg.)
lernen
sprechen (spricht)
die Sprache, -n
  Welche Sprachen
  sprichst du?
Dänisch
Deutsch
Englisch
Französisch
Portugiesisch
Schwedisch
Spanisch
Spanien
Ungarisch
ein bisschen
arbeiten
der Beruf, -e
der Architekt, -en /
  die Architektin, -nen
der Koch, ⸚e /
  die Köchin, -nen
der Musiker, -/
  die Musikerin, -nen
der Schauspieler, -/ die
  Schauspielerin, -nen
schon

1C

gehen
  Wie geht es dir /
  Ihnen?
gut / sehr gut
super
nicht so gut
Es geht so.
Es geht mir gut / sehr
  gut / super / nicht so
  gut.
Mir geht es gut / sehr
  gut / super / nicht so
  gut.
auch
danke
viel
die Biologie (nur Sg.)
die Party, -s
schön / sehr schön
natürlich
morgen
Bis morgen!
Tschüss!
Auf Wiedersehen!
Guten Morgen!
der Abend, -e
die Zahl, -en*
das Telefon, -e
die Nummer, -n
  die Telefonnummer,
  -n*
die Vorwahl, -en
die E-Mail, -s
die Adresse, -n
  die E-Mail-Adresse, -n
wiederholen

1 An der Uni

› KB A1

a Wie heißen die Nomen? Schreiben Sie.

1. TTREIÄSUINV   2. UDMIUTS   3. DUISTTNEN   4. BJO   5. POFRSOSER
   die U   _das_   _die_   _der_   _der_

b Ergänzen Sie.

~~arbeitet~~ · begleitet · gibt · haben · ist · studiert · übt · zeigt

Daniel _arbeitet_ (1) als Buddy. Ein Buddy .... (2) schon und kennt die Uni.
Daniel .... (3) als Buddy Erstsemester. Warum? Erstsemester .... (4) Fragen.
Und Daniel .... (5) die Uni und .... (6) Tipps. Er findet, der Job als Buddy ist
super. Katja .... (7) Erstsemester und kommt aus Russland. Daniel lernt Russisch und
.... (8) die Sprache mit Katja.

c Was passt? Kreuzen Sie an. Manchmal passen zwei Antworten.

1. als Buddy   a. [ ] finden   b. [ ] arbeiten   c. [ ] heißen
2. die Uni   a. [ ] studieren   b. [ ] zeigen   c. [ ] kennen
3. Erstsemester   a. [ ] begleiten   b. [ ] sein   c. [ ] machen
4. Fragen   a. [ ] geben   b. [ ] spielen   c. [ ] haben
5. Tipps   a. [ ] geben   b. [ ] sprechen   c. [ ] organisieren
6. eine Sprache   a. [ ] lernen   b. [ ] fragen   c. [ ] üben

d Wer sind die Personen? Ergänzen Sie.

Buddy · Mitarbeiterin · Professorinnen · Student · Team

1. Das ist ein .... Er studiert Musik und arbeitet als Buddy.
2. Das sind .... Sie kommen aus Bonn und kennen die Uni Greifswald nicht.
3. Das ist ein .... Er begleitet Erstsemester und zeigt die Uni.
4. Das ist ein Buddy- .... Es gibt Tipps und organisiert Partys.
5. Das ist eine .... vom Unijournal. Sie ist neu und hat viele Fragen.

2 [GRAMMATIK KOMPAKT] Bestimmter, unbestimmter und Negativartikel im Nominativ

› KB A2

a Was passt wo? Schreiben Sie mit dem bestimmten Artikel.

~~Film~~ · Job · Sprache · Studenten · Studium · Team · Tipps · Universität

💼 Sie kennen Artikel, Singular oder Plural nicht? Arbeiten Sie mit dem Wörterbuch.

Maskulinum (der)	Neutrum (das)	Femininum (die)	Plural (die)
der Film			

b Ergänzen Sie Singular oder Plural.

1. die Studentin   die _Studentinnen_   6. der ....   die Computer
2. der ....   die Professoren   7. die Sprache   die ....
3. die Professorin   die ....   8. das ....   die Programme
4. das ....   die Teams   9. der Tipp   die ....
5. die Universität   die ....   10. die ....   die Fragen

aber: die Uni, die Unis

ÜB 13 ▶ **c Was hören Sie? Ergänzen Sie die unbestimmten Artikel.**

1. das Studium   .... Studium   4. der Buddy   .... Buddy
2. die Tipps   .... Tipps   5. die Erstsemester .... Erstsemester
3. die Frage   .... Frage   6. die Studentin   .... Studentin

3 Das ist kein Englischbuch, das ist ein Deutschbuch! › KB A2

a Was ist das? Ergänzen Sie die Sätze wie im Beispiel.

Ich glaube, das ist ein Englischbuch.

Ich denke, das ist eine Geige.

Ich glaube, das sind Fußbälle.

Ich denke, das ist ein Laptop.

Nein, das ist _kein_ Englischbuch, das ist _ein_ Deutschbuch .

Nein, das ist _____ Geige, das ist _____ .

Nein, das sind _____ Fußbälle, das sind _____ .

Nein, das ist _____ Laptop, das ist _____ .

b [WORTBILDUNG] Nomen + Nomen = Nomen: Welche Bälle kennen Sie? Mit welchen Büchern lernen Sie? Notieren Sie möglichst viele Beispiele.

der Fußball, der Basketball, …
das Englischbuch, das Deutschbuch, …

> Im Deutschen gibt es viele zusammengesetzte Nomen (Komposita): der Sprachkurs, das Unijournal, die Polnischlehrerin …

4 Im Sprachkurs › KB A2

ÜB 14 ▷ Ergänzen Sie die Personalpronomen und hören Sie zur Kontrolle.

1. Der Stift? Ja, _er_ schreibt sehr gut.
2. Das ist ein Buch. _____ ist sehr interessant.
3. Hier sind Laptops. _____ sind neu!
4. Das ist mein Kollege. _____ ist sehr nett.
5. Und da ist die Lehrerin. _____ kommt aus Rostock.

5 [AUSSPRACHE] Wortakzent › KB A3

ÜB 15 ▷ a Wo ist die Betonung? Hören Sie und markieren Sie.

1. Sprachkurs
2. Bücher
3. Stift
4. Filme
5. Computer
6. Musik
7. Gitarre
8. Wörter
9. Deutschlehrer
10. Englischbuch
11. Professorin
12. Freizeitaktivität

ÜB 15 ▷ b Hören Sie noch einmal und sprechen Sie nach. Klopfen Sie bei der Betonung.

6 Ich studiere jetzt in Greifswald! › KB A4

Sortieren Sie die Sätze und schreiben Sie die Nachricht an Mischa.

a. [ ] sprechen Deutsch und Englisch. Und du? Wo
b. [ ] interessant, aber es ist nicht einfach. Es ist
c. [ ] hier! Sie sind sehr international und wir
d. [1] Hallo Mischa, wie geht
e. [5] ein Job! Die Uni ist sehr alt und
f. [ ] es dir? Mir geht es gut. Ich studiere jetzt
g. [ ] Grüße …
h. [ ] sie ist sehr schön! Ich habe schon Freunde
i. [ ] bist du, was machst du? Viele
j. [ ] Physik in Greifswald! Das Studium ist

Hallo Mischa,
wie geht …
Viele Grüße
…

1 Freizeit und Hobbys

› KB B1

a Welches Wort passt nicht? Streichen Sie.

1. Badminton / Serien / Schach   spielen
2. Gitarre / Keyboard / Hobbys   spielen
3. Filme / Bücher / Serien   schauen
4. Serien / Zeitschriften / Bücher   lesen

5. Deutsch   sprechen / schauen / lernen
6. Freunde   sehen / treffen / lernen
7. Sport   treiben / schauen / spielen
8. Fußball   treiben / schauen / spielen

b Was machen die Studierenden in der Freizeit? Ergänzen Sie.

Achten Sie auf Verben mit Vokalwechsel. 2. und 3. Person Singular: e → i(e)
sprechen → du sprichst
treffen → du triffst
sehen → du siehst
lesen → du liest

1. Der Sport-Student .... (spielen) Schach und .... (schauen) Serien.

2. Die Jura-Studenten .... (hören) Rock-Musik und .... (spielen) Gitarre.

3. Die Medizin-Studentin .... (lesen) Bücher und .... (lernen) Chinesisch.

4. Der Informatik-Student .... (treffen) Freunde und .... (tanzen) Salsa.

5. Ich .... (schwimmen) gern. Und du, ... (treiben) du auch Sport? –

    Ja, ich .... (spielen) Badminton.

2 So kommen wir auf Kurs!

› KB B1

Video 2 ▶   **a Welche Nomen und Verben passen zusammen? Sehen Sie das Video an.**

b Schreiben Sie eine Tabelle und ergänzen Sie die Verben und Verbindungen aus dem Video.

Verb	Verbindung	Übersetzung
schreiben	eine E-Mail schreiben den Namen schreiben einen Text schreiben ein Buch schreiben	
spielen	Schach spielen	
lesen		

c Wie heißen die Verbindungen in Ihrer Sprache? Ergänzen Sie die Tabelle.

3 [GRAMMATIK KOMPAKT] Negation

› KB B2

a Wo steht *nicht*? Antworten Sie wie im Beispiel.

1. Sprichst du gut Koreanisch?   *Nein, ich spreche nicht gut Koreanisch.*

2. Studierst du in Wolfsburg?   *Nein,* ....

3. Liest du gern? ....

4. Findest du Schach interessant? ....

5. Arbeitest du? ....

b Schreiben Sie Sätze.

1. und • nicht • Eva • im Sprachkurs • sind • Tom • .

....

2. Keyboard • gut • spielt • Amanda • nicht • .

....

3. interessant • Bijan • nicht • findet • Fußball • .

....

4. nicht • Laura • studiert • .

....

c Sakura ist neu in Deutschland: Ergänzen Sie *nicht* oder *kein(e)*.

Sakuras Plan: ein Studium in Köln! Sie spricht Japanisch und Englisch, aber sie spricht .... (1)

gut Deutsch. Sakura macht einen Deutschkurs. Aber der Kurs ist .... (2) in Köln, er ist in

Düsseldorf! Sakura findet Düsseldorf .... (3) schön. Und Deutsch ist .... (4) einfach.

Dann trifft Sakura Stefan. Stefan studiert Japanisch in Köln. Er sagt: „....................... (5) Problem! Wir

machen ein Sprachtandem!" Sie lernen oft zusammen und sind jetzt Freunde. Sakura studiert jetzt Kunst

in Köln und hat .... (6) Probleme mehr.

4 gern, lieber, am liebsten › KB B4

a Was passt wo? Schreiben Sie.

gern • nicht gern • nicht so gern • sehr gern • super gern • überhaupt nicht gern

....

ÜB 16 ▶ **b Das Unijournal fragt Studierende: Treibst du gern Sport? Hören Sie die Antworten und ergänzen Sie.**

1. Suri treibt .... Sport.   3. Rita treibt .... Sport.
2. José treibt .... Sport.   4. Markus treibt .... Sport.

ÜB 16 ▶ **c Wer hat welche Hobbys? Hören Sie noch einmal und ergänzen Sie die Notizen.**

> SURI: .... spielen, schwimmen
> JOSÉ: Sport ...., z.B. ....
> RITA: ....
> MARKUS: Volleyball ...., ...

d Wer macht was gern / lieber / am liebsten? Schreiben Sie Sätze wie im Beispiel.

Suri schwimmt gern. Am liebsten spielt sie Volleyball.
José treibt nicht gern Sport, er schaut lieber Sport. Am liebsten ...
Rita ...

...

Ich ...

1 Mein Hobby ist …

› KB C1

a Markieren Sie die Nomen. Notieren Sie die Nomen dann mit Artikel.

BHN**LAPTOP**UGINFORMATIONENSDPTASCHECTUHOBBYGMANSURFBOARDSJZ
ENGITARREHVWKURSETROANMELDUNGIFVM

der Laptop,

ÜB 17 ▶ **b** Mailbox-Nachrichten: Ergänzen Sie die Wörter aus 1a. Hören Sie dann zur Kontrolle.

1. Guten Tag, Herr Bauer. Hier ist Jonas Frey. Ich habe eine Frage. Mein .... ist
    Schwimmen und ich suche einen Kurs. Ist der Schwimmkurs auch eine Woche gratis? Und ist die
    .... online? Bitte rufen Sie mich zurück unter: 0151-6487 02 54. Vielen Dank und
    auf Wiederhören!
2. Hallo Adriana, hier ist Hannah! Du suchst .... ? Ich habe drei, aber sie sind schon
    zehn Jahre alt. Kaufst du sie für 90 Euro? Meine Nummer ist 0178-76 18 79 03.
3. Hallo Jonas! Ein Freund und ich spielen .... und suchen einen Kurs, am liebsten
    einen Privatkurs. Gibst du auch .... für 2 Personen? Ich heiße Ben, Telefon
    0152-3 33 45 09. Danke!
4. Hey Fatih, hier ist Annette. Du hast einen .... und ich suche einen, super!
    Aber ich brauche noch mehr .... Ich rufe später noch einmal an. Ach, die
    .... brauche ich nicht. Bis später!

2 [GRAMMATIK KOMPAKT] Verben mit Akkusativ

› KB C2

a Kasus im Satz: Markieren Sie Nominativ = blau, Akkusativ = gelb. Es gibt nicht immer eine
Akkusativergänzung.

1. Der Student testet einen Kurs.
2. Die Studentin braucht ein Surfboard.
3. Die Professorin wohnt in Rostock.
4. Die Erstsemester haben Fragen.
5. Die Lehrerin heißt Andrea Hansen.
6. Die Frau kauft eine Zeitschrift.

b Welche Verben haben eine Ergänzung im Akkusativ? Markieren Sie.

kaufen	haben	sein	testen	treffen	kommen
wohnen	suchen	brauchen	heißen	sehen	lesen

3 [GRAMMATIK KOMPAKT] Bestimmter, unbestimmter Artikel und Negativartikel im Nominativ und Akkusativ

› KB C2

a Ergänzen Sie den bestimmten Artikel im Nominativ und im Akkusativ.

1. *Der* Student trifft *den* Professor und *die* Professorin.

2. .... Lehrer sucht .... Wörterbuch und .... Stifte.

3. .... Studentin kauft .... Surfboard und .... Gitarre.

4. .... Studenten brauchen .... Laptops und .... Taschen.

b Ergänzen Sie die Nomen mit dem unbestimmten oder dem Negativartikel.

1. Anton macht einen Deutschkurs. Er hat *einen Laptop* .... ,

    aber er hat .... und ....

2. Miriam macht einen Sportkurs. Sie hat .... , aber sie hat

    ....

3. Farid studiert Musik. Er hat .... , aber er hat

    ....

c Kombinieren Sie und schreiben Sie mindestens sechs Sätze.

Ich	haben		Laptop.
Du	treffen		Freundin.
Er / Sie / Es	sehen	(k)ein	Sportkurs.
Wir	machen	(k)eine	Filme.
Ihr	lesen	(k)einen	Formular.
Sie	testen		Spaß.

Er macht einen Sportkurs und trifft eine Freundin. Sie ...

ÜB 18 ▶ **d Was ist richtig? Markieren Sie. Hören Sie dann zur Kontrolle und sprechen Sie nach.**

1. **Der** / Den Deutschkurs ist super!
2. Mika sucht das / die Formular.
3. Ich habe keinen / keine Stifte.
4. Hast du ein / einen Computer?
5. Daphne findet, das / die Anmeldung ist nicht einfach.
6. Ein / Einen Yogakurs mache ich nicht!

4 Hallo Leute, wie geht's?

› KB C4

a Was passt wo? Ergänzen Sie die Anmeldung.

Adresse · Datum, Unterschrift · E-Mail · Name, Vorname · Sportarten · Telefonnummer

---

ANMELDUNG: Unisport Spezial

[X] Ja, ich teste das Gratis-Sportprogramm (eine Woche).

_____ (maximal 3): *Yoga, Tischtennis, Schwimmen*
_____ : *Zhang, Bo*   [X] m [ ] w [ ] d
_____ : *Hauptstr. 111, 17491 Greifswald*
_____ : *0153-12674589*
_____ : *bozhang123456789@QQ.com*
_____ : *10.4.2023, Bo Zhang*

---

b Formell und informell: Was steht in E-Mails? Ordnen Sie zu.

formell
1. [e] Sehr geehrte Frau … / Sehr geehrter Herr …
2. [ ] Wie geht es Ihnen?
3. [ ] Im Anhang finden Sie …
4. [ ] Vielen Dank!
5. [ ] Mit freundlichen Grüßen

informell
a. Viele Grüße / Liebe Grüße
b. Danke!
c. Wie geht es dir? / Wie geht's?
d. Im Anhang findest du …
e. Liebe … / Hallo …

c Lesen Sie die Anzeige von Nele. Schreiben Sie dann zu jedem Stichwort rechts einen Satz für Ihre Antwort.

Suche Sprachtandem!
Hallo Leute, wie geht's? Ich heiße Nele und ich komme aus Stuttgart. Ich
spreche Deutsch und Englisch und ich lerne (Ihre Sprache). Sprichst du
(Ihre Sprache) und lernst du Deutsch? Lernen wir zusammen?
Meine Hobbys sind Fußball spielen und Musik hören. Und ich lerne
gerne Sprachen ☺. Was machst du gerne in der Freizeit?
Meine E-Mail: nelelernt@xpu.de, bitte schreib eine Mail!
Viele Grüße Nele

heißen · kommen ·
sprechen · lernen ·
Hobbys · auch Sprach-
tandem suchen ·
E-Mail

Vom Wort zum Satz zum Text
Notieren Sie Stich-
wörter. Schreiben
Sie einen Satz pro
Stichwort. Ordnen
Sie dann die Sätze.
Kontrollieren Sie:
Anrede und Grußfor-
mel? Satzanfänge und
Nomen groß?

d Sortieren Sie die Sätze aus 4c und schreiben Sie Ihre Antwort an Nele. Schicken Sie den Text an Ihre Lehrerin / Ihren Lehrer.

Suchen und finden

1 **Am Schwarzen Brett**

a **Lesen Sie die Anzeigen. Welche Wörter kennen Sie schon? Markieren Sie.**

Arbeiten Sie zuerst ohne (digitales) Wörterbuch.

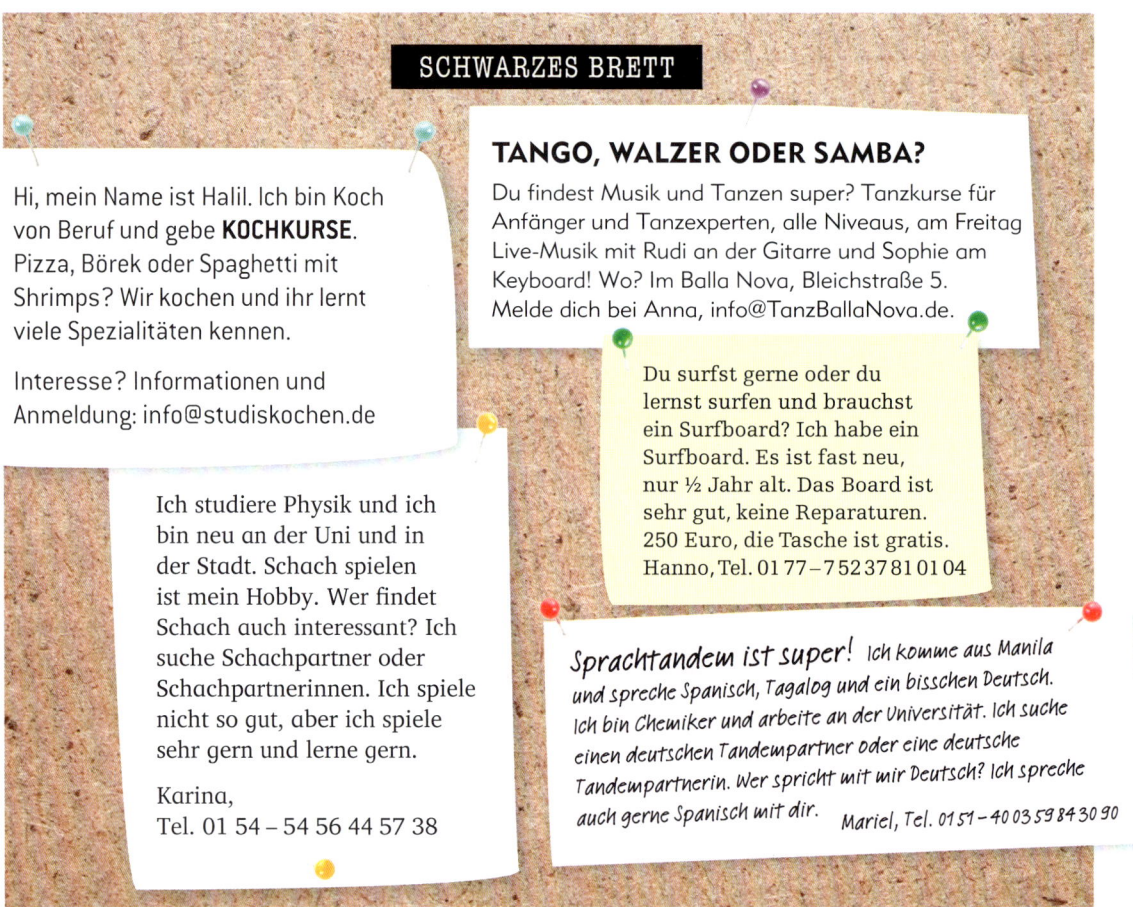

SCHWARZES BRETT

Hi, mein Name ist Halil. Ich bin Koch von Beruf und gebe **KOCHKURSE**. Pizza, Börek oder Spaghetti mit Shrimps? Wir kochen und ihr lernt viele Spezialitäten kennen.

Interesse? Informationen und Anmeldung: info@studiskochen.de

TANGO, WALZER ODER SAMBA?

Du findest Musik und Tanzen super? Tanzkurse für Anfänger und Tanzexperten, alle Niveaus, am Freitag Live-Musik mit Rudi an der Gitarre und Sophie am Keyboard! Wo? Im Balla Nova, Bleichstraße 5. Melde dich bei Anna, info@TanzBallaNova.de.

Du surfst gerne oder du lernst surfen und brauchst ein Surfboard? Ich habe ein Surfboard. Es ist fast neu, nur ½ Jahr alt. Das Board ist sehr gut, keine Reparaturen. 250 Euro, die Tasche ist gratis. Hanno, Tel. 01 77 – 7 52 37 81 01 04

Ich studiere Physik und ich bin neu an der Uni und in der Stadt. Schach spielen ist mein Hobby. Wer findet Schach auch interessant? Ich suche Schachpartner oder Schachpartnerinnen. Ich spiele nicht so gut, aber ich spiele sehr gern und lerne gern.

Karina, Tel. 01 54 – 54 56 44 57 38

Sprachtandem ist super! Ich komme aus Manila und spreche Spanisch, Tagalog und ein bisschen Deutsch. Ich bin Chemiker und arbeite an der Universität. Ich suche einen deutschen Tandempartner oder eine deutsche Tandempartnerin. Wer spricht mit mir Deutsch? Ich spreche auch gerne Spanisch mit dir. Mariel, Tel. 0151 – 40 03 59 84 30 90

b **Gibt es in den Anzeigen internationale Wörter? Unterstreichen Sie.**

c **Selektiv lesen: Lesen Sie die Tabelle und suchen Sie in den Anzeigen auf dem Schwarzen Brett die Informationen für die Tabelle.**

Selektiv lesen: Man muss nicht alle Wörter verstehen. Man sucht Informationen im Text.

	sucht / braucht	hat / gibt
Hanno		
Anna		
Mariel		
Halil		
Karina		

d **Was passt? Lesen Sie die Sätze. Lesen Sie dann die Anzeigen in 1a noch einmal und ordnen Sie die Anzeigen zu.**

Anzeige von:

1. Finn lernt Spanisch in einem Sprachkurs. Er hat viele Fragen. ....
2. Bianca surft sehr gern. Sie sucht ein Surfboard. ....
3. Tom kocht nicht gut. Er kocht immer nur Spaghetti. Er sucht einen Kurs. ....

Studium und Freizeit

2A

der Buddy, -s
der Erstsemester, -
das Programm, -e
die Universität, -en
  (*Abk.:* Uni, -s)*
das Journal, -e
  das Unijournal, -e
der Mitarbeiter, - / die
  Mitarbeiterin, -nen
  der Unimitarbeiter, - /
  die Unimitarbeiterin,
  -nen
Hey!
das Studium (*hier nur
  Sg.*)
das Hobby, -s
der Job, -s
die Musik (*nur Sg.*)*
machen
der Spaß, ⸚e
  Das Studium macht
  Spaß.
cool
sagen
einfach
als
  arbeiten als … /
  der Job als …
der Student, -en /
  die Studentin, -nen
oder
kennen
begleiten
Warum?
groß
haben (hat)*
  Fragen haben
das Team, -s
zeigen*
geben (gibt)
der Tipp, -s
  Tipps geben
Polnisch
interessant
finden
  etwas super finden

üben
organisieren
die Aktivität, -en
  die Freizeitaktivität,
  -en
das Beispiel, -e
  zum Beispiel (*Abk.:*
  z.B.)
  der Film, -e*
sehen (sieht)
der Ball, ⸚e*
  der Fußball, ⸚e
  der Basketball, ⸚e
der Kollege, -n /
  die Kollegin, -nen
nett
immer
das Buch, ⸚er*
  das Deutschbuch, ⸚er
  das Englischbuch, ⸚er
die Gitarre, -n
die Geige, -n
der Laptop, -s*
der Computer, -*
der Stift, -e
der Chat, -s
das Problem, -e

2B

das Sprachtandem, -s
die Freizeit (*hier nur
  Sg.*)*
die Zeitschrift, -en
der Sport (*nur Sg.*)*
das Schach (*nur Sg.*)*
das Badminton
  (*nur Sg.*)
hören
  Musik hören*
lesen (liest)
  Bücher lesen*
  Zeitschriften lesen

spielen
  Gitarre spielen
  Schach spielen*
  Ball / Fußball /
  Volleyball / Basketball
  spielen*
machen
  Sport machen
treiben
  Sport treiben*
treffen (trifft)
  Freunde treffen
schauen
  Filme / Serien schau-
  en / sehen*
die Serie, -n
tanzen
  Salsa tanzen*
schwimmen
unternehmen (unter-
  nimmt)
der Beginn (*nur Sg.*)
  der Semesterbeginn
  (*nur Sg.*)
der Kaffee, -s
trinken
  Kaffee trinken
die Idee, -n
  Das ist eine sehr gute
  Idee!
gern / gerne
  sehr / super gern
  nicht so / nicht /
  überhaupt nicht gern
gern – lieber – am
  liebsten
der Park, -s
das Stadion, Stadien

2C

suchen ≠ finden
das Brett, -er
  das Schwarze Brett
die Anzeige, -n
das Thema, Themen
der Bass, ⸚e

das Keyboard, -s*
privat
die Gruppe, -n
die Tasche, -n
brauchen
funktionieren
alt
gratis
spezial
testen
das Programm, -e
  das Sportprogramm,
  -e
die Woche, -n
die Sportart, -en
das Surfen (*nur Sg.*)
der Beachvolleyball
  (*hier nur Sg.*)
das / der Yoga (*nur Sg.*)
die Anmeldung, -en
fragen ≠ antworten
surfen
das Board, -s
  das Surfboard, -s
nicht mehr
  Du surfst nicht mehr.
kaufen
Sehr geehrter Herr … /
  Sehr geehrte Frau …
Mit freundlichen
  Grüßen
Viele Grüße
online
das Formular, -e*
ausfüllen
  ein Formular aus-
  füllen*
die Adresse, -n
der Anhang, ⸚e
scannen
mailen
das Datum, Daten
die Unterschrift, -en

1 Das essen Studierende in Deutschland

› KB A1

a Wie heißen die Gerichte? Was passt zusammen? Schreiben Sie.

~~Brat~~ · Curry · frites · futter · Gemüse-Reis- · Hackfleisch · Jäger · ~~kartoffeln~~ · Paprika ·
Pfanne · Pommes · reis · schnitzel · soße · Studenten · wurst

1. Bratkartoffeln ....
2. ....
3. ....
4. ....

5. ....
6. ....
7. ....
8. ....

ÜB 19 ▸ **b Welche Gerichte hören Sie? Notieren Sie.**

Jägerschnitzel mit …

2 Du bist, was du isst.

› KB A1

ÜB 20 ▸ **a Ergänzen Sie die passenden Formen von *essen* und *sein*. Hören Sie dann zur Kontrolle.**

esse · isst · isst · isst · essen · ~~esst~~ · essen · essen · bin · ist · ist · sind

Heute fragen wir Studierende: „Was esst .... (1) ihr gern?" Marta .... (2) gern Gemüse,

aber auch manchmal ein Schnitzel. Sie .... (3) keine Vegetarierin. Peter und Pit

.... (4) auch keine Vegetarier. Sie .... (5) nicht so gern Gemüse. Sie sagen:

„Wir .... (6) lieber Currywurst und am liebsten Schnipo." Mia .... (7) Vegetarierin

und .... (8) am liebsten Gemüse-Reis-Pfanne. Pia .... (9) auch kein Fleisch.

Pia sagt: „Ich .... (10) Veganerin, ich habe eine Laktoseintoleranz und kann keine

Milchprodukte .... (11). Ich .... (12) Gemüse und Obst."

ÜB 21 ▸ **b Hören Sie und ergänzen Sie die Fragen.**

1. .... ihr gern ....?
2. .... du ....?

3. .... Mia ....?
4. .... Pia ....?

3 [GRAMMATIK KOMPAKT] Modalverben *können* und *wollen*

› KB A2

a Ergänzen Sie die passenden Formen von *können*.

1. Ich kann .... sehr gut kochen.
2. Mia .... keine Milchprodukte essen.
3. Du .... in der Mensa günstig essen.

4. Wir .... sehr gut Keyboard spielen.
5. Studierende .... das Essen mitnehmen.
6. .... ihr Spanisch sprechen?

b Ergänzen Sie die passenden Formen von *wollen*.

1. Mia will .... kein Fleisch essen.
2. Heute .... ich lieber zu Hause essen.
3. Wir .... heute Fußball schauen.

4. .... ihr Physik studieren?
5. Pit und Peter .... heute Schnipo essen.
6. .... du heute Hähnchen essen?

c *wollen* oder *können*? Ergänzen Sie.

1. Die Studierenden können .... in der Mensa gut und günstig essen.
2. Lara kommt aus Kanada und studiert Spanisch. Sie .... fünf Sprachen sprechen.
3. Ich mache sehr gern Musik. Ich .... Musik studieren.
4. .... du gut Basketball spielen?
5. Ich finde Deutsch interessant. Ich .... die Sprache lernen.

4 [GRAMMATIK KOMPAKT] Modalverb *können* und *wollen* – Wortstellung › KB A3

Wo stehen die Verben? Schreiben Sie die Sätze in die Tabelle.

1. sehr gut französisch · kann · ich · kochen · .
2. wollen · wir · heute · in der Mensa · essen · .
3. spielen · kann · sehr gut Gitarre · Peter · .
4. Olga · vier Sprachen · sprechen · kann · .
5. will · studieren · was · Susanne · ?
6. wir · was · essen · wollen · ?

	Position 1	Position 2		Satzende
1.	Ich	kann	sehr gut französisch	kochen.
2.				
3.				
4.				
5.				
6.				

5 Kann man das machen? › KB A4

a Lesen Sie die Beiträge im Forum zum Thema: Im Uni-Kino essen. Bringen Sie die Beiträge in die richtige Reihenfolge.

← → C ★ ≡

[ ] CARLA 23, Jura: Warum nicht, Mia? Ich finde das okay. Man kann natürlich keinen Döner essen … Schokolade, das geht! 😄 Essen ist sozial, oder nicht?!!

[1] MIA 23, Medizin: Kann ich im Uni-Kino Popcorn essen: Ist das okay?

[ ] BEN 21, Physik: Sozial??! Ich finde, das ist total unhöflich! Das geht nicht.

[ ] PAWEL 25, Jura: … genau. Du kannst den Film nicht hören.

[ ] SOFIA 20, Biologie: Ich finde das auch nicht gut, wie Ben. Es stört.

[ ] PETER 19 Jahre, Musik: Pawel! Popcorn und Kino: Das gehört zusammen!! So wie Studium und Mensa 😉.

b Im Uni-Kino essen: Wer ist dafür? Wer ist dagegen?

👍 dafür : .... 👎 dagegen: ....

c Was passt wo? Ordnen Sie zu.

Das geht. · Das geht nicht. · Das ist nicht okay. · Das ist nicht unhöflich. · Das ist okay. ·
Das ist sozial. · Das ist unhöflich. · Das stört.

👍 dafür (pro)	👎 dagegen (contra)
Das geht.	

d Essen im Kino: Sind Sie dafür oder dagegen? Schreiben Sie einen Forumsbeitrag an Mia. Schicken Sie den Text an Ihre Lehrerin / Ihren Lehrer.

Hallo Mia, · Ich meine, ja / nein. · Ich finde, das geht (nicht). · Popcorn essen im Kino stört (nicht). ·
Das ist (nicht) okay. · Popcorn und Kino gehören (nicht) zusammen.

Hallo Mia, …

1 Der Speiseplan in der Mensa

› KB B1

a Was passt nicht? Kreuzen Sie an.

		a.		b.		c.		d.	
1.	🐷🐄	a. [ ] das Schnitzel	b. [ ] das Steak	c. [ ] die Tomate	d. [ ] die Wurst
2.	✏️	a. [ ] der Brokkoli	b. [ ] die Erdbeere	c. [ ] die Karotte	d. [ ] die Paprika
3.	🥛	a. [ ] der Käse	b. [ ] der Quark	c. [ ] das Gulasch	d. [ ] das / der Joghurt
4.	🍏	a. [ ] der Apfel	b. [ ] die Birne	c. [ ] die Milch	d. [ ] die Ananas

b Was ist eine Vorspeise, eine Hauptspeise, eine Nachspeise? Ordnen Sie zu.

Apfelkuchen · Eis · Gemüsesuppe · Hähnchenbrust mit Kartoffelbrei · Kürbissuppe ·
Lachs mit Reis · Obstsalat · Salat · Spaghetti mit Hackfleischsoße

Vorspeise	Hauptgericht	Nachspeise
Gemüsesuppe,		

2 So kommen wir auf Kurs!

› KB B1

Video 3 ▶

**a Wie können Sie Wörter im Kontext lernen?
Sehen Sie das Video an.**

**b Machen Sie eine Mindmap. Ordnen Sie die Wörter
aus der Wortliste zu 3A und 3B zu.**

Milchprodukte
die Milch
die Pizza
Gerichte
Beilagen
die Nudel

**c Getränke: Können Sie aus der Wortliste
zu 3C weitere Getränke zuordnen?**

Getränke
die Milch
der Saft
der Kaffee

3 [WORTBILDUNG] Nomen + Nomen = Nomen

› KB B1

a Neue Wörter zusammensetzen: Ordnen Sie zu.

Ananas · Apfel · Gemüse · Kürbis · Nudel · Obst

1. der *Nudel* salat
2. der .... salat
3. die .... suppe
4. die .... suppe
5. der .... kuchen
6. der .... kuchen

b Bilden Sie zusammengesetzte Nomen und notieren Sie sie mit dem Artikel.

1. das Hackfleisch + die Soße = *die Hackfleischsoße*
2. die Paprika + der Reis = *der Paprikareis*
3. der Curry + die Wurst = ...
4. die Milch + das Produkt = ...
5. das Gemüse + die Lasagne = ...
6. die Kartoffel + der Brei = ...
7. der Fisch + die Suppe = ...
8. die Ananas + das Eis = ...

4 Was gibt es am Samstag? › KB B1

Welcher Tag fehlt? Ergänzen Sie.

1. Montag › _Dienstag_ › Mittwoch
2. Donnerstag › _____ › Samstag
3. Sonntag › _____ › Dienstag

4. Samstag › _____ › Montag
5. Dienstag › _____ › Donnerstag
6. Freitag › _____ › Sonntag

5 [GRAMMATIK KOMPAKT] Satzbau › KB B2

a Schreiben Sie Sätze wie im Beispiel.

1. a. _Am Montag_ ist Schnipotag
   b. _Schnipotag_ ist am Montag.

2. a. _____ gibt es am Donnerstag.
   b. _____ gibt es Pizza.

3. a. _____ wollen wir kochen.
   b. _____ wollen am Sonntag kochen.

4. a. _____ gibt es Fisch.
   b. _____ gibt es am Freitag.

b Schreiben Sie Sätze. Es gibt immer zwei Möglichkeiten.

1. geschlossen • am Sonntag • die Mensa • ist • .   1. Die Mensa ist ... Am Sonntag ist ...
2. wir • am Dienstag • telefonieren • .
3. ich • Milchreis • esse • gern • .
4. Daniel • gut • spielt • Gitarre • .

6 [GRAMMATIK KOMPAKT] Konnektoren *denn* und *aber* › KB B3

a Ergänzen Sie *denn* oder *aber*.

1. Ich will kein Fleisch essen, _denn_ ich liebe Tiere.
2. Ich esse kein Fleisch, _____ ich kann eine Gemüsepizza essen.
3. Ich esse gern in der Mensa, _____ sie ist gut und günstig.
4. Ich esse gern Schnitzel, _____ ich esse nicht gern Schnitzel mit Pommes, lieber mit Salat.
5. Daniel spielt Gitarre und übt viel, _____ er studiert Musik.

b Schreiben Sie die Sätze kürzer.

1. a. Ich esse gern Schnitzel, aber ich esse nicht gern Schnitzel mit Pommes, lieber mit Salat.
   b. Ich esse gern Schnitzel, aber _nicht mit Pommes, lieber mit Salat_ .

2. a. Mia isst gern Lasagne, aber sie isst keine Lasagne mit Hackfleisch.
   b. Mia isst gern Lasagne, aber _____ .

3. a. Daniel kann Gitarre spielen, aber er kann nicht Geige spielen.
   b. Daniela kann Gitarre spielen, aber _____ .

c Verbinden Sie und schreiben Sie die Sätze.

1. Ich kann keinen Erdbeerquark essen,
2. Mia isst gern Obstkuchen,
3. Tom isst keine Eier,
4. Olga isst nicht gern Schnitzel,
5. Leonie isst kein Fleisch,

denn
aber

a. [ ] sie isst gern Hackfleisch.
b. [ ] sie ist Vegetarierin.
c. [1] ich habe eine Laktoseintoleranz.
d. [ ] nicht so gern Schokoladenkuchen.
e. [ ] er ist Veganer.

1. Ich kann keinen Erdbeerquark essen, denn ich habe eine Laktoseintoleranz.

d Was essen Sie (nicht) gern? Warum? Schicken Sie eine Nachricht an Ihre Lehrerin / Ihren Lehrer.

Ich esse gern ..., aber ich ... Am liebsten esse ich ...
Ich kann / will (kein/e/n) ... essen, denn ...

1 Die Speisekarte

› KB C1

a Was ist was? Ordnen Sie zu.

Butterkuchen · Currywurst · Fischbrötchen · Heringssalat

1. Eine _____ ist eine Wurst mit Ketchup und Curry.
2. Ein _____ ist ein Kuchen mit Butter.
3. Ein _____ ist ein Salat mit Fisch. Der Fisch heißt Hering.
4. Ein _____ ist ein Brötchen mit Fisch.

b Was passt? Ordnen Sie zu.

Cola · Espresso · heiße Schokolade · Kaffee · Kuchen · Saft · Tee · Torte · Wasser

1. eine Tasse _____
2. ein Glas _Cola_ _____
3. ein Stück _____

c Notieren Sie fünf Gerichte und fünf Getränke.

Gerichte: _Spaghetti mit Hackfleischsoße, ..._
Getränke: _Kaffee, ..._

2 Bestellen und bezahlen

› KB C2

a Wer sagt was? Ordnen Sie zu.

Das macht 11,10 Euro, bitte. · Gut, danke. · Hallo. Wir möchten gern bestellen. · Ich nehme einen Espresso. · Ja, gern. Ich nehme ein Stück Käsekuchen. · Möchten Sie auch etwas essen? · Stimmt so. · Und ich möchte eine Tasse Schokolade. · Und ich möchte ein Stück Kirschtorte. · Vielen Dank. · Was möchten Sie bestellen? · Wir möchten gern bezahlen. · Zusammen, bitte! · Zusammen oder getrennt?

Gast
_____
_____
_____
_____
_____
_____
_____

Bedienung
Das macht 11,10 Euro, bitte.
_____
_____
_____
_____
_____
_____

ÜB 22 **b Sortieren Sie die Sätze aus 2a und schreiben Sie das Gespräch. Hören Sie dann zur Kontrolle.**

Hallo. Wir möchten gern bestellen.

c Ergänzen Sie die passenden Formen von nehmen.

nehme · nimmst · nimmt · nehmen · nehmt · nehmen

1. Was _nehmt_ ihr?
2. Wir _____ einen Butterkuchen und ein Franzbrötchen.
3. Ben _____ ein Fischbrötchen.
4. _____ du auch ein Fischbrötchen?
5. Nein, ich _____ ein Rundstück.
6. Ariane und Olga _____ das Hamburg-Frühstück.

3 [AUSSPRACHE] **Vokale *a, e, i(e), o, u, ä, ö, ü*** › KB C3

a **Ergänzen Sie die Vokale *a, e, i(e), o, u, ä, ö, ü*.**

1. die N_u_del
2. die S____ße
3. die Bed____nung
4. das Gem____se
5. der H____ring
6. der K____se
7. der ____bend
8. der Kn____del
9. der D____nnerstag
10. der G____st
11. die K____chin
12. die S____ppe
13. das K____nnchen
14. der T____ller
15. das St____ck
16. der F____sch

ÜB 23 ▶ **b** **Hören Sie die Wörter in 3a zur Kontrolle. Hören Sie dann die Wörter noch einmal und sprechen Sie nach.**

ÜB 24 ▶ **c** **Hören Sie die Sätze und sprechen Sie nach.**

1. Ich nehme Knödel mit Soße.
2. Der Gast bestellt ein Stück Kuchen.
3. Ich möchte ein Kännchen Tee.
4. Wir kochen Fisch mit Gemüse.
5. Am Abend essen wir Suppe.
6. Am Donnerstag gibt es Hering.
7. Die Köchin macht Nudeln mit Käse.
8. Die Bedienung bringt die Teller.

4 [GRAMMATIK KOMPAKT] **Modalverben *möcht-* und *mögen*** › KB C4

a **Ergänzen Sie die Formen von *möcht-*.**

1. Wir _möchten_ gern bezahlen.
2. _____ du heute Kuchen essen?
3. Mia _____ heute keinen Nachtisch essen.
4. Was _____ ihr trinken?
5. Ich _____ auch etwas essen.
6. Anne und Mia _____ Französisch lernen.

b **Ergänzen Sie die Formen von *mögen*.**

1. Ich _mag_ keinen Fisch.
2. Wir _____ die Mensa.
3. Ben _____ Schnipo.
4. _____ du Schnipo?
5. _____ ihr kein Fleisch?
6. Anne und Mia _____ Gemüse.

c ***mögen* oder *möcht-*? Ergänzen Sie.**

1. Ben _mag_ kein Gemüse, aber er isst sehr gern Fleisch.
2. Wir _____ heute in der Mensa essen: Es gibt Currywurst!
3. Ich _____ ein Stück Käsekuchen bestellen.
4. Olga _____ Käsekuchen sehr.
5. _____ ihr den Labskaus probieren?
6. Ich _____ kein Fleisch, aber ich esse sehr gern Fisch.
7. Ben _____ heute in der Mensa Schnipo essen, denn er _____ Schnipo sehr.

d **Und Sie? Was antworten Sie?**

1. Mögen Sie Fisch?
   a. [ ] Fisch mag ich sehr.
   b. [ ] Ich mag keinen Fisch.
   c. [ ] Ich esse keinen Fisch und kein Fleisch.
   d. [ ] Ich esse gern Fisch, aber Fleisch mag ich lieber.

2. Mögen Sie Kaffee?
   a. [ ] Kaffee mag ich sehr, aber Tee mag ich nicht.
   b. [ ] Ich trinke vier oder fünf Tassen am Tag.
   c. [ ] Ich trinke keinen Kaffee.
   d. [ ] Ich trinke Kaffee, aber Tee mag ich lieber.

Kochen Studierende?

1 Und am Wochenende?

a Es ist Wochenende, die Mensa ist geschlossen, Ihre Familie wohnt in einer anderen Stadt. Wie bekommt man Essen? Ordnen Sie zu. Was machen Sie persönlich?

belegtes Brot / Brötchen essen • einkaufen und kochen • Essen bestellen • Fertigprodukte warm machen • Süßigkeiten essen • zu einem Imbiss gehen

1. ....

2. ....

3. ....

4. ....

5. ....

6. ....

Formulieren Sie vor dem Lesen Hypothesen zum Text.

b Was denken Sie? Wie gut können Studierende in Deutschland kochen? Kreuzen Sie an.

1. [ ] Die Studierenden kochen nicht selbst.
2. [ ] Die Studierenden essen Fertigprodukte.
3. [ ] Die Studierenden können gut kochen.
4. [ ] Die Studierenden wollen nicht kochen.

c Lesen Sie den Artikel. Welche Vermutung in 1b war richtig? Markieren Sie.

Die Mensa ist geschlossen – was dann?

Studierende essen in der Mensa, am Samstag und Sonntag sind sie bei ihrer Familie oder sie kaufen Fast Food: So denken viele, aber das stimmt nicht. Viele Studierende kochen gern. 82 % kochen mehrmals pro Woche.

Wir fragen Marie, sie ist 22 und studiert in Augsburg Informatik. Sie isst am liebsten vegetarisch, manchmal auch vegan. Sie kocht gern indisch, Reis und viel Gemüse. Sie macht auch Brot. Woher bekommt sie die Ideen? Sehr einfach, aus dem Internet. „Es gibt so viele tolle Tutorials. Ich schaue ein paar Videos und dann koche ich."

Auch Max, 25, kocht gern. Er studiert Medizin in Heidelberg und muss viel für das Studium arbeiten. In der Woche hat er wenig Zeit und isst in der Mensa. Aber am Samstag kauft er oft mit Freunden Gemüse und Obst, Fleisch oder Fisch. Am Abend kochen sie dann zusammen. Max sagt: „Das ist gesund, es ist günstig und es macht viel Spaß. Unser Kochen ist Teamwork, ein oder zwei machen das Fleisch oder den Fisch, ein oder zwei kochen Gemüse und eine Beilage und einer macht einen Nachtisch. Es ist immer gut! Dann schauen wir zusammen einen Film oder spielen Videogames oder gehen in einen Club. Das ist ein guter Samstag."

d Genau lesen: Lesen Sie und korrigieren Sie die Sätze.

1. Marie isst gern Fleischgerichte.
2. Sie kocht gern deutsch.
3. Sie bekommt die Ideen aus dem Kochbuch.
4. Max hat von Montag bis Freitag viel Zeit.
5. Am Samstag kauft er Fast Food.
6. Max findet: Kochen macht viel Arbeit.

Ein leerer Bauch studiert nicht gern

3A

die Mensa, Mensen
essen (isst)
das Essen (nur Sg.)
 das Mensa-Essen
 (nur Sg.)
die Schokolade, -n
das Tier, -e
die Milch (nur Sg.)
das Produkt, -e
 das Milchprodukt, -e*
die Laktoseintoleranz
 (nur Sg.)
vegan (essen)
der Veganer, -/die
 Veganerin, -nen
Ich bin Veganer/in.
der Vegetarier, -/die
 Vegetarierin, -nen
 Ich bin Vegetarier/in.
geben (gibt)
 Es gibt …
das Gericht, -e*
der Döner Kebap, -s
die Pizza, -s/Pizzen
das Fleisch (nur Sg.)*
 das Hackfleisch
 (nur Sg.)
das Hähnchen, -*
das Schnitzel, -*
 das Jägerschnitzel, -
die Wurst, ⸚e*
 die Currywurst, ⸚e
der Reis (nur Sg.)*
 der Paprikareis
 (nur Sg.)
die Pommes (frites)
 (nur Pl.)
die Spaghetti, -s
die Soße, -n
 die Hackfleischsoße,
 -n
das Gemüse (nur Sg.)*
der Brokkoli, -*
die Karotte, -n*
der/die Paprika, -s*
die Tomate, -n*
die Pfanne, -n
täglich
das Café, -s
dort
günstig
zu Hause
die Küche, -n

kochen
abends
mitnehmen
können (kann)
wollen (will)
lieben
Ungarisch
toll
der Stress (nur Sg.)
der Service (nur Sg.)
das Seminar, -e
okay/o.k.
der Snack, -s
finden
 Ich finde das okay/
 unhöflich/…
das Ei, -er*
der Knoblauch (nur Sg.)
riechen
gehen
 Das geht (nicht).
stören
total
unhöflich
die Kybernetik (nur Sg.)
die Philosophie
 (nur Sg.)
Jura (kein Artikel)
sozial
der Dozent, -en/die
 Dozentin, -nen
manchmal
der Hunger (nur Sg.)
der Artikel, -
das Forum, Foren
der Beitrag, ⸚e
 der Forumsbeitrag, ⸚e
das Kino, -s

3B

der Plan, ⸚e
 der Speiseplan, ⸚e
der Tag, -e
der Montag, -e
der Dienstag, -e
der Mittwoch, -e
der Donnerstag, -e
der Freitag, -e
der Samstag, -e
der Sonntag, -e
 am Montag/Diens-
 tag/…
das/der Gulasch, -e/-s*

das Steak, -s
der Fisch, -e*
der Lachs, -e*
die Lasagne, -n
 die Gemüselasagne,
 -n
die Beilage, -n*
die Kartoffel, -n*
der Kartoffelbrei, -e
der Knödel, -*
die Nudel, -n*
das Rührei, -er*
der Käse, -*
 der Ziegenkäse, -
die Salami, -s
der Schinken, -
der Champignon, -s*
die Suppe, -n
 die Gemüsesuppe, -n
 die Kürbissuppe, -n
der Salat, -e*
 der Nudelsalat, -e
 der Obstsalat, -e
der Teller, -
 der Salatteller, -
das Obst (nur Sg.)*
der Apfel, ⸚*
die Ananas, -/-se
die Birne, -n
die Erdbeere, -n
der Nachtisch, -e
das Eis (nur Sg.)*
das/der Joghurt, -s
der Kuchen, -*
 der Apfelkuchen, -
der Milchreis (nur Sg.)*
der Quark (nur Sg.)*
 der Erdbeerquark
 (nur Sg.)
der Gast, ⸚e
das Personal (nur Sg.)
geschlossen
vegetarisch (essen)

3C

die Karte, -n
 die Speisekarte, -n
der Campus, -/-se
herzhaft ⧺ süß
das Frühstück, -e
das Mittagessen, -
warm – heiß
das Stück, -e

der Hamburger, -
das Fast Food (nur Sg.)
der Hering, -e*
der Heringssalat, -e
das Brötchen, -
 das Fischbrötchen, -
 das Franzbrötchen, -
der Toast, -s
der Speck (nur Sg.)
die Bohne, -n
die rote Beete (nur Sg.)
das Spiegelei, -er
die Butter (nur Sg.)*
der Butterkuchen, -
der Käsekuchen, -
die Torte, -n
 die Schokoladentorte,
 -n
die Rote Grütze
 (nur Sg.)
die Kirsche, -n
die Vanille (nur Sg.)
die Vanillesoße, -n
der Zimt (nur Sg.)
der Zucker (nur Sg.)
das Getränk, -e
der Tee, -s
der Espresso, -s/
 Espressi
die Orange, -n
der Saft, ⸚e
 der Orangensaft, ⸚e
die Cola, -s
das Wasser (hier
 nur Sg.)
das Glas, ⸚er
die Tasse, -n
das Kännchen, -
die Flasche, -n
die Bedienung
 (nur Sg.)
schmecken
bestellen
nehmen (nimmt)
dann
lecker
möchte
mögen (mag)
die Rechnung, -en
bezahlen
zusammen ⧺ getrennt
Stimmt so.
spät
 zu spät sein

1 Uni und Haushalt

Ergänzen Sie die passenden Verben. Zwei Verben passen nicht. › KB A1

aufräumen · haben · halten · lernen · schreiben · sprechen

1. eine Prüfung _haben_
2. eine Klausur _____
3. ein Zimmer _____
4. ein Referat _____

2 [GRAMMATIK KOMPAKT] Modalverb *müssen* › KB A2

a Ergänzen Sie die passenden Formen von *müssen*.

Alle haben viel zu tun: William _muss_ (1) drei Klausuren schreiben. William und Chiara

_____ (2) ein Referat halten. Wir _____ (3) viel lernen. Nur Moritz _____ (4)

nicht lernen, aber er _____ (5) arbeiten. Was _____ (6) ihr machen?

b Wo steht *müssen*? Schreiben Sie die Sätze in die Tabelle.

1. lernen · William · muss · viel · .
2. muss · heute mein Zimmer · aufräumen · ich · .
3. ihr · halten · das Referat · müsst · wann · ?
4. wir · warum · arbeiten · am Sonntag · müssen · ?
5. schreiben · viele · du · musst · Klausuren · .
6. ein Formular · die Studierenden · ausfüllen · müssen · .

	Position 1	Position 2		Satzende
1.	William	muss	viel	lernen.
2.				
3.				
4.				
5.				
6.				

c Ergänzen Sie die passenden Formen von *müssen* oder *können*.

1. Moritz _muss_ heute nicht arbeiten. Er kann Freunde treffen.
2. William _____ heute nicht trainieren. Er muss lernen.
3. Moritz _____ heute nicht kochen. Er isst in der Mensa.
4. William _____ heute nicht ausschlafen. Er hat eine Prüfung.
5. Chiara und William _____ heute nicht zusammen lernen. Chiara hält ein Referat.

d *müssen*, *können* oder *wollen*? Ergänzen Sie die passenden Formen.

müssen = Pflicht
nicht müssen = keine
Notwendigkeit:
Du musst nicht
kommen. = Es ist
nicht notwendig.

1. Am Mittwoch _muss_ ich ein Referat halten. Aber wir _können_ am Donnerstag Sport machen.
2. Ich will nicht mehr lernen. Aber ich _____ noch viele Klausuren schreiben.
3. _____ wir heute zusammen einen Film sehen? Ich muss nicht lernen.
4. Du _____ nicht kommen. William und ich _____ das machen.
5. Ich _____ ausschlafen. Aber ich _____ um 9:00 Uhr arbeiten.

3 Uhrzeiten

› KB A4

a Wie viel Uhr ist es? Notieren Sie die informelle Uhrzeit.

1   2   3   4   5

Viertel nach zwei   ....

ÜB 25 ▷   **b** Wie spät ist es? Hören Sie und kreuzen Sie an.

1. a. [ ] 15:30 Uhr   2. a. [ ] 10:15 Uhr   3. a. [ ] 09:25 Uhr   4. a. [ ] 11:10 Uhr
   b. [ ] 16:30 Uhr   b. [ ] 10:45 Uhr   b. [ ] 09:55 Uhr   b. [ ] 10:50 Uhr

c Formelle und informelle Uhrzeiten. Was passt zusammen? Ordnen Sie zu.

1. Viertel vor acht   a. [ ] 16:20 Uhr
2. zwanzig nach vier   b. [1] 07:45 Uhr
3. fünf vor halb zwölf   c. [ ] 15:15 Uhr
4. zehn nach neun   d. [ ] 11:25 Uhr
5. halb sieben   e. [ ] 09:10 Uhr
6. Viertel nach drei   f. [ ] 06:30 Uhr

4 Sich verabreden

› KB A5

Welche Antwort passt nicht? Streichen Sie durch.

1. ● Lernen wir heute zusammen?
   ○ a. Das passt gut.   b. Ja, das geht.   c. Bis dann!

2. ● Wann?
   ○ a. Kannst du um halb vier?   b. Morgen habe ich eine Vorlesung.   c. Geht es um halb vier?

3. ● Kannst du um halb vier?
   ○ a. Ja, okay.   b. Das geht leider nicht.   c. Das mache ich gern.

5 So kommen wir auf Kurs!

› KB A5

Video 4 ▷   **a** Wie können Sie Sätze für Situationen lernen?
Sehen Sie das Video an.

b Etwas gut / schlecht finden: Notieren Sie
die Antworten aus Lektion 3.

Situation	Fragen	Antworten
Meinung: etwas gut / schlecht finden	Wie findest du das?	👍 Ich finde das gut/... 👎
Aktivität: etwas gern / nicht gern machen	Was machst du ...?	👍 👎

c Etwas (nicht) gern machen: Notieren Sie Fragen und Antworten aus Lektion 2 in der Tabelle.

1 Tageszeiten

› KB B1

Ordnen Sie die Tageszeiten zu.

der Abend / abends • der Mittag / mittags • ~~der Morgen / morgens~~ • der Nachmittag / nachmittags •
die Nacht / nachts • der Vormittag / vormittags

1. *der Morgen / morgens*

2. _____

3. _____

4. _____

5. _____

6. _____

2 Daten

› KB B2

a Wie heißen die Monate? Ordnen Sie die Monate den Jahreszeiten zu.

BERTEMSEP	NIJU	RUFEBAR	LIJU
ARNUJA	PRILA	TOOKBER	IMA
GUSTAU	NOBERVEM	DEBERZEM	ZRMÄ

Frühling: _____

Sommer: _____

Herbst: *September,* _____

Winter: _____

b *Heute ist der … – Die Sprechstunde ist am …* Schreiben Sie wie im Beispiel.

1. 12.3. *der zwölfte März / der zwölfte Dritte; am zwölften März / am zwölften Dritten*

2. 8.9. _____

3. 6.5. _____

4. 7.7. _____

ÜB 26 ▶ **c Lesen Sie die Daten. Hören Sie dann. Welche Daten hören Sie? Markieren Sie.**

07.09.   03.04.   15.10.   23.12.   14.05.

11.02.   27.07.   30.03.   27.06.

06.08.   17.01.   20.11.

d Was passt wo? Notieren Sie.

~~15 Uhr~~ • abends • Dienstag • Februar • Frühjahr • halb vier • Herbst • Juli • mittags •
Mittwoch • morgens • Oktober • Samstag • Sommer • Viertel nach drei

Uhrzeit	Tageszeit	Wochentag	Monat	Jahreszeit
15 Uhr				

3 [GRAMMATIK KOMPAKT] Temporale Präpositionen *um, am, im,*
von … bis / vom … bis › KB B3

ÜB 27 ▶ **a** **Welche Präposition hören Sie? Markieren Sie.**

1. am · im · um   3. am · im · um   5. am · im · um
2. am · im · um   4. am · im · um   6. am · im · um

b **Frage und Antwort. Ordnen Sie zu.**

1. Wann ist die Prüfung?
2. Wann hast du Semesterferien?
3. Wann ist die Sprechstunde von
   Prof. Rabenstein?
4. Wann essen wir?

a. [ ] Im August und September.
b. [ ] Am Freitagnachmittag.
c. [1] Am fünften Februar.
d. [ ] Um halb acht.

c **Was ist richtig? Ergänzen Sie die Präpositionen *um, am, im, bis, von … bis / vom … bis.***

1. ● Wann wollen wir zusammen für die Klausur lernen? Hast du _____ Mittwochnachmittag Zeit?

   ○ _____ Mittwoch muss ich _____ zwei in die Sprechstunde von Professor Feldmayer.

   Aber _____ drei _____ fünf habe ich Zeit und wir können lernen.

2. ● Wann sind Sommerferien?

   ○ _____ Juli und August, also _____ ersten Juli _____ zum einunddreißigsten August.

3. ● Können wir _____ Abend in die Mensa?

   ○ _____ Montag _____ Freitag gibt es _____ 14 Uhr Mittagessen, aber _____

   Nachmittag und _____ Abend ist die Mensa geschlossen.

4 Um einen Termin bitten: E-Mail an die Professorin › KB B5

a **Was gehört zu einer formellen E-Mail? Kreuzen Sie an.**

1. a. [ ] Anrede: *Sehr geehrte Frau /*
        Sehr geehrter Herr + Familienname
   b. [ ] Anrede: *Liebe(r) + Vorname*

2. a. [ ] *Sie*
   b. [ ] *du*

3. a. [ ] Gruß: *Liebe Grüße*
   b. [ ] Gruß: *Mit freundlichen Grüßen*

4. a. [ ] Name: nur Vorname
   b. [ ] Name: Vorname + Familienname

b **Schreiben Sie eine E-Mail an den Assistenten Florian Maier. Nehmen Sie die E-Mail an Frau Rabenstein als Modell, aber schreiben Sie informell. Schicken Sie die E-Mail an Ihre Lehrerin / Ihren Lehrer.**

· Sie möchten einen Termin für die
  Sprechstunde am 18. September
· Sie sagen zu Florian *du*

Lieber Florian,
```

✉ 　　　　　　　　　　 🔗 ☒

Sehr geehrte Frau Professorin Rabenstein,

ich schreibe gerade meine Seminararbeit und
habe eine Frage. Haben Sie am Freitag, 17. März,
Sprechstunde? Ich möchte gern einen Termin.
Vielen Dank.

Mit freundlichen Grüßen
William Taylor

1 Gemeinsam is(s)t man nicht allein

› KB C1

a Was passt? Ordnen Sie die Wörter den Fotos zu.

abtrocknen · abwaschen · das Geschirr · ~~die Spülmaschine~~ · die Zutaten · einkaufen

die Spülmaschine

b Schreiben Sie die Fragen.

1. Social Cooking · was · können · sein · ?

   Was kann

2. funktionieren · Social Cooking · wie · ?

3. wir · wie · teilnehmen · können · ?

4. das Gericht · dürfen · wer · auswählen · ?

5. kochen · alle · wo · das Essen · ?

6. abwaschen · wer · das Geschirr · müssen · ?

2 [WORTBILDUNG] Verben mit trennbarer Vorsilbe

› KB C2

ÜB 28 ▸

a Welche Silbe ist betont? Hören Sie und markieren Sie.

Die Vorsilben geben den Verben eine neue Bedeutung: nehmen – teilnehmen

1. **teil**nehmen
2. ergänzen
3. ausfüllen
4. mitbringen
5. vergleichen
6. abwaschen
7. einkaufen
8. bestellen

b Welche Verben aus 2a haben eine trennbare Vorsilbe? Notieren Sie.

teil|nehmen, ...

c [AUSSPRACHE] Wann ist die Vorsilbe betont? Wann ist die Vorsilbe nicht betont?
Ergänzen Sie die Regel.

A

Man kann die Vorsilbe vom Verb trennen: Die Vorsilbe ist ....
Man kann die Vorsilbe nicht vom Verb trennen: Die Vorsilbe ist ....

ÜB 28 ▸ **d** Hören Sie die Verben aus 2a noch einmal und sprechen Sie nach.

3 [GRAMMATIK KOMPAKT] **Verben mit trennbarer Vorsilbe** › KB C2

ÜB 29 ⏵ **a Hören Sie die Sätze und ergänzen Sie die Verben.**

1. Am Social Cooking ...nehmen... Gäste und Gastgeber ...teil... .   Infinitiv: ...teilnehmen...

2. Zuerst .... alle ein Online-Formular ....   Infinitiv: ....

3. Das Social-Cooking-Team .... die Gäste und die Gastgeber ....   Infinitiv: ....

4. Das Kochteam .... die Zutaten ....   Infinitiv: ....

5. Die Gäste .... den Gastgeber ....   Infinitiv: ....

b Schreiben Sie die Sätze in die Tabelle.

1. auswählen · das Kochteam · das Gericht · .   3. abtrocknen · die Gäste · das Geschirr · .
2. die Zutaten · die Gäste · einkaufen · .   4. die Küche · aufräumen · die Gäste · .

		Position 2		Satzende
1.	Das Kochteam	wählt	das Gericht	aus.
2.				
3.				
4.				

c Machen wir das? Schreiben Sie Fragen wie im Beispiel.

1. die Zutaten mitbringen   *Wer bringt die Zutaten mit? Bringen wir die Zutaten mit?*

2. das Essen vorbereiten   ....

3. die Spülmaschine einräumen   ....

4. das Geschirr abwaschen   ....

d Müssen wir das machen? Formulieren Sie die Fragen in 3c mit *müssen*.

1. *Wer muss die Zutaten mitbringen? Müssen wir die Zutaten mitbringen?*

e Ergänzen Sie die Formen von *ausschlafen* und *einladen*.

	ausschlafen	einladen		ausschlafen	einladen
ich	schlafe aus	*lade ein*	wir		laden ein
du		lädst ein	ihr	schlaft aus	*ladet ein*
er / sie / es	schläft aus		sie / Sie	schlafen aus	

Vokalwechsel bei Verben mit a → ä, z. B. ausschlafen → du schläfst aus, einladen → sie lädt ein

4 Seine Meinung äußern › KB C3

Wie finden Sie . . .? Ordnen Sie zu.

~~eine tolle Idee~~ · gefährlich · interessant · keine tolle Idee · komisch · lustig · spannend · stressig

👍   👎

eine tolle Idee ....

....

....

Veranstaltungen

1 **Einladung zum Semesterende**

a **Welche Veranstaltungen sehen Sie auf den Fotos? Ordnen Sie zu.**

das Beachvolleyballspiel · die Klausur · das Konzert · die Party

1. .... 2. .... 3. .... 4. ....

b **Lesen Sie die Einladung. Welches Foto aus 1a passt? Kreuzen Sie in 1a an.**

Das Semester ist bald zu Ende, die Klausuren kommen. Aber wir wollen noch ein bisschen Spaß haben! Wir sind zehn Studierende aus den Fächern Mathematik und Physik und bereiten wie jedes Jahr ein Beachvolleyball-Turnier vor. Wir laden alle Studierenden ein. Der Termin ist wie immer am ersten Samstag im Juli. Wir beginnen um 15 Uhr.
Wie kannst du teilnehmen? Ganz einfach: Schreibe bis zum 15. Juni eine Mail an kdjkf@xpu.de. Am Samstag bringst du 10 Euro mit.
Wo? Wir spielen auf den Beachplätzen bei der Mensa.
Du kannst nicht perfekt Beachvolleyball spielen? Kein Problem. Du musst kein Profi sein. Wir wollen zusammen Spaß haben und gemeinsam Sport machen.

Mit W-Fragen kann man Informationen in einem Text finden.

c **Wie heißen die W-Fragen? Ordnen Sie zu.**

1. Wann a. [ ] nimmt man teil?
2. Was b. [ ] organisiert die Veranstaltung?
3. Wer c. [1] findet die Veranstaltung statt?
4. Wer d. [ ] findet die Veranstaltung statt?
5. Wo e. [ ] kann teilnehmen?
6. Wie f. [ ] passiert dort?

d **Lesen Sie die Einladung noch einmal und beantworten Sie die W-Fragen aus 1c in Stichworten.**

Wann? *am 1. Samstag im Juli, 15:00 Uhr* Wer? ....

Was? .... Wo? ....

Wer? .... Wie? ....

e **Ergänzen Sie die E-Mail an Azul mit den Informationen aus 1d.**

Hi Azul, am .... (1) gibt es auf den Beachplätzen .... (2)

ein .... (3). Das Turnier organisieren .... (4). Es können

.... (5) teilnehmen. Du musst nur .... (6) schreiben an

kdjkf@xpu.de und am Samstag .... (7). Kommst du?

Liebe Grüße

Dominik 🙂

13:00 Uhr: Mensa, Sprechstunde oder Kochen?

4A

die Verabredung, -en
wie viele
die Prüfung, -en
die Klausur, -en
  eine Klausur schreiben*
halten (hält)
das Referat, -e
  ein Referat halten*
trainieren
das Zimmer, -*
auf|räumen*
aus|schlafen (schläft aus)*
müssen (muss)*
heute
früh
pünktlich
jetzt
verstehen
falsch
telefonieren
vor|bereiten*
der Wochenplan, ⸚e*
die Zeit, -en
  die Uhrzeit, -en
Wie spät ist es? / Wie viel Uhr ist es?
die Uhr, -en
  Es ist ein / zwei / … Uhr.
halb
  Es ist halb eins / zwei / …
vor ≠ nach
  Es ist zehn vor eins / zwei …
  Es ist zehn nach eins / zwei …
das Viertel, -
  Es ist Viertel nach eins / zwei / …
  Es ist Viertel vor eins / zwei / …
gehen
  Geht es um zehn?
  Ja, das geht. / Nein, das geht nicht.
die Cafeteria, -s

die Vorlesung, -en
beginnen
passen
  Das passt!

4B

der Termin, -e
das Semester, -
die Ferien (nur Pl.)
  die Semesterferien (nur Pl.)
die Stunde, -n
  die Sprechstunde, -n*
  die Feriensprechstunde, -n
die Tageszeit, -en
der Morgen, - (Pl. selten)
  morgens
der Vormittag, -e
  vormittags
der Mittag, -e
  mittags
der Nachmittag, -e
  nachmittags
der Abend, -e
  abends
die Nacht, ⸚e
  nachts
das Ausland (nur Sg.)
an|bieten
virtuell
wünschen
die Arbeit, -en
  die Hausarbeit, -en
  die Seminararbeit, -en
das Thema, Themen
leid|tun (tut leid)
  Tut mir leid.
bekommen
planen
der Test, -s
die Mathematik (Abk.: Mathe*) (nur Sg.)
die Statistik (hier nur Sg.)
die Planung, -en
der Kalender, -
der Monat, -e

der Januar, -e (Pl. selten)
der Februar, -e (Pl. selten)
der März, -e (Pl. selten)
der April, -e (Pl. selten)
der Mai, -e (Pl. selten)
der Juni, -s (Pl. selten)
der Juli, -s (Pl. selten)
der August, -e (Pl. selten)
der September, - (Pl. selten)
der Oktober, - (Pl. selten)
der November, - (Pl. selten)
der Dezember, - (Pl. selten)
die Jahreszeit, -en
der Frühling, -e
der Sommer, -
der Herbst, -e
der Winter, -
der Beginn (nur Sg.)
  ≠ das Ende (hier nur Sg.)
der Wochentag, -e*
der Partner, - / die Partnerin, -nen
die Nachricht, -en
  die Sprachnachricht, -en
Hi!
gerade
  Bist du gerade an der Uni?
dringend
bitten

4C

Social Cooking (nur Sg.)
allein ≠ gemeinsam
die Institution, -en
der Kochkurs, -e
  einen Kochkurs machen
das Internet (nur Sg.)

die Internetseite, -n
ein|laden (lädt ein)
mit|bringen
die Zutat, -en*
  die Zutaten mitbringen
alle
ab|waschen (wäscht ab)
das Geschirr, -e
  das Geschirr abwaschen*
anders
teil|nehmen (nimmt teil)
das Online-Formular, -e
aus|füllen
aus|losen
der Gastgeber, - / die Gastgeberin, -nen
das Kochteam, -s
aus|wählen
ein|kaufen
ein|räumen
die Spülmaschine, -n
  die Spülmaschine einräumen
ab|trocknen
wieder
der Profi, -s
perfekt
feiern
mit|feiern
verbinden
wichtig
nur
der Haushalt (nur Sg.)*
die Meinung, -en
  die Meinung äußern
meinen
das Fazit, -e / -s
mit|machen
gefährlich
komisch
lustig
spannend
stressig
kennen|lernen
die Leute (nur Pl.)
die Überraschung, -en

1 **Familie und Verwandtschaft** › KB A1

a **Wer gehört zusammen? Ordnen Sie zu.**

1. die Mutter
2. die Tochter
3. die Schwester
4. die Tante
5. die Nichte
6. die Cousine
7. die Großmutter (die Oma)
8. die Enkelin

a. [ ] der Enkel
b. [ ] der Neffe
c. [ ] der Onkel
d. [ ] der Cousin
e. [1] der Vater
f. [ ] der Sohn
g. [ ] der Bruder
h. [ ] der Großvater (der Opa)

b **Wer ist das?**

1. Mein Bruder hat eine Tante. Sie ist auch meine _Tante_ .
2. Mein Vater hat einen Bruder. Er ist mein _____ .
3. Meine Mutter hat eine Schwester. Ihr Sohn ist mein _____ .
4. Mein Vater und meine Mutter sind meine _____ .
5. Meine Großeltern haben zwei Töchter. Sie sind meine Mutter und meine _____ .
6. Mein Vater hat eine Mutter. Sie ist meine _____ .
7. Meine Eltern haben drei _____ . Das sind mein _____ , meine Schwester und ich.
8. Ich habe zwei Brüder. Mein Onkel hat eine Nichte und zwei _____ .

ÜB 30 ▶ **c** **Welche Wörter hören Sie? Markieren Sie.**

1. Das sind   meine · deine · seine   Eltern.
2. Wo ist   meine · deine · seine   Schwester?
3. Mein · Dein · Sein   Sohn studiert Informatik.
4. Meine · Deine · Seine   Frau Sandra ist Lehrerin.
5. Mein · Dein · Sein   Bruder fährt gern Fahrrad.
6. Mein · Dein · Sein   Großvater ist sehr alt.

2 **[GRAMMATIK KOMPAKT] Possessivartikel im Nominativ** › KB A2

a *sein(e)* oder *ihr(e)*? **Verbinden Sie.**

a. seine Tasche
b. ihr Wörterbuch
c. sein Stift
d. seine Bücher
e. ihr Laptop
f. ihre Freunde
g. sein Keyboard
h. ihre Uhr

b **Ergänzen Sie den Possessivartikel im Nominativ.**

1. Mein Freund hat eine Gitarre. _Seine_ Gitarre ist sehr schön.
2. Meine Mutter hat eine Tochter. Das ist _____ Schwester.
3. Ihr habt ein Surfboard. Ist _____ Surfboard neu?
4. Das ist meine Cousine und _____ Hund. Er heißt Bobby.
5. _____ Großeltern spielen gern Schach, aber ich kann es nicht.
6. Stefan hat einen neuen Computer, aber _____ Laptop ist alt.
7. Du hast viele Freunde. _____ Freunde sind sehr nett.
8. Wir haben eine Cousine. _____ Cousine studiert in Frankreich.

3 Die Familien von Julian und Davide

› KB A3

Was passt? Ordnen Sie die Antworten zu.

1. Was feiert deine Mutter?
2. Treibt dein Bruder gern Sport?
3. Hat Carla einen Freund?
4. Wie groß ist deine Familie?
5. Wie heißt dein Cousin?
6. Was ist dein Vater von Beruf?
7. Was studiert deine Schwester?
8. Magst du deine Cousinen und Cousins?

a. [ ] Ja, ihr Freund heißt Jannis.
b. [ ] Er heißt Aaron.
c. [ ] Sie studiert Medizin.
d. [ ] Ja, ich mag meine Cousinen und Cousins sehr.
e. [ ] Er ist Architekt.
f. [ ] Nein, mein Bruder mag keinen Sport.
g. [1] Meine Mutter feiert ihren Geburtstag.
h. [ ] Meine Familie ist sehr groß!

4 [GRAMMATIK KOMPAKT] Possessivartikel im Akkusativ

› KB A4

a Ergänzen Sie den Possessivartikel im Akkusativ.

1. Ich habe einen Bruder. Kennst du _meinen_ Bruder?
2. Am Freitag haben wir _____ Prüfung in Statistik. Wollen wir zusammen lernen?
3. Carla sucht _____ Laptop. Hast du ihn?
4. Wann feierst du _____ Geburtstag?
5. Julians Familie ist sehr nett. Kennst du _____ Vater?
6. Wann besuchen Davide und seine Schwester _____ Großeltern?
7. Sucht ihr _____ Volleyball? Hier ist er.
8. Wo trifft Davide _____ Freunde?

b Nominativ oder Akkusativ? Ergänzen Sie den Possessivartikel.

1. Davide isst gern zu Hause. Denn _seine_ Familie kocht sehr gut.
2. Morgen Vormittag habt ihr keine Zeit. Da haltet ihr _____ Referat, oder?
3. Carla und Jannis studieren Medizin. Sie mögen _____ Studienfach sehr.
4. Julian surft gern. Aber _____ Surfboard ist kaputt.
5. Meine Mutter macht gern Kuchen. _____ Käsekuchen ist sehr lecker.
6. Wir sehen _____ Cousinen und Cousins im Sommer.

c Julians Familie: Ergänzen Sie die Possessivartikel.

VERENA: _Mein_ (1) Mann heißt Alexander. Wir haben zwei Kinder. _____ (2) Kinder sind Julian und Carla. Carla hat einen Freund. _____ (3) Freund heißt Jannis.

HORST: _____ (1) Frau heißt Renate. Wir haben drei Kinder. Albert ist _____ (2) Sohn, er ist ledig. _____ (3) Töchter heißen Verena und Sonja. Verena ist verheiratet. Sonja ist geschieden.

ALBERT: Ich habe zwei Schwestern und Nichten und Neffen. _____ (1) Schwestern sind Verena und Sonja. _____ (2) Nichten heißen Carla und Susanne, _____ (3) Neffen sind Julian und Aaron.

JANNIS: _____ (1) Freundin heißt Carla. Ich kenne _____ (2) Bruder und _____ (3) Eltern sehr gut. Sie sind sehr nett. Auch _____ (4) Tante Sonja und _____ (5) Onkel Albert kenne ich schon.

HORST ⚭ RENATE
der Opa / der Großvater — *die Oma / die Großmutter*

die Eltern

ALEXANDER ⚭ VERENA — SONJA ⚭ MATTHIAS — ALBERT
der Vater — *die Mutter* — *die Tante* — *der Onkel*

die Kinder

JULIAN — CARLA ♡ JANNIS — SUSANNE — AARON
die Schwester — *die Cousine* — *der Cousin*

1 Groß, schlank und sympathisch

› KB B1

a Finden Sie 12 Adjektive.

F	I	T	E	G	R	A	U
W	C	U	M	R	A	W	S
I	O	G	J	A	L	T	C
T	O	L	U	A	E	I	H
Z	L	A	N	G	M	N	L
I	T	T	G	B	L	I	A
G	A	T	K	L	E	I	N
A	S	P	O	O	I	C	K
B	R	A	U	N	N	U	C
E	T	N	G	D	I	C	K

b Aussehen und Charakter: Wie heißt das Gegenteil? Notieren Sie.

dick · jung · klein · kurz · langsam · langweilig · lockig · uncool · unhöflich · unsympathisch

1. schnell   ≠   *langsam*
2. groß   ≠   ....
3. sympathisch   ≠   ....
4. lang   ≠   ....
5. schlank   ≠   ....

6. interessant   ≠   ....
7. höflich   ≠   ....
8. cool   ≠   ....
9. glatt   ≠   ....
10. alt   ≠   ....

c Ergänzen Sie die Adjektive.

fit · intelligent · jung · langweilig · schlank · ~~unhöflich~~

1. Im Seminar isst Carla nicht. Sie denkt, das stört und ist *unhöflich* ....
2. Mia lernt schnell, sie ist sehr ....
3. Pia hat eine Schwester, sie ist fünf Jahre alt. Sie ist noch sehr ....
4. Der Film ist nicht interessant. Ich finde, er ist sehr ....
5. Mein Großvater fährt viel Fahrrad. Er ist noch sehr ....
6. Der Junge da ist sehr groß und ....

d [WORTBILDUNG] Was bedeuten die Adjektive? Ordnen Sie zu.

1. unhöflich
2. unsympathisch
3. uncool

a. [ ] nicht sympathisch
b. [ ] nicht cool
c. [ ] nicht höflich

Die Vorsilbe *un-* ändert die Bedeutung von Adjektiven in das Gegenteil.

e Bilden Sie Adjektive mit der Vorsilbe *un-*.

~~fit~~ · freundlich · gefährlich · genau · gern · interessant · pünktlich · sozial

unfit ....

....

2 Personen beschreiben › KB B1

Wie sehen die Personen aus? Ergänzen Sie die Adjektive.

blond · braun · fit · glatt · grau · groß · intelligent · ~~jung~~ · klein · kräftig · kurz · lang ·
lockig · ~~schlank~~ · witzig

1   2   3

Er ist sehr _schlank_ und
_____ . Seine Haare
sind _____ und
_____ .
Er sieht sehr _____ aus.

Sie ist sehr _jung_ .
Ihre Haare sind _____ ,
_____ und
_____ . Sie sieht
_____ aus.

Er ist _____ und
_____ . Seine Haare
sind _____ und
_____ . Er sieht
_____ und sehr nett
aus.

3 So kommen wir auf Kurs! › KB B1

Video 5 ▶ **a**   **Wie können Sie Wörter im Kontext lernen?**
Sehen Sie das Video an.

b   Schreiben Sie Kärtchen mit Familienwörtern wie im Video.
Übersetzen Sie die Wörter und Sätze auf der Rückseite.

c   Nehmen Sie ein Kärtchen und lesen Sie das Familienwort in Ihrer Sprache.
Sagen Sie das Wort auf Deutsch und ergänzen Sie auf Deutsch das gegenteilige Familienwort.

d   Suchen Sie in den Wortlisten von Lektion 1 bis 5 nach Gegenteilen und notieren Sie die Wörter.

4 [GRAMMATIK KOMPAKT] Adjektive – prädikativ und adverbial › KB B2

Beschreibt das Adjektiv ein Nomen (prädikativ) oder ein Verb (adverbial)? Kreuzen Sie an.

	p	a			p	a
1. Aaron spielt sehr gut Volleyball.	[ ]	[x]	5. Unser Großvater ist sehr fit.		[ ]	[ ]
2. Jannis ist groß und schlank.	[x]	[ ]	6. Deine Eltern sind sehr sympathisch.		[ ]	[ ]
3. Ich finde, Social Cooking ist spannend.	[ ]	[ ]	7. Susanne kann lecker kochen.		[ ]	[ ]
4. Carla kann sehr schnell lesen.	[ ]	[ ]	8. Wir kommen pünktlich.		[ ]	[ ]

5 [AUSSPRACHE] Kurze und lange Vokale › KB B3

ÜB 31 ▶ **a**   **Ist der Vokal kurz (.) oder lang (_)? Hören Sie und notieren Sie.**

1. gro̱ß   3. alt   5. kommen   7. langsam   9. witzig   11. schnell

2. verlie̱bt   4. sehr   6. lustig   8. wohnen   10. super   12. haben

ÜB 31 ▶ **b**   **Hören Sie die Wörter aus 4a noch einmal und sprechen Sie nach.**

1 Wie sollen Freunde sein?

› KB C1

Was ist positiv? Was ist negativ? Notieren Sie.

~~das Leben begleiten~~ • ehrlich sein • etwas gemeinsam erleben • helfen • keinen Respekt haben • loyal sein • nicht zuhören können • nichts für eine Freundschaft tun • oberflächlich sein • offen sein • Spaß zusammen haben • unehrlich sein • witzig sein

positiv	negativ
das Leben begleiten	

2 [GRAMMATIK KOMPAKT] Indefinitpronomen *man, alles, viel, etwas, nichts*

› KB C2

a Was passt wo? Ergänzen Sie die Indefinitpronomen *alles, viel, etwas, nichts*.

alles • etwas • nichts • viel

0 %   10 %   70 %   100 %

1. ....   2. ....   3. ....   4. ....

b Lesen Sie die Fragen und die Antworten und markieren Sie die Indefinitpronomen.

Isst du alles? • Ist alles richtig? • Kann ich dich etwas fragen? • Kannst du etwas sehen? • Nimmst du viel Salz? • Verstehst du alles?

1. ....? – Nein, ich nehme nur etwas Salz.

2. ....? – Nein, ich esse nur etwas.

3. ....? – Gerne. Frag nur.

4. ....? – Nein, leider sehe ich nichts.

5. ....? – Ja, alles richtig.

6. ....? – Nein, ich verstehe nicht alles, nur etwas.

c Welche Frage passt zu welcher Antwort? Ordnen Sie die Fragen in 2b zu.

d Was passt: *man* oder *sie*? Notieren Sie.

1. David und Julian sind gute Freunde. Sie............ machen viel zusammen.

2. Freunde sind wichtig. Man............ muss loyal und ehrlich sein.

3. Susanne kennt ihre Freunde gut. .... diskutieren offen.

4. Freundschaft ist nicht selbstverständlich. .... muss viel für sie tun.

5. Freunde müssen nicht perfekt sein. Aber .... muss Respekt haben und zuhören können.

6. Jannis und seine Freunde unternehmen viel. .... haben viel Spaß zusammen.

3 *viel* oder *sehr*, *nicht* oder *nichts*? › KB C2

a **Was passt: *viel* oder *sehr*? Kreuzen Sie an.**

1. Verena ist [ ] viel [x] sehr sympathisch.
2. Daniel übt [ ] viel [ ] sehr Gitarre.
3. Unser Hund ist [ ] viel [ ] sehr dick.
4. Er isst [ ] viel. [ ] sehr.
5. Carla findet die Vorlesung [ ] viel [ ] sehr langweilig.
6. Aaron macht [ ] viel [ ] sehr Sport.
7. Julian mag seine Cousine [ ] viel. [ ] sehr.

b **Ergänzen Sie *nicht* oder *nichts*.**

1. ● Musst du viel lernen?
   ○ Nein, ich muss .nicht........... viel lernen.

2. ● Machst du heute etwas?
   ○ Nein, heute mache ich ....

3. ● Kommst du mit in die Mensa?
   ○ Nein, ich habe keine Zeit, ich kann .... mitkommen.

4. ● Kann ich etwas für dich tun?
   ○ Nein, vielen Dank, ich brauche
   ....

5. ● Spielen wir heute zusammen Fußball?
   ○ Nein, heute kann ich ....

6. ● Möchtest du etwas essen?
   ○ Nein, danke. Ich möchte ....

ÜB 32 ⏵ c **Was hören Sie: *nicht* oder *nichts*? Notieren Sie.**

1. .nichts................
2. ....
3. ....
4. ....
5. ....
6. ....

4 Ich mache einen Käsekuchen › KB C2

Was passt? Ergänzen Sie im Dialog die Indefinitpronomen *man, alles, viel, etwas, nichts*.

● Mama hat Geburtstag. Ich mache einen Käsekuchen.

○ Hmm, lecker. Brauchst du .etwas............... (1)?

● Ich brauche sehr .... (2) Quark, aber nur .... (3) Zucker.

○ Hast du .... (4)? Oder muss ich .... (5) einkaufen?

● Nein, danke. Ich habe .... (6). Du musst .... (7) einkaufen.

○ Hmm, ... (8) kann den Kuchen schon riechen.

5 Wie kann man gut Deutsch lernen? › KB C3

a **Was glauben Sie: Wie kann man gut Deutsch lernen? Kreuzen Sie an.**

[ ] Man kann Wörter und Sätze aufschreiben.
[ ] Man muss die Hausaufgaben machen.
[ ] Man muss viel wiederholen.
[ ] Man kann Texte schreiben und an die Lehrerin oder den Lehrer schicken.
[ ] Man kann Texte hören und dann mitsprechen.

[ ] Man kann Texte sprechen und aufnehmen.
[ ] Man kann die Texte auch auswendig lernen.
[ ] Man kann einen Sprachtandempartner finden.
[ ] Man muss Wörterlisten auswendig lernen.
[ ] Man muss „seine" Wörter finden und lernen.
[ ] …

b **Schreiben Sie einen kurzen Text. Schicken Sie den Text dann an Ihre Lehrerin / Ihren Lehrer.**

Deutsch lernen, das ist nicht einfach. Ich finde, man muss …
Und ich denke, man kann …

Familie und Freunde

1 Ein Interview mit Timo

a Lesen Sie die Fragen. Was ist eine passende Reihenfolge für die Fragen? Ordnen Sie von 1 bis 5.

Sie lesen ein Interview: Lesen Sie zuerst die Fragen. Was ist das Thema? Was können die Antworten sein?

a. [ ] Was sind deine Freunde für dich?
b. [ ] Wie ist deine Familie? Was ist Familie für dich?
c. [ ] Was machen deine Freunde und du gemeinsam?
d. [ ] Siehst du deine Cousins und Cousinen oft?
e. [ ] Siehst du deine Geschwister oft? Wie seid ihr in Kontakt?

b Lesen Sie das Interview. Welche Frage aus 1a passt zu welcher Antwort? Notieren Sie.

Familie und Freunde in ganz Deutschland

Timo, 25, kommt aus Frankfurt und studiert in Berlin. Seine Familie und Freunde sind in ganz Deutschland. Wie wichtig sind Familie und Freunde für ihn? Hier sind seine Antworten.

》》 **Interviewer:** ....

》》 Timo: Familie ist wichtig für mich. Meine Familie ist groß. Meine Eltern wohnen in Frankfurt am Main, ich sehe sie nur drei- bis viermal pro Jahr. Aber wir schicken Nachrichten, posten Fotos und skypen. Ich habe einen Bruder und eine Schwester und acht Cousinen und Cousins. Meine Großmutter, die Mutter von meiner Mutter, wohnt auch hier in Berlin. Sie lädt mich oft zum Essen ein. Ich mag sie sehr gern. Die Eltern von meinem Vater leben in Brasilien. Das ist weit weg. Ich sehe sie leider nur selten. Das ist schade.

》》 ....

》》 Meine Schwester wohnt hier in der Nähe. Sie ist verheiratet und hat ein Kind, Max, er ist süß. Sie leben in Brandenburg an der Havel. Das ist nicht so weit. Meine Schwester hat nicht so viel Zeit und kann nicht nach Berlin kommen. Aber ich fahre manchmal nach Brandenburg und wir machen etwas zusammen. Mein Bruder macht jetzt ein Auslandsjahr in Japan und wir können uns nicht sehen. Das ist schade, ich vermisse ihn. Aber wir sind online in Kontakt.

》》 ....

》》 Ein Cousin, er kommt aus München, studiert jetzt auch hier in Berlin. Wir wohnen zusammen, das ist cool. Meine anderen Cousins und Cousinen sehe ich nur selten. Sie leben in Norddeutschland. Ich treffe sie nur einmal im Jahr.

》》 ....

》》 Freunde sind sehr wichtig für mich. Ich habe hier in Berlin zwei gute Freunde. Und ich habe einen Freund aus der Schule. Wir kennen uns schon fast 20 Jahre. Leider studiert er in Freiburg. Das ist so weit weg.

》》 ....

》》 Meine Freunde in Berlin und ich gehen zusammen auf Partys, wir machen zusammen Sport, wir spielen Volleyball, gehen schwimmen, wir diskutieren oder wir lernen auch zusammen. Wir haben viel Spaß und wir helfen uns. Das ist sehr wichtig. Meinen Freund aus Freiburg sehe ich nur selten. In den Semesterferien fahre ich nach Frankfurt und mein Freund aus Freiburg kommt auch nach Frankfurt. Dann können wir uns sehen. Und wir fahren einmal im Jahr zusammen in den Urlaub. Wir sind eine Gruppe von Freunden. Wir fahren im Sommer nach Italien, in die Nähe von Pisa auf einen Campingplatz. Schon seit fünf Jahren. Das ist cool. Man muss gemeinsam etwas machen, so behält man seine Freunde.

c Waren Ihre Lösungen in 1a richtig? Was war anders? Warum?

Familie und Freunde

5A

der Geburtstag, -e
die Familie, -n*
die Verwandtschaft,
  -en*
der / die Verwandte, -n
die Großeltern
  (nur Pl.)*
die Großmutter, ⸚*
der Großvater, ⸚*
die Oma, -s (familiär)*
der Opa, -s (familiär)*
der Enkel, -/
  die Enkelin, -nen*
die Eltern (nur Pl.)*
die Mutter, ⸚*
der Vater, ⸚*
das Kind, -er*
die Tochter, ⸚*
der Sohn, ⸚e*
die Tante, -n*
der Onkel, -*
die Schwester, -n*
der Bruder, ⸚*
die Cousine, -n*
der Cousin, -s*
die Nichte, -n*
der Neffe, -n*
der Hund, -e
nerven
genervt
  genervt sein
das Wochenende, -n
nach Hause
der Small Talk, -s
selten
vermissen
natürlich

die Person, -en
der Spaß (hier nur Sg.)
  viel Spaß haben
anstrengend
mit|kommen
denken
die Frau, -en
  (hier: = die Ehefrau,
  -en)
der Mann, ⸚er
  (hier: = der Ehemann,
  ⸚er)
verheiratet*
ledig*
geschieden*

5B

die Frau, -en
der Mann, ⸚er
das Mädchen, -
der Junge, -n
verliebt
verlobt
aus|sehen (sieht aus)
  aussehen wie …
das Aussehen (nur Sg.)
jung ǂ alt
groß ǂ klein
schlank ǂ dick
kräftig
sympathisch ǂ
  unsympathisch
witzig
langweilig ǂ
  interessant
das Haar, -e
kurz ǂ lang

blond
braun
grau
glatt ǂ lockig
fit
intelligent
schnell ǂ langsam
rechnen
die Chance, -n
der Star, -s
  der Rockstar, -s
fahren (fährt)
das Fahrrad, ⸚er
  Fahrrad fahren
ein bisschen
der Gegenstand, ⸚e
die Handlung, -en
der Zustand, ⸚e
richtig
genau
korrekt

5C

der Kontakt, -e
das Gefühl, -e
oberflächlich
loyal
ehrlich
offen
diskutieren
helfen (hilft)
der Preis, -e
  Alles hat seinen Preis.
behalten (behält)
begleiten
das Leben, -
  das Leben begleiten

erleben
da
  immer da sein
die Freundschaft, -en
tun (tut)
  etwas tun für …
  + Akk.
selbstverständlich
automatisch
zu|hören
aufmerksam
der Respekt (nur Sg.)
die Qualität, -en
die Quantität, -en
die Wissenschaft, -en
  die Medienwissen-
  schaft, -en
  die Politikwissen-
  schaft, -en
die Romanistik
  (nur Sg.)
etwas
viel
alles ǂ nichts
man
das Ding, -e
die Sache, -n
die Menge, -n
das Gegenteil, -e
generell
bekannt
die Lust (hier nur Sg.)
die Hausaufgabe, -n
das Prozent, -e
  (Symbol: %)
klar
  Ist alles klar?

1 Wer wohnt wo?

Welche Nomen fehlen? Ergänzen Sie.   › KB A2

Eltern • Essen • Familienmensch • Freunde • Haushalt • Küche • Miete • Mietkosten •
Privatsphäre • Spontanpartys • Studierendenwohnheim • Wohnform • Wohngemeinschaft •
Wohnung • Zimmer

1. Ich wohne im *Studierendenwohnheim* . Mein _____ und mein Bad sind sehr
   klein, die _____ müssen wir teilen. Aber das macht nichts. Denn so findet man
   viele _____ . Und: keine _____ ist so günstig!
2. Ich wohne in einer _____ . Das ist super. Man ist nicht allein. Und wir können uns
   die Kosten für die _____ und das _____ teilen.
3. Ich wohne allein in einer _____ . Ich lade oft Freunde ein. Aber ich brauche meine
   _____ und ich möchte keine _____ . Ein Problem ist aber: Ich kann
   die _____ nicht teilen.
4. Ich wohne bei meinen _____ . Das ist sehr nett und günstig. Ich muss im
   _____ helfen, aber das mache ich gern. Ich bin ein _____ .

2 [WORTBILDUNG] Verb + Nomen = Nomen   › KB A2

Bilden Sie Nomen.

1. schlafen   +   das Zimmer   =   *das Schlafzimmer* _____
2. wohnen   +   das Zimmer   =   _____
3. essen   +   das Zimmer   =   _____
4. wohnen   +   der Ort   =   _____
5. spülen   +   die Maschine =   _____
6. schwimmen +   das Bad   =   _____
7. kochen   +   der Kurs   =   _____
8. schlafen   +   das Sofa   =   _____

3 Zimmer   › KB A2

a Wie heißen die Zimmer? Ordnen Sie zu.

das Arbeitszimmer • das Bad • das Esszimmer • der Flur • das Kinderzimmer • die Küche •
das Schlafzimmer • das Wohnzimmer

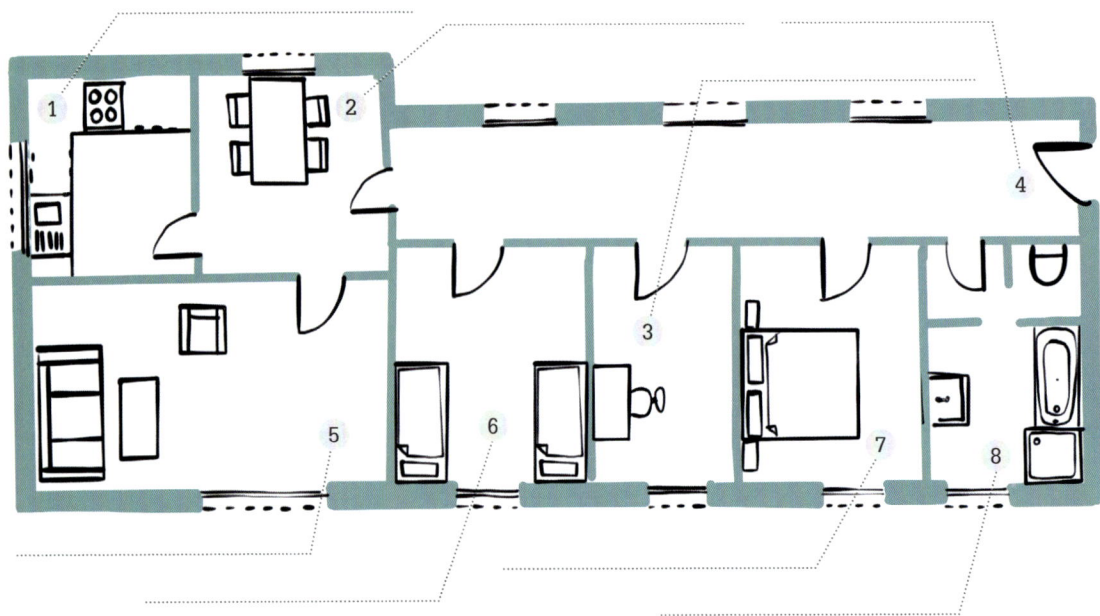

b **Was macht man wo? Kreuzen Sie an. Es passen immer zwei Antworten.**

1. Küche   a. [x] kochen   b. [x] Geschirr abwaschen   c. [ ] eine Hausarbeit schreiben
2. Arbeitszimmer   a. [ ] essen   b. [ ] arbeiten   c. [ ] lernen
3. Wohnzimmer   a. [ ] lesen   b. [ ] kochen   c. [ ] Filme schauen
4. Schlafzimmer   a. [ ] schlafen   b. [ ] Bücher lesen   c. [ ] Geschirr abtrocknen

c **Was machen Sie wo? Schreiben Sie.**

In der Küche esse ich. Im Wohnzimmer ...

4 **[GRAMMATIK KOMPAKT]** **Präpositionen mit Dativ:** *bei, mit, von*   › KB A3

a **Unbestimmter Artikel, Negativartikel und Possessivartikel im Dativ: Ergänzen Sie die Endungen.**

1. Pavel wohnt bei sein*en* Eltern.
2. Henry wohnt mit ein_____ Freund in einer Wohngemeinschaft.
3. Mira wohnt in einem Studierendenwohnheim. Denn bei kein_____ Wohnform ist die Miete so günstig.
4. Wiebke kann von ihr_____ Wohnzimmer einen Park sehen.
5. Pavel und seine Freunde fahren immer mit ihr_____ Fahrrädern.

b **Bestimmter Artikel im Dativ: Welche Endung passt? Kreuzen Sie an.**

1. Ich wohne gern zu Hause. Aber bei   a. [ ] dem   b. [x] den   c. [ ] der
   Kumpels im Studierendenwohnheim kann man besser feiern.

2. Morgen feiere ich mit   a. [ ] dem   b. [ ] den   c. [ ] der   Familie
   und   d. [ ] dem   e. [ ] den   f. [ ] der   Freunden meinen Master.

3. Ich habe zwei Brüder, einer wohnt in München, einer in Berlin.
   Bei   a. [ ] dem   b. [ ] den   c. [ ] der   Bruder in München bin ich sehr oft.

4. Ich wohne in einer Wohngemeinschaft. Mein Zimmer ist sehr schön.
   Hier ist ein Foto von   a. [ ] dem   b. [ ] den   c. [ ] der   Zimmer.

c *bei, mit* **oder** *von*? **Ergänzen Sie.**

1. Ich spiele *mit* einer Freundin Basketball.
2. _____ der Uni ist man schnell im Wohnheim.
3. Ich fahre nach München. Dort wohne ich _____ einem Freund.
4. Sie suchen eine Wohnung _____ vier Zimmern.
5. _____ meiner Wohnung läuft man zehn Minuten in die Stadt.
6. Mia und Anne sind _____ einer Freundin im Uni-Café.
7. _____ der WG-Party gibt es Nudelsalat. Der ist lecker!

5 **Pro und Contra**   › KB A4

Was passt wo? Ordnen Sie zu.

~~Das ist genial.~~   Ein Problem gibt es aber: ...   ... ist / sind super.   ... ist nicht immer attraktiv.
Das ist wichtig.

Das ist genial.

1 WG-Anzeigen
› KB B1

a **Was passt? Ergänzen Sie die Fragen.**

frei · klein · maximal · zentral · ~~einen Balkon~~ · einen Garten · Quadratmeter (m²) · vier Personen · Studierende

1. Welche WG hat _einen Balkon_ ?
2. Ich suche eine große WG. Wo kann ich mit .... zusammenwohnen?
3. Ich möchte .... wohnen. Welche WG ist im Zentrum?
4. Wo wohnen nur ....?
5. Welche WG hat ....?
6. Welche WG-Zimmer sind ....?
7. Welches WG-Zimmer ist im März ....?
8. Welches WG-Zimmer hat 20 ....?
9. Welches WG-Zimmer kostet .... 390 Euro?

b **Wie heißt der passende Ausdruck? Ergänzen Sie.**

möbliert · Erstbezug · Mitbewohner · Neugründung

1. Henry wohnt mit zwei Freunden in einer Wohngemeinschaft. Er hat zwei ....
2. Es gibt Möbel im Zimmer. Die Wohnung ist ....
3. Die Wohngemeinschaft ist neu. Es ist eine ....
4. Die Wohnung ist neu. Es ist ein ....

2 So kommen wir auf Kurs!
› KB B1

Video 6 ▶ **a** **Wie können Sie Wörter auf der Wortliste bearbeiten? Sehen Sie das Video an.**

b **Welche Wörter finden Sie in der Wortliste zu den Bereichen „Wohnen" und „Studium"? Markieren Sie in 6A bis 6C.**

die Wohnform, -en*
das Wohnheim, -e*
das Studierenden-
wohnheim, -e*

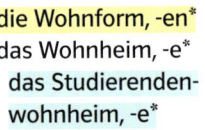

c **Welche Wörter möchten Sie sich gut merken? Notieren Sie persönliche Sätze.**

d **Welche Wörter sind grammatisch interessant? Markieren Sie in der Wortliste.**

3 [GRAMMATIK KOMPAKT] Präteritum von *haben* und *sein*
› KB B3

a **Ergänzen Sie die Formen von *sein* im Präteritum.**

1. Gestern _war_ Sonntag. Die Mensa .... geschlossen.
2. Vorgestern .... Pawel und Henry bei Wiebke.
3. .... du gestern in der Sprechstunde von Professor Pozzo?
4. Heute Vormittag .... wir in der Vorlesung in Statistik.
5. Der Film am Sonntag .... langweilig.
6. Ich .... heute Mittag in der Mensa.
7. .... ihr heute Morgen im Deutschkurs?

b Ergänzen Sie die Formen von *haben* im Präteritum.

1. Gestern _hatte_ ich keine Seminare.
2. Am Montag _____ wir eine Mathematikprüfung.
3. Warum wart ihr gestern nicht im Yogakurs? _____ ihr keine Zeit?
4. Ich _____ vorgestern Schnitzel mit Pommes. Das war sehr lecker.
5. _____ du heute Morgen eine Klausur?
6. Ben und Anne _____ am Wochenende einen Gitarrenkurs in München.
7. Mira _____ gestern Geburtstag.

ÜB 33 ▸ **c Was hören Sie: *war*- oder *hatt*-? Ergänzen Sie.**

1. Ich _war_ gestern nicht zu Hause.
2. _____ ihr im Kino?
3. Am Freitag _____ wir eine Prüfung.
4. Gestern _____ ich keine Zeit.
5. _____ du heute Morgen im Seminar?
6. _____ du gestern keine Vorlesung?
7. Wir _____ vorgestern im Stadion.
8. Er _____ heute Morgen einen Schwimmkurs.

d *haben* oder *sein*? Ergänzen Sie im Präteritum.

1. Gestern Nachmittag _hatte_ ich keine Termine, ich _____ frei.
2. Wiebke _____ am Wochenende bei ihren Eltern.
3. Vorgestern _____ wir im Uni-Kino.
4. _____ du gestern deinen Gitarrenkurs?
5. _____ ihr heute Morgen im Uni-Café?
6. Nein, ich _____ keinen Hunger.
7. Mira und ich _____ gestern Nachmittag im Park.

e Ich war noch nie in New York. Wo waren Sie noch nie? Wo möchten Sie hin? Warum? Schreiben Sie.

Ich war noch nie in ... Ich möchte gern nach ..., denn ...

4 Das WG-Casting › KB B4

a WG-Interview: Beantworten Sie die Fragen.

1. Was studierst du? *Ich studiere _____ in _____*
2. Woher kommst du? _____
3. Hast du WG-Erfahrung? _____
4. Stehst du früh auf oder schläfst du lieber aus? _____
5. Kochst du gern? _____
6. Und was isst du gern? _____
7. Treibst du Sport? _____
8. Und was machst du noch in deiner Freizeit? _____

b Sie möchten ein WG-Zimmer. Schreiben Sie eine Bewerbung mit den Informationen aus 4a.
Schicken Sie dann Ihre Bewerbung an Ihre Lehrerin / Ihren Lehrer.

Liebe WG-Mitbewohner,
ich finde das Zimmer sehr schön und möchte gern in eurer WG wohnen.
Ich komme aus ... Ich studiere ...

...
Ich hoffe, ihr findet meine Bewerbung interessant.
Viele Grüße

1 **Wo ist …?**   › KB C1

a **Wo ist die WG-Katze? Schauen Sie die Bilder an und ergänzen Sie die Präpositionen.**

an • auf • in • hinter • neben • über • unter • ~~vor~~ • zwischen

1 ....vor.... dem Schrank

2 .... dem Sofa

3 .... dem Tisch

4 .... dem Regal

5 .... dem Papierkorb

6 .... dem Stuhl

7 .... dem Bett

8 .... den Kissen

9 .... der Wand

b **Wo kann etwas *liegen, stehen, sitzen, hängen?* Es passen immer zwei Antworten.**

1. liegen:	a [x] auf einem Bett	b. [ ] in einer Lampe	c. [x] auf einem Sofa
2. stehen:	a. [ ] auf einer Lampe	b. [ ] in einem Regal	c. [ ] auf einem Tisch
3. sitzen:	a. [ ] auf einem Sofa	b. [ ] auf einem Stuhl	c. [ ] auf einer Tür
4. hängen:	a. [ ] auf einer Lampe	b. [ ] über einem Tisch	c [ ] an einer Wand
5. liegen:	a. [ ] in einer Kommode	b. [ ] in einem Schrank	c. [ ] in einem Tisch
6. stehen:	a. [ ] in einem Papierkorb	b. [ ] unter einem Tisch	c [ ] vor einer Wand
7. sitzen:	a. [ ] auf einem Bett	b. [ ] auf einem Kissen	c. [ ] über einem Tisch
8. hängen:	a. [ ] an einem Regal	b. [ ] in einem Schrank	c. [ ] auf einem Sofa

2 **[GRAMMATIK KOMPAKT] Lokalpräpositionen – einen Ort angeben**   › KB C2

Wo ist was? Ergänzen Sie die Artikel.

1. Die Lampe hängt über ...dem... Schreibtisch.
2. Das Buch liegt unter .... Stuhl.
3. Das Foto steht an .... Wand.
4. Die Gitarre liegt auf .... Sofa.
5. Die Kommode steht neben .... Bett.
6. Die Bücher stehen vor .... Regal.
7. Der Ball liegt hinter .... Schrank.
8. Der Stift liegt neben .... Schreibtischlampe.
9. Das Kissen liegt in .... Kommode.
10. Das Sofa steht zwischen .... Regal und .... Wand.

3 **Möbel und Dinge**   › KB C3

Was passt zusammen? Ordnen Sie zu.

1. der Schrank
2. das Regal
3. das Bett
4. die Wand
5. der Schreibtisch
6. der Küchentisch
7. der Kühlschrank

a. [ ] der Laptop
b. [ ] der Teller
c. [ ] der Käse
d. [ ] das Buch
e. [1] das Geschirr
f. [ ] das Kissen
g. [ ] das Bild

4 [AUSSPRACHE] **Betonung im Satz** › KB C4

a Lesen Sie die Sätze. Überlegen Sie: Welche Wörter sind betont? Markieren Sie sie.

1. Die Tasche liegt nicht im Schrank, sie liegt in der Kommode.
2. Die Katze liegt nicht auf dem Stuhl, sie liegt unter dem Stuhl.
3. Lisa sitzt nicht auf dem Stuhl, sie sitzt auf dem Sofa.
4. Thea sitzt nicht auf dem Sofa, sie liegt auf dem Sofa.
5. Die Butter steht nicht im Kühlschrank, sie steht auf dem Tisch.
6. Die Lampe hängt nicht über dem Sofa, sie hängt über dem Schreibtisch.
7. Die Katze sitzt nicht auf dem Bett, sie liegt auf dem Bett.

ÜB 34 ▷ **b Hören Sie die Sätze in 4a zur Kontrolle.**

ÜB 35 ▷ **c Hören Sie die Sätze in 4a noch einmal und sprechen Sie nach.**

ÜB 36 ▷ **d Welche Präpositionen hören Sie? Markieren Sie.**

1. Der Laptop steht auf | unter | vor dem Tisch.
2. Die Tasche liegt auf | in | neben der Kommode.
3. Der Stuhl steht hinter | neben | vor dem Tisch.
4. Die Kissen liegen auf | hinter | unter dem Bett.
5. Die Lampe steht an | auf | neben dem Regal.
6. Die Teller stehen auf | an | vor dem Schank.

5 In der WG › KB C5

a Wie? Wo? Notieren Sie das Gegenteil.

früh · hässlich · hell · klein · lang · laut · modern · neu · rechts · ~~unten~~

1. oben	≠	*unten*	6. dunkel	≠		
2. groß	≠		7. kurz	≠		
3. altmodisch	≠		8. leise	≠		
4. schön	≠		9. spät	≠		
5. alt	≠		10. links	≠		

b Welches WG-Mitglied hat welches Fach im Kühlschrank? Was steht im Fach? Notieren Sie.

1. Im Fach in der Mitte liegt ein Salat.
2. Im Fach unter dem Salat ist ein Erdbeerquark.
3. Im Fach über dem Salat steht ein Glas Kirschen.
4. Thea mag gern Obst.
5. Vor dem Erdbeerquark liegt ein Käse.
6. Auf dem Glas Kirschen liegt ein Apfel.
7. Neben dem Salat liegen 3 Paprika.
8. Lena isst sehr gern Milchprodukte.
9. Rechts neben dem Glas Kirschen liegt eine Birne.
10. Hinter den Paprika steht eine Milch.
11. Lisa mag keine Kirschen.
12. Hinter dem Käse ist ein Joghurt.

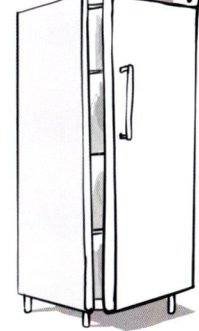

Fach im Kühlschrank	Name	Was ist im Fach?
1. oben		
2. in der Mitte		
3. unten		

Auf dem Wohnungsmarkt

1 Wohnung oder Zimmer in einer WG?

a Welche Anzeige ist für eine Wohngemeinschaft, welche Anzeige ist für eine Wohnung?
Lesen Sie schnell und schreiben Sie die Nummern oben in die Tabelle.

Beim ersten Lesen schnell lesen, sich orientieren.

Anzeigen:		Wohnung	Zimmer in WG 1
Saleh	[5]	[x]	[ ]
Martha	[ ]	[ ]	[ ]
Konstantin	[ ]	[ ]	[ ]
Tatiana	[ ]	[ ]	[ ]
Milo	[ ]	[ ]	[ ]
Cora	[ ]	[ ]	[ ]

Zimmer mit Balkon in 5er-WG, sehr ruhig. 26 m², 530 Euro 1	**1-Zimmer-Wohnung,** mit Balkon, sehr ruhig, 550 Euro, München-Hasenberg 4
2-Zimmerwohnung, München Zentrum, 35 m², ab November, 595 Euro 2	**Im Süden** von München, 2-Zimmer-Wohnung mit Balkon, 50 m², ab August, 980 Euro 5
ZIMMER FREI in 6er-WG, möbliert, 12 m², 320 Euro. 3	**Neugründung: 4er-WG.** Wir sind 3 Erstis und suchen Mitbewohner/in (auch Ersti), 16 m², 295 Euro 6

b Wer möchte allein in einer Wohnung wohnen, wer möchte in einer Wohngemeinschaft ein Zimmer? Lesen Sie schnell. Kreuzen Sie in 1a an.

SALEH IBRAHIM

beginnt im September seine neue Arbeitsstelle in München. Er sucht eine 2- oder 3-Zimmer-Wohnung mit Balkon. Er kann bis 1000 Euro zahlen.

MARTHA RIBEIRO (25)

möchte mit ihrem Freund zusammenziehen. Sie suchen eine Wohnung mit 2 Zimmern, Küche und Bad. Die Miete muss günstig sein. Sie können zusammen maximal 600 Euro bezahlen.

KONSTANTIN PIRLO (22)

beginnt sein Studium in München und sucht ein Zimmer. Er möchte nicht alleine wohnen. Er kann maximal 300 Euro zahlen.

TATIANA GRABOV

wohnt im Studierendenwohnheim. Das Zimmer ist sehr klein und laut. Sie möchte gern in einer Wohngemeinschaft wohnen. Sie kann 350 Euro zahlen.

MILO MAREK

wohnt in einer Wohngemeinschaft. In der WG gibt es viele Spontanpartys und laute Musik. Jetzt bereitet er sich auf die Abschlussprüfung vor. Er braucht Ruhe. Er kann bis 600 Euro Miete zahlen.

CORA TELLER

wohnt jetzt alleine in München. Sie arbeitet an der Universität. Sie möchte mehr Kontakt haben und möchte mit anderen zusammenwohnen. Sie hat viele Möbel und braucht ca. 25 m².

Beim zweiten Lesen auf Details achten.

c Welche Anzeige passt am besten zu welcher Person? Lesen Sie die Beschreibungen der Personen und dann die Anzeigen noch einmal genau. Schreiben Sie die Nummer der Anzeige zu der Person in 1a.

Wohnen am Studienort

6A

die Wohnform, -en*
die Wohnung, -en
die Wohngemein-
  schaft, -en (Abk.: WG)*
das Wohnheim, -e*
  das Studierenden-
  wohnheim, -e*
das Haus, ⸚er
  das Minihaus, ⸚er
die Statistik, -en
das Zimmer, -
  das Arbeitszimmer, -*
  das Esszimmer, -
  das Kinderzimmer, -
  das Schlafzimmer, -*
  das Wohnzimmer, -*
das Bad, ⸚er*
  das Minibad, ⸚er
die Küche, -n*
der Flur, -e
die Geschichte (hier
  nur Sg.)
die Wirtschaftsinfor-
  matik (nur Sg.)
die Regie (nur Sg.)
  die Filmregie (nur Sg.)
  die Fernsehregie
  (nur Sg.)
die Technik (hier nur
  Sg.)
  die Raumfahrttechnik
  (hier nur Sg.)
die Hochschule, -n
oft
das Sofa, -s*
schlafen (schläft)
leben
gut – besser
spontan
die Spontanparty, -s
teuer ≠ günstig

die Miete, -n
die Kosten (nur Pl.)
  die Mietkosten
  (nur Pl.)
teilen
genial
die Tür, -en
zu|machen
der Mensch, -en
  der Familienmensch,
  -en
die Schule, -n
der Schulfreund, -e / die
  Schulfreundin, -nen
der Kumpel, -s
attraktiv
das Stockwerk, -e
der Mitbewohner, - /
  die Mitbewohnerin,
  -nen
mega
los sein
  Es ist immer was /
  etwas los!*
das Geld, -er (Pl. selten)

6B

der Quadratmeter, -
  (Abk.: m²)
der Garten, ⸚
der Balkon, -e / -s
der Westen (nur Sg.)
das Zentrum, Zentren
zentral
das Schloss, ⸚er
die Gründung, -en
der Erstbezug, ⸚e
  (Pl. selten)
möbliert
  voll möbliert
frei

die Katze, -n
zusammen|wohnen
maximal
das Telefongespräch, -e
an|rufen
der Bewerber, - / die
  Bewerberin, -nen
die Bewerbung, -en
die Erfahrung, -en
  die WG-Erfahrung, -en
das Erasmus-
  Programm, -e
weg
  weg sein mit + Dat.
der Master (nur Sg.)
die Slawistik (nur Sg.)
das Casting, -s
auf|stehen
früh
vorgestern – gestern –
  heute – morgen
hoffen

6C

ein|ziehen
das Möbel, -*
das Bett, -en*
die Kommode, -n*
die Lampe, -n*
  die Schreibtisch-
  lampe, -n
das Regal, -e*
der Schrank, ⸚e*
  der Kühlschrank, ⸚e
der Stuhl, ⸚e*
der Tisch, -e*
  der Küchentisch, -e
  der Schreibtisch, -e*
hängen
liegen
sitzen

stehen
der Boden, ⸚
das Fenster, -
die Wand, ⸚e
an
auf
in
hinter ≠ vor
über ≠ unter
neben
zwischen
links ≠ rechts
oben ≠ unten
in der Mitte
das Kissen, -
der Papierkorb, ⸚e
der Ausweis, -e
  der Studierenden-
  ausweis, -e
die Bibliothek, -en
aus|leihen
vielleicht
ab|holen
hell ≠ dunkel
modern ≠ altmodisch
möbliert ≠ unmöbliert
laut ≠ leise
schön ≠ hässlich
der Platz (hier nur Sg.)*
bestimmt
das Fest, -e
  das Oktoberfest
  (nur Sg.)
das Fach, ⸚er
  das Kühlschankfach,
  ⸚er

1 Unterwegs in Karlsruhe

› KB A2

a Wie heißen die Orte? Ordnen Sie zu.

der Bahnhof • der Marktplatz • der Park • das Schloss • der Turm • der Zoo

das Schloss

b Norden, Süden, Osten, Westen: Wohin geht Milo? Ergänzen Sie im Text.

NORDEN

WESTEN — OSTEN

SÜDEN

Milo besucht Karlsruhe

Milo fährt mit dem Zug nach Karlsruhe. Er kommt am Hauptbahnhof an, direkt gegenüber ist der Zoo.
Er läuft zuerst nach _Norden_ (1) zum Konzerthaus. Milo geht nach _____ (2) und
kommt zur Moschee. Dann geht er nach _____ (3) zur Synagoge. Von der Synagoge läuft
er nach _____ (4) zum Schloss. Er spaziert durch den Schlossgarten und trinkt einen Kaffee.
Dann geht er nach _____ (5) und besichtigt die Stadtkirche. Anschließend läuft er wieder
zurück nach _____ (6) zum Hauptbahnhof.

2 So kommen wir auf Kurs!

› KB A2

Video 7 ▶

a Welche Nomen und Verben können Sie zusammen lernen?
Sehen Sie das Video an.

b Notieren Sie die Verbindungen aus dem Video.

c Finden Sie noch weitere Verbindungen von Nomen
und Verben in der Lektion 7? Notieren Sie.

3 **[GRAMMATIK KOMPAKT]** Lokalpräpositionen *an, in, nach, von, zu* › KB A3

a Wo können Präposition und Artikel verschmelzen? Notieren Sie wie im Beispiel.

Verschmelzung von Präposition und Artikel:
Wo?
an dem → am
in dem → im
Woher?
von dem → vom
Wohin?
zu dem → zum
zu der → zur
in das → ins

1. an (+ Dativ: Wo?)
an dem Marktplatz   *am Marktplatz*
an dem Stadion   *am Stadion*
an der Moschee   *an der Moschee*

4. in (+ Akkusativ: Wohin?)
in den Park
in das Schloss
in die Kirche

2. zu (+ Dativ: Wohin?)
zu dem Zoo
zu dem Haus
zu der Synagoge

5. in (+ Dativ: Wo?)
in dem Park
in dem Schloss
in der Kirche

3. von (+ Dativ: Woher?)
von dem Bahnhof
von dem Zentrum
von der Universität

ÜB 37 ▶ **b Was hören Sie? Kreuzen Sie an.**

1. a. [x] am   b. [ ] an dem   c. [ ] im
2. a. [ ] am   b. [ ] im   c. [ ] in dem
3. a. [ ] vom   b. [ ] von   c. [ ] von dem
4. a. [ ] zu   b. [ ] zum   c. [ ] zur
5. a. [ ] an einem   b. [ ] in einem   c. [ ] in einen
6. a. [ ] am   b. [ ] im   c. [ ] in
7. a. [ ] von   b. [ ] von dem   c. [ ] von der
8. a. [ ] an dem   b. [ ] an der   c. [ ] in der

c *Wo, Wohin* oder *Woher*? Ergänzen Sie die Fragen.

1. _____ bist du?
2. _____ kommt der Bus?
3. _____ fährt der Bus?
4. _____ ist Straßburg?
5. _____ kommst du?
6. _____ gehst du?
7. _____ beginnt die Tour?
8. _____ ist der Zoo?

d Beantworten Sie die Fragen aus 3c.

1. an · der Bahnhof   *Ich bin am Bahnhof.*
2. von · die Synagoge
3. zu · der Marktplatz
4. in · Frankreich
5. von · das Zentrum
6. zu · die Universität
7. an · das Schloss
8. in · der Süden

4 Wohin gehen Sie? › KB A4

Wo sind Sie? Wohin gehen oder fahren Sie? Ergänzen Sie die Sätze.

1. Ich bin *am Marktplatz.* (der Marktplatz)
2. Ich fahre jetzt _____ (die Uni)
3. Dann gehe ich _____ (der Bahnhof)
4. Heute Abend fahre ich _____ (Köln)
5. Ich gehe morgen _____ (das Museum)
6. Am Sonntag fahre ich zurück _____ (Duisburg)

1 **Was machst du am Wochenende?** › KB B1

a **Was passt zusammen? Ordnen Sie zu.**

1. die Küche   a. [ ] organisieren
2. die Wohnung   b. [ ] besuchen
3. eine Party   c. [ ] schauen
4. Fernsehen   d. [1] putzen
5. Tennis   e. [ ] telefonieren
6. für das Studium   f. [ ] spielen
7. mit jemandem   g. [ ] aufräumen
8. eine Stadt   h. [ ] lernen

b **Ergänzen Sie die Verben aus 1a in der richtigen Form.**

1. Lucia _spielt_____ am Samstagnachmittag Tennis und abends _____ sie Fernsehen.

   Am Sonntag _____ sie mit ihrer Freundin.

2. Jana _____ ihre Wohnung _____ und _____ die Küche,

   denn am Wochenende besuchen sie zwei Freundinnen aus der Schweiz.

3. Meri _____ am Wochenende nicht für das Studium, sie _____ Karlsruhe.

2 **[GRAMMATIK KOMPAKT] Perfekt – regelmäßige Verben** › KB B2

a **Notieren Sie die Infinitive.**

1. gespült   _spülen_____   9. gefeiert   _____   17. gespielt   _____

2. abgetrocknet   _____   10. geplant   _____   18. getanzt   _____

3. geputzt   _____   11. studiert _____   19. gesucht   _____

4. eingekauft   _____   12. gelernt   _____   20. wiederholt _____

5. gekocht   _____   13. ausgefüllt _____ 21. geantwortet _____

6. gearbeitet   _____   14. organisiert _____ 22. gebraucht   _____

7. aufgeräumt   _____   15. gemacht   _____   23. diskutiert _____

8. telefoniert   _____   16. gemailt   _____   24. abgeholt   _____

b **Schreiben Sie die Sätze im Perfekt in die Tabelle.**

1. feiern • Susanne und Tina • zusammen eine Party • .
2. alle Gäste • tanzen • .
3. aufräumen • Susanne und Tina • am nächsten Tag • .
4. einen Job • suchen • ich • .
5. ich • letzte Woche das Formular • ausfüllen • .
6. ich • am Wochenende im Café • arbeiten • .

		Position 2		Satzende
1.	Susanne und Tina	haben	zusammen eine Party	gefeiert.
2.				
3.				
4.				
5.				
6.				

c Was haben Anna, Til und Hanna am Wochenende gemacht? Schreiben Sie.

- Geschirr spülen und abtrocknen ✓
- mit Tine telefonieren ✓
- fürs Studium lernen

* Seminararbeit planen ✓
* Geburtstagsparty organisieren
* Max vom Bahnhof abholen ✓
* Gitarre spielen ✓

To-do-Liste
· Vokabeln wiederholen ✓
· Prof. Bickel mailen ✓
· Lebensmittel einkaufen ✓
· Wohnung putzen

Anna hat das Geschirr gespült und ...

Til ...

Hanna ...

3 Was hast du (noch nicht) gemacht?

› KB B3

a Welches Verb passt? Notieren Sie.

arbeiten · besuchen · machen · schauen · spielen · telefonieren

1. in einer Kneipe _arbeiten_
2. Urlaub am Meer
3. einen Horrorfilm

4. eine Ausstellung
5. ein Instrument
6. mit einer Freundin

b Beantworten Sie die Fragen.

1. Welche Sprachen hast du gelernt?

   Ich habe

2. Wo hast du noch nicht gewohnt?

3. Mit wem hast du heute schon telefoniert?

4. Wem hast du heute schon gemailt?

5. Was hast du am Wochenende gekocht?

6. Was hast du am Wochenende im Fernsehen geschaut?

7. Wo hast du noch nie Urlaub gemacht?

c Wählen Sie 3 interessante Antworten aus 3b und schicken Sie eine Nachricht an Ihre Lehrerin / Ihren Lehrer.

Hallo …!
Hier ist Lena und ich habe …

1 Ausflug in den Schwarzwald › KB C1

Ergänzen Sie die Wörter.

Ausflügen · Aussicht · Berg · Tipps · Wochenende · gefahren · gegessen · gemacht · studiert · früh · in

Jana *studiert* (1) Informatik und ist Reisebloggerin. Auf ihrem Blog findet man Infos und .... (2) zu Reisen und .... (3). Am .... (4) hat Jana einen Ausflug .... (5). Sie ist .... (6) aufgestanden, hat gefrühstückt und ist .... (7) den Schwarzwald gefahren. Dort ist sie gewandert und auf einen .... (8), den Schweizerkopf, gelaufen. Das Wetter war toll und die .... (9) über den Schwarzwald auch. In einem Restaurant hat sie Mittag .... (10) und abends ist sie mit der S-Bahn wieder nach Hause .... (11).

2 [GRAMMATIK KOMPAKT] Perfekt – unregelmäßige und gemischte Verben › KB C2

a Jana ist im Schwarzwald gewandert: Lesen Sie die Sätze und schreiben Sie die passenden W-Fragen.

1. ....? Jana ist um 6:00 Uhr aufgestanden.
2. ....? Sie ist mit der S-Bahn nach Bad Herrenalb gefahren.
3. ....? Jana ist auf den Schweizerkopf gelaufen.
4. ....? Sie hat Frankreich vom Schweizerkopf gesehen.
5. ....? Jana hat eine Bratwurst mit Salat gegessen.
6. ....? Sie hat einen Apfelsaft getrunken.

ÜB 38 ▶ **b Hören Sie das Gespräch und ergänzen Sie die Perfektformen.**

● Der Schwarzwald ist das größte Mittelgebirge in Deutschland. Hast du das *gewusst* (1)?
○ Ja, das habe ich schon mal .... (2). Wir haben vor einem Jahr mit der Familie Urlaub im Schwarzwald .... (3).
● Oh, schön, wo seid ihr .... (4)?
○ Wir sind viel .... (5), haben das Freiburger Münster .... (6) und den Schwarzwaldzoo Waldkirch .... (7). Dort haben wir Luchse .... (8), die hatten gerade Jungtiere. Das war toll!

c haben oder sein? Schreiben Sie die Perfektformen in die Tabelle.

aufstehen · bleiben · bringen · finden · kennen · nehmen · schreiben · schwimmen · sein · telefonieren · treffen · verstehen · wandern

Perfekt mit *haben*	Perfekt mit *sein*
bringen: hat gebracht	aufstehen: ist aufgestanden

d haben oder sein? Ergänzen Sie.

Gestern .... (1) Meri und Jana zum See gefahren. Das Wasser war noch sehr kalt. Sie .... (2) Beachvolleyball gespielt. Im Strandcafé .... (3) sie etwas gegessen. Es .... (4) nicht viel gekostet. Am Abend .... (5) sie Freunde besucht und .... (6) im Kino einen Film gesehen. Der Film .... (7) zwei Stunden gedauert und sie .... (8) sehr spät nach Hause gekommen. Um Mitternacht .... (9) sie ins Bett gegangen.

3 An der Haltestelle

› KB C2

a Ergänzen Sie die passenden Formen von *wissen*.

~~wissen~~ · wissen · wissen · weiß · weiß · weiß · weißt · wisst

1. ● Entschuldigung, _wissen_ Sie, wann die nächste Straßenbahn zum Bahnhof fährt?
   ○ Nein, das .... ich leider nicht.
   ● Kein Problem, dann frage ich den Mann dort, er .... es vielleicht.

2. ● Entschuldigung, ... Sie, wann die nächste Straßenbahn zum Bahnhof fährt?
   ■ Nein, leider .... ich das auch nicht, aber fragen Sie doch die Jugendlichen, sie .... bestimmt Bescheid!

3. ● Hallo, ... ihr, wann die Straßenbahn zum Bahnhof fährt?
   ■ Hm, Lana, ... du das?
   ▢ Ja, die Straßenbahn zum Bahnhof kommt in 3 Minuten!
   ● Super, danke sehr!

ÜB 39 ▷ **b** Hören Sie die Gespräche zur Kontrolle.

4 [WORTBILDUNG] Adjektive mit der Endung -ig

› KB C3

a Bilden Sie aus den Nomen Adjektive mit der Endung *-ig*.

1. der Witz   _witzig_
2. der Stress   ....
3. die Kraft   ....
4. der Wind   ....
5. die Wolke   ....
6. die Sonne   ....

> **Adjektive mit der Endung -ig:** Mit der Endung *-ig* kann man aus Nomen oft Adjektive bilden.

b Formulieren Sie die Sätze neu. Die Wörter helfen.

bewölkt · der Himmel · blitzen · donnern · heiß · kalt · nass · trocken bleiben · ~~sonnig~~ · wehen · der Wind

1. Die Sonne scheint.   _Es ist sonnig._
2. Es ist sehr warm.   ....
3. Es regnet nicht.   ....
4. Es ist sehr kühl.   ....
5. Es ist wolkig.   ....
6. Es gibt ein Gewitter. ....
7. Es ist windig.   ....
8. Es ist nicht trocken. ....

5 [AUSSPRACHE] *au, eu, ai, ei* und *äu*

› KB C3

a Markieren Sie die Wörter mit *ai, au, ei, eu* und *äu*.

● <mark>Weißt</mark> du, wann der Tag der Arbeit ist?
○ Klar weiß ich das, am ersten Mai!
● Das ist ja heute.
○ Stimmt. Das passt doch gut: Wir räumen die Wohnung auf!
● Na gut, ich räume die Spülmaschine aus und du räumst das Wohnzimmer auf. Und dann gehen wir Eis essen!

ÜB 40 ▷ **b** Hören Sie das Gespräch in 5a und sprechen Sie die Sätze nach.

Janas Reiseblog

1 **Natur und Sport**

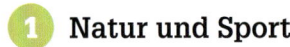

Wichtiges markieren:
Markieren Sie beim Lesen wichtige Wörter / Informationen.

a **Lesen Sie die Sätze und markieren Sie wichtige Wörter.**

1. Jana ist ==an diesem Wochenende in Karlsruhe==.
2. Jana ist alleine gewandert.
3. Das Wetter am Morgen war perfekt.
4. Sie haben schnell gefrühstückt.
5. Nach dem Frühstück war das Wetter schlecht.
6. Sie sind mit der S-Bahn nach Poppenhausen gefahren.
7. Die Wasserkuppe ist ein Gasthaus.
8. Sie haben viel gegessen.
9. Das Highlight war die Aussicht.
10. Jana hat einen Paragliding-Kurs gemacht.

b **In den Sätzen in 1a stehen falsche Informationen. Lesen Sie den Blogbeitrag von Jana. Wo finden Sie die richtigen Informationen? Markieren Sie sie.**

An diesem Wochenende bin ich ==in Fulda==. Hier wohnt meine Freundin Dara. Gestern, am Samstag, haben wir zusammen eine Wanderung in der Rhön gemacht. Das war wunderbar!

Am Morgen war das Wetter zuerst sehr schlecht – kalt, Regen und Wind. Aber kein Problem. Wir haben gemütlich gefrühstückt. Dann war das Wetter besser. Nicht sehr warm, aber der Himmel war blau. Perfekt für eine Wanderung.

Wir sind mit dem Bus nach Poppenhausen gefahren. Das hat eine halbe Stunde gedauert. Dann sind wir auf die Wasserkuppe gelaufen. Die Wasserkuppe ist 950 m hoch und die Aussicht war super. Auf der Wasserkuppe gibt es viele Gasthäuser. Wir hatten aber nicht viel Hunger und haben nur ein Stück Kuchen gegessen und einen Kaffee getrunken. Der Kuchen war sehr lecker.

Das Highlight auf der Wasserkuppe waren die Paraglider. Ihr könnt sie auf dem Foto oben sehen. Es waren noch viel mehr! Voll cool! Das möchte ich auch machen! Ich besuche Dara bald wieder und mache einen Kurs.

Dann sind wir wieder zurückgelaufen. Das war ein super Tag! Die Rhön ist toll. Ich komme wieder!

c **Lesen Sie den Blogbeitrag von Jana noch einmal und korrigieren Sie die Sätze in 1a.**

1. Jana ist an diesem Wochenende in Fulda.

Unterwegs in der Stadt

7A

die Tour, -en
  die City-Tour, -en
  die Radtour, -en
die City, -s
das Angebot, -e
  das Tourangebot, -e
der Bus, -se*
ein|steigen
bequem
der Guide, -s
erzählen
die Geschichte *(hier nur Sg.)*
der Fakt, -en
der Norden *(nur Sg.)* ≠
  der Süden *(nur Sg.)*
der Westen *(nur Sg.)* ≠
  der Osten *(nur Sg.)*
der Bahnhof, ⸚e*
  der Hauptbahnhof, ⸚e
der Platz, ⸚e
  der Marktplatz, ⸚e*
die Pyramide, -n*
die Kirche, -n
  die Stadtkirche, -n*
die Moschee, -n*
die Synagoge, -n*
weiter
das Schloss, ⸚er*
der Turm, ⸚e*
  der Schlossturm, ⸚e
besteigen
die Pause, -n
  eine Pause machen
der Park, -s
  der Schlosspark, -s*
spazieren gehen
der Spaziergang, ⸚e
das Museum, Museen*
besuchen
besichtigen
zurück|fahren (fährt zurück)
laufen (läuft)
die Fußgängerzone, -n*
bummeln

das Geschäft, -e*
shoppen
die Sehenswürdigkeit, -en
der Treffpunkt, -e
die Aussicht, -en
genießen
zuerst – dann – anschließend
radeln
Zeit haben für + *Akk.*
der Zoo, -s*
beginnen ≠ enden
gegenüber

7B

kopieren
die Kneipe, -n*
müde
putzen
nötig
an|schauen
das Tennis *(nur Sg.)*
  Tennis spielen
das Fernsehen *(nur Sg.)*
  Fernsehen schauen
berichten
die Bustour, -en
vorschlagen (schlägt vor, hat vorgeschlagen)
die Kunst, ⸚e
  die Videokunst *(hier nur Sg.)*
die Ausstellung, -en
schon
das Instrument, -e
  das Musikinstrument, -e
  ein Musikinstrument spielen
der Urlaub, -e
  Urlaub in den Bergen / am Meer machen

der Berg, -e
das Meer, -e
die Fremdsprache, -n
der Horrorfilm, -e
spülen
noch
nie
  noch nie

7C

zu Fuß
das / der Blog, -s
der Blogbeitrag, ⸚e
der Blogger, - / die Bloggerin, -nen
  der Reiseblogger, - / die Reisebloggerin, -nen
die Reise, -n
der Ausflug, ⸚e
die Wanderung, -en
wandern (ist gewandert)
die Natur *(nur Sg.)*
die Info, -s *(Abk. von: die Information, -en)*
mehr
denken (hat gedacht)
frühstücken
der Bahnhofsplatz, ⸚e
die Bahn, -en
  die S-Bahn, -en
  die Straßenbahn, -en
die Fahrt, -en
dauern
das Büro, -s
  das Tourismusbüro, -s
die Wanderkarte, -n
das Highlight, -s
sogar
wunderbar
wissen (weiß, hat gewusst)
in der Nähe
das Gasthaus, ⸚er
das Restaurant, -s*

die Bratwurst, ⸚e
der Apfelsaft, ⸚e
zurück|wandern (ist zurückgewandert)
zurück|bringen (hat zurückgebracht)
die Seele, -n
ökologisch
das Gebirge, -
das Jungtier, -e
der See, -n
der Strand, ⸚e
kosten
die Mitternacht, ⸚e
  um Mitternacht
bleiben (ist geblieben)
das Wetter *(nur Sg.)*
gut ≠ schlecht
der Himmel *(nur Sg.)*
blau
die Wolke, -n
die Sonne *(hier nur Sg.)*
scheinen (hat geschienen)
  Die Sonne scheint.
Es ist / wird / bleibt …
  sonnig.
  heiter.
  bewölkt / wolkig.
  windig.
  kalt – kühl – warm – heiß.
  trocken ≠ nass.
regnen
  Es regnet.
der Regen, - *(Pl. selten)*
der Wind, -e
wehen
  Der Wind weht.
schneien
  Es schneit.
donnern
  Es donnert.
blitzen
  Es blitzt.
das Gewitter, -

1 Anruf in der Praxis

› KB A1

Welches Verb passt? Kreuzen Sie an.

1. um 9:00	a. [ ] besuchen	b. [x] kommen
2. ein Attest	a. [ ] brauchen	b. [ ] vereinbaren
3. einen Termin	a. [ ] lesen	b. [ ] vereinbaren
4. den Namen	a. [ ] buchstabieren	b. [ ] sprechen
5. einen Termin	a. [ ] frei haben	b. [ ] frei sein
6. eine Stunde	a. [ ] gehen	b. [ ] warten

2 Körperteile

› KB A2

a Wie heißen die Körperteile? Schreiben Sie mit dem Artikel.

1. uFß _der Fuß_   3. sHla ....   5. ckRnüe ....
2. chaBu ....   4. niKe ....   6. greFni ....

b Welche Körperteile passen zusammen? Notieren Sie.

das Auge · der Finger · der Fuß · die Hand · das Knie · die Nase · das Ohr

1. der Kopf, _das Auge,_ ....
2. der Arm, ...
3. das Bein, ...

3 Krankheiten, Schmerzen und Medikamente

› KB A2

a Was passt? Notieren Sie.

Fieber · Halsschmerzen · Husten · Kopfschmerzen · Schnupfen · Spray · Tabletten · Tropfen

1 _Halsschmerzen_   2   3   4

5   6   7   8

b Was passt zusammen? Ordnen Sie zu.

1. Ich habe	a. [ ] tut weh.
2. Meine Ohren	b. [ ] Erkältung.
3. Mir ist	c. [1] Rückenschmerzen.
4. Mein Bauch	d. [ ] krank.
5. Ich habe eine	e. [ ] schlecht.
6. Ich habe	f. [ ] tun weh.
7. Ich bin	g. [ ] Fieber.

4 [GRAMMATIK KOMPAKT] **Modalverben** *sollen* **und** *dürfen* › KB A3

a **Was darf man machen? Was darf man nicht machen? Kreuzen Sie an.**

1. beim Arzt rauchen   a. [ ] darf man   b. [ ] darf man nicht
2. um 23:00 in seiner Wohnung laut Musik hören   a. [ ] darf man   b. [ ] darf man nicht
3. im Park spazieren gehen   a. [ ] darf man   b. [ ] darf man nicht
4. in der Vorlesung telefonieren   a. [ ] darf man   b. [ ] darf man nicht
5. am Nachmittag in seiner Wohnung Gitarre spielen   a. [ ] darf man   b. [ ] darf man nicht

b **Ergänzen Sie die passenden Formen von** *sollen***.**

1. Mascha soll _____ eine Jacke anziehen.
2. Wir _____ nicht so viel arbeiten.
3. Du _____ keinen Kaffee trinken.
4. Ich _____ täglich spazieren gehen.
5. Meine Eltern _____ mehr Sport treiben.
6. Ihr _____ jetzt eine Pause machen.

c **Ergänzen Sie die passenden Formen von** *dürfen***.**

1. Wir dürfen _____ nachts nicht Musik machen.
2. Im Kino _____ Sie nicht rauchen!
3. Im Bus _____ man nicht essen.
4. Hier _____ ihr nicht Rad fahren.
5. Das ist verboten. Das _____ du nicht machen.
6. Papa, _____ ich deinen Laptop mitnehmen?

d *sollen* **oder** *dürfen***? Ergänzen Sie in der passenden Form.**

1. Mir ist schlecht und mein Bauch tut weh. Der Arzt sagt, ich soll _____ keine Schokolade essen.
2. Auf dem Bahnhofsplatz _____ wir Fußball spielen, das ist erlaubt.
3. Raj hat Rückenschmerzen. Er _____ Sport treiben und den Rücken trainieren.
4. Hier sind die Tabletten. Du _____ täglich eine Tablette nehmen.
5. Im Schlossmuseum _____ Sie keine Fotos machen. Das ist verboten.

5 **So kommen wir auf Kurs!** › KB A3

Video 8 ▶ **a** **Welche Sätze sind beim Arzt / bei der Ärztin wichtig?**
Sehen Sie das Video an.

b **Ergänzen Sie die Sätze in der Redemittelliste**
aus Lektion 4.

Situation	Fragen / Bitten	Antworten
zum Arzt gehen	Ich möchte einen Termin vereinbaren. Kann ich am … / um … kommen?	
	Frage Arzt / Ärztin: Was kann ich für Sie tun?	Ich habe …
	Entschuldigung, was soll ich tun?	

6 **Eine Entschuldigung** › KB A5

Ergänzen Sie die Wörter.

Anhang · Attest · Fieber · ~~krank~~ · eine Woche lang · im Bett

Hallo Suri, ich bin krank _____ (1). Ich habe eine Erkältung und _____ (2).
Die Ärztin sagt, ich soll _____ (3) bleiben und _____ (4)
nicht in den Deutschkurs gehen. Kannst du bitte Frau Demuro das _____ (5) geben,
du findest es im _____ (6). Vielen Dank! LG Nieva

1 Rückenprobleme

› KB B1

a Ordnen Sie die Erklärungen den Wörtern zu.

1. das Homeoffice
2. das Resultat
3. das Training
4. reduzieren
5. integrieren

a. [ ] das Ergebnis
b. [ ] einbauen
c. [ ] verringern / weniger machen
d. [1] die Arbeit von zu Hause aus
e. [ ] die Sportübungen

b Bilden Sie Wörter mit *Rücken*. Notieren Sie auch den Artikel.

Problem · Schmerzen · Training · Übung

das Rückenproblem,

2 [WORTBILDUNG] Nomen + *s* + Nomen

› KB B2

Bilden Sie Nomen.

Fugen-s: Zwischen den Nomen steht manchmal ein *-s-*.

1.	die Arbeit	+ s +	der Platz	=	*der Arbeitsplatz*
2.	die Wirtschaft	+ s +	die Informatik	=	
3.	die Arbeit	+ s +	die Zeit	=	
4.	der Bahnhof	+ s +	der Platz	=	
5.	der Hering	+ s +	der Salat	=	
6.	die Arbeit	+ s +	das Zimmer	=	
7.	das Gespräch	+ s +	der Partner	=	
8.	die Prüfung	+ s +	der Tag	=	

3 [GRAMMATIK KOMPAKT] Formeller Imperativ

› KB B2

a Rückenschmerzen: Was kann man tun? Formulieren Sie die Sätze im Imperativ mit *Sie*.

1. Sie integrieren Bewegung in den Alltag.   *Integrieren Sie Bewegung in den Alltag!*
2. Sie reduzieren die Sitzzeiten.
3. Sie stehen oft auf.
4. Sie machen täglich Rückentraining.
5. Sie benutzen nicht den Aufzug.

b Schreiben Sie die Sätze aus 3a in die Tabelle.

	Position 1	Position 2		Satzende
1.	*Integrieren*	*Sie*	*Bewegung in den Alltag!*	
2.				
3.				
4.				
5.				

c Rückenprobleme? Formulieren Sie Ratschläge im Imperativ mit *Sie*.

1. die Treppe nehmen: *Nehmen Sie die Treppe!*
2. viel zu Fuß gehen:
3. Sport treiben:
4. Yoga machen:
5. oft spazieren gehen:

4 [GRAMMATIK KOMPAKT] **Informeller Imperativ** › KB B4

a **Wie heißt der informelle Imperativ? Notieren Sie.**

		Singular	Plural			Singular	Plural
1.	du spielst	Spiel!	Spielt!	5.	du machst auf		
2.	du gehst			6.	du schläfst		
3.	du arbeitest			7.	du rechnest		
4.	du nimmst			8.	du entschuldigst		

b **Formulieren Sie Ratschläge und schreiben Sie sie in die Tabelle.**

1. weniger Kaffee trinken (du)
2. beim Yoga-Kurs mitmachen (ihr)
3. im Bett nicht lernen (du)
4. nicht mit dem Aufzug fahren (ihr)

	Position 1		**Satzende**
1.	Trink	weniger Kaffee!	
2.			
3.			
4.			

c **Carolina und Marc geben Theo Ratschläge. Sie sind sehr direkt. Schreiben Sie.**

1. täglich Rückenübungen machen: Mach täglich Rückenübungen!

2. gerade sitzen:

3. mehr Rad fahren:

4. Salat und Gemüse essen:

5. fokussiert sein:

d **Formulieren Sie die Ratschläge aus 4c höflicher.**

1. (doch) Mach doch täglich Rückenübungen!

2. (mal)

3. (doch)

4. (mal)

5. (bitte mal)

5 [AUSSPRACHE] **-*e* und -*en* am Wortende** › KB B4

ÜB 41 ⊙ **a** **Hören Sie die Wörter und sprechen Sie nach.**

die Frage – lerne – die Pause – verbinde – die Tomate – halte – die Treppe – reduziere

ÜB 42 ⊙ **b** **Hören Sie die Wörter und sprechen Sie nach.**

die Fragen – lernen – die Pausen – verbinden – die Tomaten – halten – die Treppen – reduzieren

ÜB 43 ⊙ **c** **Hören Sie die Sätze und sprechen Sie nach.**

1. Lerne bitte die Wörter!
2. Können wir eine Pause machen?
3. Reduzieren Sie die Sitzzeiten!
4. Ich habe eine Frage.
5. Halte bitte mal die Lampe.
6. Sie kaufen Tomaten.
7. Bitte benutzen Sie die Treppe!
8. Verbinde die Sätze!

1 Die Gesundheit

› KB C1

a Wie heißt das Gegenteil? Notieren Sie.

geistig · krank · physisch · unregelmäßig · viel

1. regelmäßig   ≠   *unregelmäßig*
2. gesund   ≠   ....
3. psychisch   ≠   ....

4. wenig   ≠   ....
5. körperlich   ≠   ....

b Was stärkt die Gesundheit physisch, was psychisch? Ordnen Sie zu. Manchmal gibt es zwei Lösungen.

die Treppen nehmen · Freunde und Familie treffen · gesund essen · Musik hören · tanzen · Pausen machen · regelmäßig spazieren gehen · schwimmen · viel schlafen · Yoga machen

stärkt Gesundheit physisch	stärkt Gesundheit psychisch
die Treppen nehmen,	

c Was passt? Kreuzen Sie an. Es passen immer zwei Antworten.

1. Bewegung im Alltag:
   a. [ ] zu Fuß gehen
   b. [ ] den Aufzug nehmen
   c. [ ] Rückentraining machen

2. Sportprogramm:
   a. [ ] Schach
   b. [ ] Pilates
   c. [ ] Yoga

3. Unisport-App:
   a. [ ] installieren
   b. [ ] ansehen
   c. [ ] für Anmeldung benutzen

2 [GRAMMATIK KOMPAKT] Personalpronomen im Akkusativ

› KB C2

a Sind die Personalpronomen im Nominativ (N) oder im Akkusativ (A)? Kreuzen Sie an.

		N	A
1.	**Wir** haben die Unisport-App installiert.	[x]	[ ]
2.	Carolina benutzt **sie** regelmäßig.	[ ]	[ ]
3.	Die Prüfung stresst **mich**.	[ ]	[ ]
4.	**Ich** mache regelmäßig Yoga.	[ ]	[ ]
5.	**Es** ist sehr gesund.	[ ]	[ ]
6.	Theo möchte **euch** morgen treffen.	[ ]	[ ]
7.	Heute hat **er** keine Zeit.	[ ]	[ ]
8.	Marc besucht **uns** am Wochenende.	[ ]	[ ]
9.	Lars hat **ihn** lange nicht gesehen.	[ ]	[ ]

Fragen nach Sachen im Akkusativ: *Was?*
Fragen nach Personen im Akkusativ: *Wen?*

b Formulieren Sie Fragen zu den Sätzen in 2a wie im Beispiel.

1. *Wer hat die Unisport-App installiert?*
2. ....
3. ....
4. ....
5. ....
6. ....
7. ....
8. ....
9. ....

c Welches Personalpronomen passt? Kreuzen Sie an.

1. Ich gehe zum Rückentraining. Kommst   a. [x] du   b. [ ] dich   mit?
2. Ich finde die Unisport-App sehr gut. Habt   a. [ ] ihr   b. [ ] sie   die App auch installiert?
3. Im Tenniskurs sind viele Studierende. Carolina besucht   a. [ ] er   b. [ ] ihn   auch.
4. Theo muss zum Arzt, denn   a. [ ] er   b. [ ] ihn   hat Rückenschmerzen.
5. Ich finde das Studium anstrengend. Stresst das Studium   a. [ ] du   b. [ ] dich   auch so?
6. Wir sind morgen im Uni-Café. Camilla kann   a. [ ] wir   b. [ ] uns   dort treffen.

d Lesen Sie die Fragen und antworten Sie.

1. Stresst dein Studium dich?   _Nein, es stresst mich nicht_____.
2. Trainieren Sie regelmäßig den Rücken?   _Nein, ich_____.
3. Rufst du mich bitte an?   _Ja, ich_____.
4. Besucht ihr uns heute Abend?   _Ja, wir_____.
5. Machst du die Rückenübungen von Prof. Studer? _Nein, ich_____.

e Ergänzen Sie die Personalpronomen im Nominativ und Akkusativ.

dich • du • er • es • ich • ihn • ihn • ihr • ihr • mich • sie • sie • sie • uns • ~~wir~~

1. Tom ist morgen in Erfurt. _wir_____ haben _____ eingeladen. _____ besucht _____ am Abend.
2. Larissa spielt sehr gut Schach. _____ spielt _____ regelmäßig mit Freunden.
3. Vanessa und Claudio, wie ist der Badminton-Kurs? Habt _____ _____ schon getestet?
4. Gehen wir morgen um 20:00 ins Kino? Holst _____ _____ um 19:30 ab?
5. Wollen wir zusammen kochen? _____ kauft die Zutaten ein und bringt _____ mit.
   Und _____ koche.
6. Ich treffe Clara und Bernard. Willst du mitkommen? _____ möchten _____ gern kennenlernen.

ÜB 44 ▶ **f Hören Sie die Sätze und ergänzen Sie die Personalpronomen.**

1. Robin besucht _____ am Wochenende.
2. Kannst du _____ morgen anrufen?
3. Frau Gerz, ich kann _____ gern abholen.
4. Wir treffen _____ in der Mensa.
5. Wir finden _____ super!
6. Können wir _____ morgen sprechen?
7. Sehen wir _____ auch im Konzert?
8. Die Teller hier, kannst du _____ abwaschen?

3 Stress, stressig oder gestresst?

› KB C4

a Ergänzen Sie die Wörter.

gestresst • Stress • ~~Stress~~ • stressig • stresst

Haben Sie auch immer so viel _Stress_____ (1)? Sind Sie schnell _____ (2)? Ihr Beruf ist sehr _____ (3)? Ihr Alltag _____ (4) Sie? Was können Sie tun? Unser Ratgeber hilft. Geben Sie _____ (5) keine Chance!

b Lesen Sie die Nachricht im Uni-Stressforum. Schreiben Sie einen Forumsbeitrag und geben Sie Ratschläge. Schicken Sie den Text dann an Ihre Lehrerin / Ihren Lehrer.

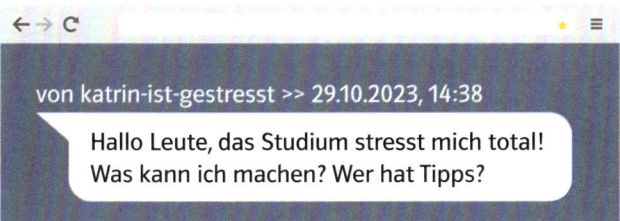

von katrin-ist-gestresst >> 29.10.2023, 14:38

Hallo Leute, das Studium stresst mich total!
Was kann ich machen? Wer hat Tipps?

Hallo Katrin, gib Stress keine
Chance! Hier meine Ratschläge:
Geh täglich spazieren. ...

Gesundheitstipps

1 **Eine Erkältung – was tun?**

a Lesen Sie die Kurztexte A bis D und ordnen Sie ein Foto zu.

A. Dann gehen Sie zum Arzt. Er gibt Ihnen ein Attest. Dann können Sie zu Hause bleiben und müssen nicht arbeiten. Eine Erkältung dauert oft eine Woche. Anschließend sind Sie wieder fit.

B. Der Kopf tut weh, Sie haben Schnupfen und Husten? Dann haben Sie bestimmt eine Erkältung. Das ist typisch im Herbst und im Winter.

C. Ganz wichtig: Kein Stress! Weiterarbeiten ist keine gute Idee. Bleiben Sie zu Hause, schlafen Sie viel. Trinken Sie einen Tee mit Zitrone, Ingwer und Honig und essen Sie Obst. Vitamine helfen. Aber vielleicht haben Sie einen wichtigen Termin?

D. Denn im Herbst und Winter ist das Wetter schlecht. Es regnet, es ist windig, kalt und nass. Bei dem Wetter bekommen viele Leute eine Erkältung, manchmal auch mit Fieber, mit Halsschmerzen und Ohrenschmerzen. Was kann man tun?

Texte haben eine logische Reihenfolge, z. B. Frage / Antwort, Information / Grund, zuerst / dann.

b Die Kurztexte sind Teile von einem Text. Bringen Sie die Textteile in eine Reihenfolge.

1. _B_   2. ....   3. ....   4. ....

c Überlegen Sie: Wie haben Sie die Textteile in die richtige Reihenfolge gebracht? Was hat geholfen? Lesen Sie die Informationen zum Textaufbau und notieren Sie den passenden Textteil.

1. Textteil _D_ nennt den Grund für die Information in Textteil ....
2. Textteil _C_ gibt eine Antwort auf die Frage in Textteil ....
3. Textteil .... gibt einen Tipp für ein Problem in Textteil ....

Gute Besserung!

8A

der Arzt, ⸚e / die Ärztin, -nen
der Arzthelfer, - / die Arzthelferin, -nen
die Praxis, Praxen
vereinbaren
  einen Termin vereinbaren
das Attest, -e
warten
Auf Wiederhören.
der Körper, -*
der Körperteil, -e*
der Kopf, ⸚e*
das Auge, -n*
das Ohr, -en*
die Nase, -n*
der Hals, ⸚e*
der Rücken, -*
der Bauch, ⸚e
der Arm, -e*
die Hand, ⸚e
der Finger, -*
das Bein, -e*
das Knie, -*
der Fuß, ⸚e*
krank*
die Krankheit, -en*
die Erkältung, -en*
der Husten, -
  (Pl. selten)*
der Schnupfen, -
  (Pl. selten)*
das Fieber, - (Pl. selten)*
das Grad (hier nur Sg.)
der Schmerz, -en*
  der Halsschmerz, -en*
  der Kopfschmerz, -en*
  der Rückenschmerz, -en*

wehtun (hat wehgetan)*
  Mein Hals tut (sehr) weh.
  Meine Augen tun (sehr) weh.
schlecht*
  Mir ist schlecht.*
das Rezept, -e
das Medikament, -e
das Spray, -s
  das Nasenspray, -s
die Tablette, -n
  die Halstablette, -n
der Tropfen, -
  die Hustentropfen (nur Pl.)
schlimm
raten (rät, hat geraten)
der Ratschlag, ⸚e
dürfen (darf)
sollen (soll)
rauchen
verpassen
die Bewegung, -en
die Jacke, -n
an|ziehen (hat angezogen)
die Besserung (nur Sg.)
  Gute Besserung!
erlauben ⧧ verbieten (hat verboten)
erwarten
hoffentlich
bald
gesund
entschuldigen
  Bitte entschuldigen Sie!

8B

das Training (nur Sg.)
  das Rückentraining (nur Sg.)
die Übung, -en
  die Rückenübung, -en
das Homeoffice, -s
der Ratgeber, -
viel – mehr
  mehr als
  nicht mehr
pro
  pro Stunde / Tag / …
das Resultat, -e
reduzieren
mindestens
integrieren
der Alltag (nur Sg.)
benutzen
die Treppe, -n
der Aufzug, ⸚e
gut – besser – am besten
gerade
  gerade sitzen
der Arbeitsplatz, ⸚e
die Arbeitszeit, -en
auf|hören
auf|machen
die Luft (hier nur Sg.)
frisch
die Konzentration (nur Sg.)
wach
fokussiert
das Handy, -s
wenig
  zu wenig
der Liter, -
nervös
  supernervös
duschen

8C

die Gesundheit (nur Sg.)
physisch
körperlich
psychisch
geistig
stärken
die Gruppe, -n
  die Arbeitsgruppe, -n
der Nacken, -
regelmäßig
nur
  nur wenig Zeit haben
kostenlos
an|sehen (sieht an, hat angesehen)
installieren
die App, -s (Abk. für: die Applikation, -en)
probieren
die Webseite, -n
das Pilates (nur Sg.)
leider
der Stress (nur Sg.)
  Stress haben
stressen
  … stresst mich.
gestresst sein
  Ich bin gestresst.
stressig
  … ist stressig.
nie – fast nie – manchmal – oft – immer
nutzen

1 Bald ist die Immatrikulationsfeier

› KB A1

María und Jordan brauchen Kleidung für die Immatrikulationsfeier. Ergänzen Sie das passende Verb.

fehlen · funktionieren · haben · ~~kaufen~~ · passen · recherchieren · zurückschicken

1. María und Jordan wollen Kleidung für die Immatrikulationsfeier *kaufen* .
2. María findet: Online-Shopping bei Kleidung .... nicht.
3. Die Größe ist nicht richtig, die Jacke .... nicht.
4. Sie .... Schwierigkeiten beim Umtauschen.
5. María kann die Jacke nach dem Kauf nicht ....
6. María .... beim Einkaufen im Internet die Beratung.
7. María will nicht einen Monat im Internet ....

2 [GRAMMATIK KOMPAKT] Personalpronomen im Dativ

› KB A2

a Was passt zusammen? Ordnen Sie zu.

1. María mag das Kleid.
2. Jordan möchte den Anzug umtauschen.
3. Ich kaufe Laptops nicht gern online.
4. Wir wollen nicht 20 Produktbewertungen lesen.
5. Braucht ihr Kleidung für die Immatrikulationsfeier?
6. Das hast du toll gemacht.
7. Die Verkäufer erzählen dir viel.

a. [ ] Im Internet fehlt mir die Beratung.
b. [ ] Wir danken dir sehr.
c. [1] Es gefällt ihr.
d. [ ] Er passt ihm nicht.
e. [ ] Du kannst ihnen nicht immer glauben.
f. [ ] Das dauert uns zu lange.
g. [ ] Ich kann euch helfen.

b Ergänzen Sie die Pronomen im Dativ.

1. Claudia will nicht einen Monat recherchieren. Das dauert *ihr* zu lange.
2. Du hast das noch nie gemacht. .... fehlt noch die Erfahrung.
3. Unser Garten ist jetzt sehr schön, vielen Dank! Ihr habt .... sehr geholfen.
4. Kennst du deine Kollegen? Kannst du .... vertrauen?
5. Das Kleid hat nicht meine Größe. Es passt .... nicht.
6. Valentin ist nicht ehrlich. Du darfst .... nicht glauben.

c Ergänzen Sie die Pronomen im Nominativ und im Dativ.

1. Frederico möchte Leon helfen. → *Er* möchte *ihm* helfen.
2. Der Film dauert Sarah und Leon zu lange. → .... dauert .... zu lange.
3. Das Kleid hat Sarah nicht gepasst. → .... hat .... nicht gepasst.
4. Leon und Sarah haben Tim nichts gesagt. → .... haben .... nichts gesagt.
5. Die Jacke gefällt Leon sehr gut. → .... gefällt .... sehr gut.

d Ergänzen Sie die Pronomen im Akkusativ und im Dativ.

1. Die Bewertungen im Internet haben *uns* sehr geholfen. (wir)
2. Was hat Jordan .... gefragt? (du)
3. María hat .... nichts gesagt. (ich)
4. Wie hat .... der Anzug gepasst? (er)
5. Wir danken .... für eure Ratschläge. (ihr)
6. Hat Herr Burger .... schon angerufen? (Sie)

3 Grafiken lesen

› KB A3

ÜB 45 ▶ **a Wie viel Prozent bestellen im Internet? Hören Sie und ergänzen Sie die Prozentzahlen.**

1. *63* % bestellen online Elektroartikel.
2. .... % kaufen online Kleidung.
3. Lebensmittel kaufen .... % im Internet.
4. .... % kaufen online Möbel.
5. Schuhe bestellen .... % im Internet.
6. Medikamente kaufen .... % online.

b Was bedeutet was? Ordnen Sie zu.

die Hälfte · mehr als die Hälfte · weniger als die Hälfte · zwei Drittel · über zwei Drittel ·
ein Drittel · fast ein Drittel · drei Viertel · mehr als drei Viertel · ein Viertel · fast ein Viertel ·
mehr als ein Viertel · vier Fünftel · ein Fünftel · fast ein Fünftel · zwei Fünftel

1. 24 % = *fast ein Viertel*   9. 40 % = _____

2. 50 % = _____   10. 27 % = _____

3. 32 % = _____   11. 75 % = _____

4. 77 % = _____   12. 33 % = _____

5. 25 % = _____   13. 47 % = _____

6. 20 % = _____   14. 69 % = _____

7. 53 % = _____   15. 19 % = _____

8. 66 % = _____   16. 80 % = _____

c Ergänzen Sie die Sätze zu der Grafik. Verwenden Sie die Begriffe aus 3b.

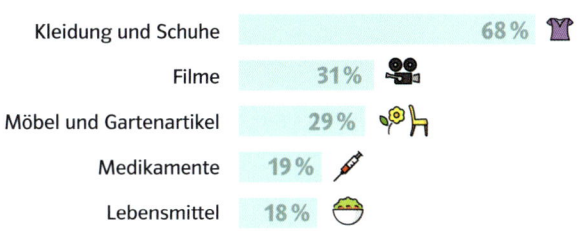

**Online-Shopping in der EU:
Was bestellen die Kunden online?**

Kleidung und Schuhe — 68 %
Filme — 31 %
Möbel und Gartenartikel — 29 %
Medikamente — 19 %
Lebensmittel — 18 %

Eurostat © Statistisches Bundesamt (Destatis), 2022

1. _____
    bestellen Kleidung und Schuhe online.

2. _____
    kauft Filme online.

3. _____
    bestellt Möbel und Gartenartikel im
    Internet.

4. _____
    kauft Medikamente oder Lebensmittel
    online.

4 Shoppen

› KB A3

a Was passt nicht? Streichen Sie durch.

1. a. anfassen   b. anprobieren   c. ~~zurückschicken~~
2. a. bestellen   b. bewerten   c. einkaufen
3. a. kaufen   b. mitnehmen   c. umtauschen
4. a. bevorzugen   b. nicht mögen   c. lieben
5. a. behalten   b. zurückschicken   c. zurückgeben
6. a. glauben   b. meinen   c. vergleichen

b Online shoppen – Vorteile und Nachteile. Ergänzen Sie.

Nachteil · nachteilig ist · negativ · positiv ist · von Vorteil · Vorteil · Das ist vorteilhaft.

1. Ein *Vorteil* _____ beim Online-Shoppen ist: Man ist unabhängig von den Öffnungszeiten.
2. _____ ist außerdem: Man kann im Internet die Preise vergleichen.
3. Ein _____ beim Online-Shoppen ist: Man kann die Produkte nicht anfassen.
4. _____ auch: Man hat kein Shopping-Erlebnis mit Freunden und Familie.
5. _____: Man kann bequem von zu Hause einkaufen.
6. Und man kann die Kundenbewertungen im Internet lesen. _____
7. Aber _____ ist: Es gibt keine Beratung.

**c Was finden Sie besser: Online shoppen oder im Laden einkaufen? Was sind für Sie die Vorteile und
Nachteile? Schreiben Sie einen kurzen Text. Schicken Sie den Text dann an Ihre Lehrerin / Ihren Lehrer.**

1 Technik
› KB B1

a Wie heißen die Wörter? Schreiben Sie mit dem Artikel.

1. schirmgröBildße   _die Bildschirmgröße_
2. speibeitsArcher   ....
3. wichtGe   ....
4. doSteckse   ....
5. kuzeit-AkLauf   ....
6. diaBildgoleschirmna   ....

b Wie ist der Laptop? Ergänzen Sie. Eine Antwort passt nicht.

Die Akku-Laufzeit ist sechs Stunden. • Er hat 8 GB. • Er hat eine Größe von 14 Zoll. •
Sein Gewicht ist 1,6 kg. • ~~Sein Preis ist 454 Euro.~~

1. • Was kostet der Laptop?
   ○ _Sein Preis ist 454 Euro._
2. • Wie groß ist sein Bildschirm?
   ○ ....
3. • Wie viel Arbeitsspeicher hat er?
   ○ ....
4. • Wie viel wiegt er?
   ○ ....

2 [GRAMMATIK KOMPAKT] Komparativ und Superlativ
› KB B2

a Ergänzen Sie den Komparativ und den Superlativ.

1. günstig – _günstiger_ – _am günstigsten_
2. praktisch – .... – ....
3. alt – .... – ....
4. teuer – .... – ....
5. jung – .... – ....
6. dunkel – .... – ....
7. neu – .... – ....
8. gern – .... – ....
9. viel – .... – ....
10. gut – .... – ....

b *nicht so ... wie ... – ... als:* Vergleichen Sie und schreiben Sie jeweils zwei Sätze wie im Beispiel.

1. lang → Akku-Laufzeit von Laptop A: 4 Stunden, Akku-Laufzeit von Laptop B: 5 Stunden
   Die Akku-Laufzeit von Laptop A ist nicht so lang wie die Akku-Laufzeit von Laptop B.
   Die Akku-Laufzeit von Laptop B ist länger als die Akku-Laufzeit von Laptop A.

2. günstig → Preis von Laptop A: 300 Euro, Preis von Laptop B: 400 Euro
   ....
   ....

3. klein → Bildschirm von Laptop A: 11 Zoll, Bildschirm von Laptop B: 13 Zoll
   ....
   ....

4. leicht → Laptop A: 2 Kilogramm, Laptop B: 3 Kilogramm
   ....
   ....

c Vergleichen Sie und schreiben Sie jeweils drei Sätze wie im Beispiel.

1. alt → Universität Rostock: seit 1419, Universität Köln: seit 1388, Universität Heidelberg: seit 1386
   Die Universität Rostock ist alt. Die Universität Köln ist älter. Die Universität Heidelberg
   ist am ältesten.

2. groß → Universität Köln: 50 792 Studierende, Ludwig-Maximilians-Universität München:
   51 831 Studierende, Fernuniversität Hagen: 76 096 Studierende
   ....
   ....

3. gut → 3. Platz: Mensa an der Zeppelin Universität Friedrichshafen, 2. Platz: Mensa an der
   Universität Osnabrück, 1. Platz: Mensa an der Universität Rostock
   ....
   ....

3 Rund ums Bezahlen
› KB B3

Bilden Sie Nomen und notieren Sie mit dem Artikel. Denken Sie auch an das Fugen-s.

~~der Kredit~~ · liefern · die Raten · die Rückgabe · ~~die Karte~~ · der Kauf · der Korb · die Kosten ·
der Versand · die Waren · die Zahlung · die Möglichkeit · die Zeit · der Zeitraum

die Kreditkarte, ...

4 [WORTBILDUNG] Nomen mit der Endung *-er/-erin*
› KB B3

a Wie heißen die Personen? Notieren Sie.

	♂	♀
1. kaufen	*der Käufer, -*	*die Käuferin, -nen*
2. verkaufen		
3. beraten		
4. mieten		
5. teilnehmen		
6. bewerben		
7. fahren		
8. sprechen		

b Wie heißen die Verben? Notieren Sie.

1. die Besucherin *besuchen*
2. der Schreiber
3. die Leserin
4. der Zuhörer

5 So kommen wir auf Kurs!
› KB B3

Video 9 ▷ **a Welche Wörter gehören zu einer Wortfamilie?
Sehen Sie das Video an.**

**b Finden Sie das Wort in Lektion 10, das zu *kauf* passt?
Suchen Sie in der Wortliste der nächsten Lektion.**

c Welche Wörter passen zu diesen Wortstämmen? Notieren Sie.

rat
raten

der Plan
plan

6 Das Tablet ist super
› KB B5

Ordnen Sie die Sätze und schreiben Sie die Produktbewertung.

[ ] Die Lieferung war sehr schnell. Das Tablet ist schon nach drei Tagen gekommen.
[ ] Das war sehr bequem. Das Tablet funktioniert sehr gut.
[1] Vor zwei Wochen habe ich im Internet ein Tablet gekauft.
[ ] Außerdem hält der Akku mehr als sieben Stunden.
[2] Ich habe das Tablet mit Rechnung bezahlt.
[7] Das ist sehr angenehm, denn ich benutze das Tablet oft in der Universität.
[ ] Ich bin sehr zufrieden und gebe dem Tablet 5 Sterne.
[ ] Ich kann sehr schnell im Internet surfen und die Bildqualität ist sehr gut.

Vor zwei Wochen habe ich im Internet ein Tablet gekauft. Die ...

1 Kleidung und Farben

› KB C1

a Welche Kleidungsstücke passen zusammen? Kreuzen Sie an.

1. a. [x] die Jacke   b. [x] der Mantel   c. [ ] der Schuh
2. a. [ ] der Rock   b. [ ] die Socke   c. [ ] der Strumpf
3. a. [ ] die Bluse   b. [ ] das Kleid   c. [ ] das Hemd
4. a. [ ] der Mantel   b. [ ] der Pullover   c. [ ] das T-Shirt
5. a. [ ] der Anzug   b. [ ] das Sakko   c. [ ] die Socke
6. a. [ ] der Pullover   b. [ ] der Schuh   c. [ ] der Strumpf
7. a. [ ] das Kleid   b. [ ] der Rock   c. [ ] der Schuh

b Ordnen Sie die Farben zu.

beige · blau · braun · gelb · grün · lila · orange · rosa · ~~rot~~ · schwarz · türkis · weiß

1. _rot_   5. ....   9. ....
2. ....   6. ....   10. ....
3. ....   7. ....   11. ....
4. ....   8. ....   12. ....

c Hell oder dunkel? Was passt?

1. _dunkel_ rot   3. .... grün   5. .... grau
2. .... blau   4. .... grün   6. .... grau

2 [GRAMMATIK KOMPAKT] Frageartikel und -pronomen *welch-* – Demonstrativartikel und -pronomen *dies-*

› KB C2

a Ergänzen Sie die Endungen.

1. • Wie gefällt dir der Anzug?
   ○ Welch_er_ Anzug?
   • Dies_er_ Anzug.

2. • Wie gefällt dir die Hose?
   ○ Welch........ Hose?
   • Dies........ Hose.

3. • Wie gefällt dir das Sakko?
   ○ Welch........ Sakko?
   • Dies........ Sakko.

4. • Wie findest du das Kleid?
   ○ Welch........ Kleid?
   • Dies........ Kleid.

5. • Wie findest du den Pullover?
   ○ Welch........ Pullover?
   • Dies........ Pullover.

6. • Wie findest du die Jacke?
   ○ Welch........ Jacke?
   • Dies........ Jacke.

b Schreiben Sie Fragen wie im Beispiel.

1. Rock | du | gefallen | gut (Komparativ)
   Welcher Rock gefällt dir besser?

2. Kleid | du | finden | schön (Superlativ)

3. Bluse | du | finden | elegant (Komparativ)

4. Jacke | ich | stehen | gut (Komparativ)

5. Mantel | du | gefallen | gut (Superlativ)

6. Modelle | aussehen | sportlich (Komparativ)

c Schreiben Sie Antworten wie im Beispiel.

1. • Welchen Anzug möchtest du kaufen?
   ○ _Diesen_ in Schwarz.

2. • Welches Kleid möchtest du anprobieren?
   ○ .... aus Seide.

3. • Welche Jacke soll ich kaufen?
   ○ .... aus Leder.

4. • Welches T-Shirt gefällt dir besser?
   ○ .... aus Baumwolle.

5. • Welcher Pullover ist teurer?
   ○ .... aus Wolle.

6. • Welche Hose steht mir am besten?
   ○ .... in Blau.

3 Im Kleidungsgeschäft › KB C3

a Was sagt die Verkäuferin / der Verkäufer? Notieren Sie.

Da drüben haben wir welche. Welche Größe tragen Sie? • ~~Guten Tag, kann ich Ihnen helfen?~~ •
Natürlich, da drüben sind die Umkleidekabinen. • Und wie finden Sie diese in Braun? •
Wie gefällt Ihnen diese hier? Sie ist aus Leder.

V: *Guten Tag, kann ich Ihnen helfen?* ....

K: Ja, gern, ich suche eine Jacke für den Winter.

V: ....

K: Ich trage Größe L.

V: ....

K: Sie ist schön, nur das Schwarz gefällt mir nicht so gut.

V: ....

K: Dieses Modell sieht sehr gut aus. Kann ich die Jacke anprobieren?

V: ....

K: Ich danke Ihnen.

ÜB 46 ⊙ **b Hören Sie das Gespräch in 3a zur Kontrolle.**

4 [AUSSPRACHE] Kurze und lange Umlaute › KB C3

ÜB 47 ⊙ **a Ist der Umlaut kurz (.) oder lang (_)? Hören Sie und notieren Sie.**

1. Gespräch	3. Erkältung	5. hören	7. bewölkt	9. früh	11. Getränk
2. können	4. Grüße	6. wünschen	8. Käse	10. stören	12. Küche

ÜB 47 ⊙ **b Hören Sie die Wörter in 4a noch einmal und sprechen Sie nach.**

5 Lieblingskleidung › KB C4

Finden Sie 5 Kleidungsstücke, 5 Materialien und 5 Farben. Achtung: ß schreibt man hier *ss*.

F	A	S	B	Q	E	R	P
B	R	A	U	N	L	S	U
A	O	M	A	N	T	E	L
U	P	T	H	S	Z	I	L
M	R	K	L	E	I	D	O
W	O	L	L	E	M	E	V
O	T	G	E	L	B	C	E
L	N	R	D	G	I	Q	R
L	D	A	E	R	S	J	T
E	V	U	R	O	C	K	A
U	W	E	I	S	S	X	L
G	O	J	H	O	S	E	E

Online shoppen

1 **Warum ist Online-Shopping attraktiv?**

a **Warum kaufen die meisten Leute online? Was denken Sie? Kreuzen Sie die 4 wichtigsten Punkte an.**

1. [ ] Sie können immer einkaufen: morgens, mittags, abends oder in der Nacht.
2. [ ] Sie müssen nicht zu einem Geschäft gehen. Das Produkt kommt zu ihnen.
3. [ ] Man kann das Produkt einfach zurückschicken.
4. [ ] Es gibt kein Geschäft am Wohnort.
5. [ ] Das Angebot im Internet ist größer als in einem Geschäft.
6. [ ] Im Internet kann man schneller einkaufen. Man braucht nicht so viel Zeit.
7. [ ] Die Produkte im Internet sind nicht so teuer wie in den Geschäften.
8. [ ] Im Internet gibt es keine Beratung, aber es gibt mehr Informationen als in einem Geschäft.

b **Lesen Sie die Strategie und die Grafik schnell.**
Ergänzen Sie dann die zentralen Informationen aus der Grafik.

Warum shoppen die Deutschen online?
Was sagen sie, was sind die Vorteile?

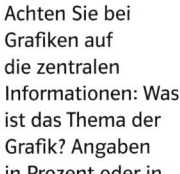

Achten Sie bei Grafiken auf die zentralen Informationen: Was ist das Thema der Grafik? Angaben in Prozent oder in ganzen Zahlen?

Unabhängig von Öffnungszeiten	77
Lieferung nach Hause	76
Einkaufen braucht wenig Zeit	67
Große Auswahl	66
Günstige Preise	52
Mehr Informationen über die Produkte	50
Rückgabemöglichkeit	28
Keine Geschäfte am Wohnort	22

Angaben in Prozent (Quelle: Statista)

1. Thema: _____
2. Angaben in Prozent oder ganzen Zahlen? _____

c **Lesen Sie die Grafik in 1b noch einmal genau. Was ist richtig, was ist falsch? Kreuzen Sie an.**

	r	f
1. Weniger als ein Drittel findet die Rückgabemöglichkeit wichtig.	[ ]	[ ]
2. Weniger als die Hälfte findet die Preise im Internet besser.	[ ]	[ ]
3. Die Hälfte findet die Produktinformationen im Internet wichtig.	[ ]	[ ]
4. Die Auswahl im Internet ist größer. Das finden zwei Drittel wichtig.	[ ]	[ ]
5. Ein Drittel hat keine Geschäfte am Wohnort. Für sie ist Online-Shopping ein Vorteil.	[ ]	[ ]
6. Einkaufen im Internet geht sehr schnell. Das findet ein Drittel vorteilhaft.	[ ]	[ ]
7. Mehr als drei Viertel finden online Einkaufen bequem. Man kann immer einkaufen und kann zu Hause bleiben.	[ ]	[ ]

d **Korrigieren Sie die falschen Informationen in 1c.**

e **Vergleichen Sie die Information aus der Grafik mit Ihren Vermutungen in 1a.**

Shopping

9A

das Shopping (nur Sg.)*
  das Online-Shopping
  (nur Sg.)
shoppen
bestellen*
die Kleidung, -en
  (Pl. selten)*
die Feier, -n
  die Immatrikulations-
  feier, -n
die Erstsemesterparty,
  -s
offiziell ≠ inoffiziell
der Rektor, -en
der Anzug, ⸚e*
die Jacke, -n*
das Kleid, -er*
elegant
gefallen (gefällt, hat
  gefallen) + Dat.
  (… gefällt mir./
  Mir gefällt …)*
passen + Dat.
  (… passt mir./
  Mir passt …)
fehlen + Dat. (… fehlt
  mir./ Mir fehlt …)
vertrauen + Dat.
  (Ich vertraue …)
langweilig
  Mir ist langweilig.
die Auswahl (nur Sg.)
  die Riesenauswahl
  (nur Sg.)
die Größe, -n
um|tauschen*
zurück|schicken
rund um die Uhr
der Artikel, -
  der Elektroartikel, -
  der Apotheken-
  artikel, -
das Smartphone, -s
die Beratung, -en
der Kunde, -n / die
  Kundin, -nen
der Käufer, - /
  die Käuferin, -nen
der Verkäufer, - / die
  Verkäuferin, -nen

die Bewertung, -en*
  die Produktbewer-
  tung, -en
beschreiben (hat be-
  schrieben)
recherchieren
der Vorschlag, ⸚e
glauben + Dat.
  (Ich glaube …)
danken + Dat.
  (Ich danke …)
die Hilfe, -n
die Grafik, -en
die Hälfte, -en
das Drittel, -
das Viertel, -
mehr als ≠ weniger als
über
knapp
der Schuh, -e*
das Lebensmittel, -
das Geschäft, -e
der Laden, ⸚
der Einkauf, ⸚e
entscheiden (hat ent-
  schieden)
bevorzugen
beides
der Vorteil, -e ≠
  der Nachteil, -e
vorteilhaft ≠ nachteilig
positiv ≠ negativ
von zu Hause
unabhängig
die Öffnungszeit, -en
außerdem
der Preis, -e
vergleichen (hat vergli-
  chen)*
der Versand (nur Sg.)
an|fassen*
an|probieren* (hat
  anprobiert)
direkt
das Erlebnis, -se
beachten
spätabends
zurück|geben (gibt
  zurück, hat zurück-
  gegeben)

9B

die Aussage, -n
der Bildschirm, -e
  die Bildschirm-
  diagonale, -n
  die Bildschirmgröße,
  -n
der Zoll, -
der Speicher, -
  der Arbeitsspeicher, -
das Gigabyte, -s
  (Abk.: GB)
das Gewicht (hier nur
  Sg.)
das Kilogramm, -
  (Abk.: kg)
leicht ≠ schwer
die Laufzeit, -en
der Akku, -s
halten (hält, hat gehal-
  ten)
die Eigenschaft, -en
billig ≠ teuer
die Steckdose, -n
angenehm
der Warenkorb, ⸚e
die Lieferung, -en
die Lieferzeit, -en
der Werktag, -e
die Rückgabe, -n
überprüfen
die Möglichkeit, -en
  die Zahlungsmöglich-
  keit, -en
die Kreditkarte, -n*
  mit Kreditkarte be-
  zahlen*
der Kauf, ⸚e
  der Ratenkauf, ⸚e
der Teil, -e
überweisen (hat über-
  wiesen)
danach
die Bestellung, -en
ab|schicken
beraten (berät, hat
  beraten)
der Berater, - /
  die Beraterin, -nen
das Gerät, -e
zufrieden
wirklich
der Stern, -e

die Bezahlung, -en
  (Pl. selten)

9C

das Kleidungsstück, -e*
die Bluse, -n*
das Hemd, -en*
die Hose, -n*
die Jeans (nur Pl.)*
der Mantel, ⸚*
der Rock, ⸚e*
der Pullover, -*
das Sakko, -s*
die Socke, -n*
der Strumpf, ⸚e*
das T-Shirt, -s*
das Modell, -e
sportlich
stehen + Dat. (… steht
  mir gut / nicht.)
weit
die Farbe, -n*
beige*
blau*
braun*
gelb*
grau*
grün*
lila*
rosa*
orange*
rot*
schwarz*
türkis*
weiß*
dunkelblau*/ -rot / …
  ≠ hellblau*/ -rot / …
das Material, -ien
die Baumwolle
  (nur Sg.)
das Leder (nur Sg.)
der Samt (nur Sg.)
die Seide (nur Sg.)
die Wolle (nur Sg.)
tragen (die Größe …
  tragen)
hübsch
die Umkleidekabine, -n
drüben
Lieblings-
  (Lieblingskleidung,
  Lieblingsfarbe, …)

1 Wir feiern

› KB A1

a Bilden Sie Nomen und schreiben Sie mit dem Artikel. Denken Sie auch an das Fugen-s.

~~der Ballon~~ • der Erstsemester • fahren •   das Geschäft • die Kirmes • ~~das Fest~~ •
der Floh • der Herbst • die Veranstaltung •   der Markt • die Party • der Stand • der Tipp
der Verkauf

das Ballonfest, _____

_____

b Wie heißen die internationalen Wörter? Schreiben Sie mit dem Artikel.

1. rkshopWo   *der Workshop* _____   4. zertnKo   _____
2. stivalFe   _____   5. ve-ndBaLi   _____
3. ftdrinkSo   _____   6. raPade   _____

c Was passt? Kreuzen Sie an. Es passen immer zwei Antworten.

1. der Absolvent   a. [x] das Barett   b. [ ] das Motto   c. [x] der Talar
2. die Kirmes   a. [ ] das Fahrgeschäft   b. [ ] das Festzelt   c. [ ] der Workshop
3. die Parade   a. [ ] der Abschluss   b. [ ] die Live-Band   c. [ ] der Tanz
4. das Festival   a. [ ] das Konzert   b. [ ] die Musik   c. [ ] das Restaurant

2 Vorschlagen – Reagieren – Vereinbaren

› KB A2

a Welche Verben fehlen? Ergänzen Sie die Verben in der richtigen Form.

~~haben~~ • finden • finden • gehen • können • meinen • mögen • sein • wollen • wollen

1. Ich *habe* _____ eine Idee.
2. Wir _____ zum Ballonfest gehen.
3. _____ wir das machen?
4. Was _____ du?
5. Das _____ eine gute Idee.
6. _____ wir lieber zur Kirmes gehen?
7. Wie _____ du das?
8. Nein, das _____ ich nicht so.
9. Das Straßenfest _____ ich besser.
10. Okay, _____ wir morgen zum Straßenfest.

b Was passt? Kreuzen Sie an. Es passen immer drei Antworten.

1. etwas vorschlagen
   a. [ ] Gehen wir …?
   b. [ ] Das passt.
   c. [ ] … Was meinst du?
   d. [ ] Wir könnten …
2. zustimmen / etwas vereinbaren
   a. [ ] Das machen wir so.
   b. [ ] Gute Idee!
   c. [ ] Okay, … ist gut.
   d. [ ] Wollen wir …?
3. etwas anderes vorschlagen
   a. [ ] Ich habe eine andere Idee: …
   b. [ ] … finde ich besser.
   c. [ ] Wollen wir lieber …?
   d. [ ] Gute Idee!
4. etwas ablehnen
   a. [ ] Ich weiß nicht.
   b. [ ] … finde ich nicht gut.
   c. [ ] Wie findest du das?
   d. [ ] … mag ich nicht so.

c Ergänzen Sie die passenden Redemittel aus 2b.

● Hallo Marta! Wie geht es dir?
○ Hi Mert, danke gut! *Wollen wir* _____ (1) am Samstagabend etwas zusammen machen?
   _____ (2) zur Erstsemesterparty gehen. Wie findest du das?
● Hm, _____ (3). Ich tanze nicht so gern. _____ (4)
   in der Rheinaue zum Gratiskonzert gehen?
○ Ja, _____ (5)! Das Konzert beginnt um 19:30. Holst du mich um 19:00 ab?
   _____ (6)?
● Okay, super! _____ (7). Bis Samstag.

ÜB 48 ▶ **d Hören Sie das Gespräch in 2c zur Kontrolle.**

3 So kommen wir auf Kurs! › KB A2

ideo 10 ▶ **a** **Auf welche Weise können Sie Vorschläge machen?**
Sehen Sie das Video an.

b **Schreiben Sie die Fragen aus dem Video in die**
Redemittelliste aus Lektion 4 und 8. Variieren Sie die Fragen.

Situation	Fragen	Antworten
etwas vor-schlagen und reagieren	Wir könnten die Wortliste ansehen. Oder Wollen wir lieber Was Wollen Wie	👍 Ja, gute Idee. 👎 Ich weiß nicht.

c **Welche Antworten passen? Notieren Sie passende Redemittel in der Tabelle.**

4 **[GRAMMATIK KOMPAKT] Vorschläge und höfliche Fragen mit *könnt-* und *würd-*** › KB A3

a **Was ist ein Vorschlag (V), was ist eine höfliche Frage / Bitte (H)? Notieren Sie.**

1. [H] Könnten Sie die Musik leiser machen?
2. [ ] Wir könnten zusammen Hausaufgaben machen.
3. [ ] Würdet ihr Kuchen und Softdrinks mitbringen?
4. [ ] Wir könnten zum Gitarrenkonzert gehen.

b **Was ist höflich, was nicht? Notieren Sie: + (sehr) höflich, – nicht (so) höflich.**

1. Bringen Sie bitte zwei Wasser! ....
2. Zwei Wasser! ....
3. Könnten / Würden Sie bitte zwei Wasser bringen? ....
4. Bringen Sie zwei Wasser! ....

c **Aussagesätze oder höfliche Fragen? Schreiben Sie die Sätze in die passende Tabelle.**

1. morgen zum Ballonfest | könnten | wir | gehen | .
2. ihr | würdet | mich um 19:00 | abholen | ?
3. du | die Eintrittskarten | könntest | bestellen | ?
4. könnten | wir | einen Ausflug | machen | .
5. du | könntest | putzen | das Bad | ?
6. zusammen in Urlaub | könnten | fahren | wir | .

	Position 2		Satzende
1. Wir	könnten	morgen zum Ballonfest	gehen.
2.			
3.			

	Position 1		Satzende
1. Würdet	ihr mich um 19:00		abholen?
2.			
3.			

d **Lesen Sie die Situationen und formulieren Sie höfliche Fragen mit *könnt-*.**

1. Das Fenster ist offen, Ihnen ist kalt (du): Könntest du (bitte) das Fenster zumachen?
2. Man muss das Formular ausfüllen (Sie): ....
3. Sie möchten nicht allein lernen (wir): ....
4. Sie brauchen Hilfe (ihr): ....

1 Die Geburtstags-Vorweihnachts-Party

› KB B1

Was passt zu was? Was ist wann typisch? Ordnen Sie zu. Manchmal sind mehrere Lösungen möglich.

das Bier • die Blume • das Feuerwerk • das Geschenk • ~~der Käse~~ • die Kerze • der Kuchen • der Salat • der Sekt • der Softdrink • die Suppe • der Tannenbaum • die Torte • der Wein

1. Büfett	2. Getränke	3. Geburtstag	4. Weihnachten	5. Silvester

der Käse,

2 [WORTBILDUNG] Nomen mit der Endung -ung

› KB B1

Nomen mit der Endung -ung: Immer mit Artikel *die*.

a Bilden Sie aus den Verben Nomen mit der Endung -ung.

1. veranstalten   *die Veranstaltung*
2. einladen
3. vorbereiten
4. beraten

5. meinen
6. bestellen
7. planen
8. wohnen

b Wie heißen die Verben? Notieren Sie.

1. die Bewerbung   *bewerben*
2. die Anmeldung
3. die Lieferung
4. die Öffnung

5. die Übung
6. die Bezahlung
7. der Rechnung
8. die Bewegung

3 [GRAMMATIK KOMPAKT] Die Hauptsatzkonnektoren *aber, denn, oder, und*

› KB B2

a Welcher Hauptsatzkonnektor passt: *aber, denn, oder, und*? Notieren Sie.

Laura bringt etwas für das Büfett mit

1. *und* sie baut mit Mert das Büfett auf.
2. _____ sie kauft Getränke.
3. , _____ sie kocht und backt gern.
4. , _____ sie hilft nicht bei der Vorbereitung.

b Welcher Satz passt? Ordnen Sie zu.

1. Sven kommt später,
2. Mert hat zu seiner Geburtstagsparty viele Freunde
3. Sarah backt gern Kuchen,
4. Hamid hilft bei der Vorbereitung
5. James spielt auf der Party Gitarre
6. Lea isst gern Gemüse,
7. Mike bringt einen Nudelsalat mit
8. Mailin trinkt keinen Sekt,

a. [ ] aber keine Torten.
b. [ ] oder er macht einen Nachtisch.
c. [1] denn er trifft am Abend seine Großeltern.
d. [ ] und Freundinnen eingeladen.
e. [ ] aber sie mag keinen Salat.
f. [ ] denn sie mag keinen Alkohol.
g. [ ] oder Keyboard.
h. [ ] und er räumt mit Mert auf.

c **Schreiben Sie Sätze.**

1. gehen | Die Freunde | am Wochenende zum Flohmarkt | gehen | oder | einen Ausflug | machen I sie I .

   Die Freunde gehen am Wochenende zum Flohmarkt oder sie machen einen Ausflug.

2. Straßenfeste | mögen | Mert | und | gern auf Jahrmärkte | er | gehen | .

3. zur Erstsemesterparty | Eleni | gehen | , | denn | tanzen | sie | gern | .

4. zum One-World-Festival | Laurence | gehen | oder | anschauen | er | das Feuerwerk | .

5. feiern | Tom | gern Weihnachten | , | aber | mögen | auch Silvester | er | .

d **Formulieren Sie die Sätze kürzer.**

1. Hanna bringt eine Lasagne mit oder sie bringt einen Salat mit.

   Hanna bringt eine Lasagne oder einen Salat mit.

2. Finn hilft bei der Vorbereitung und er räumt mit Mert auf.

3. Ben spielt Geige, aber er spielt nicht Gitarre.

4. Anouk kauft Bier und sie kauft Softdrinks.

5. Xavier kocht eine Suppe oder er backt eine Torte.

Sätze mit *denn:* Hier können Subjekt und Verb nicht wegfallen.

[AUSSPRACHE] *sp* und *st* › KB B4

a **Wo spricht man das *sp* als *schp*? Kreuzen Sie an.**

1. sprechen [x]   4. Sport [ ]   7. Bahnhofsplatz [ ]
2. Respekt [ ]   5. gespült [ ]   8. Fremdsprache [ ]
3. Arbeitsspeicher [ ]   6. spannend [ ]

ÜB 49 ▶ b **Hören Sie die Wörter in 4a zur Kontrolle. Hören Sie noch einmal und sprechen Sie nach.**

c **Wo spricht man das *st* als *scht*? Kreuzen Sie an.**

1. buchstabieren [x]   4. testen [ ]   7. günstig [ ]
2. zuerst [ ]   5. stehen [ ]   8. bestellen [ ]
3. Stadt [ ]   6. Wurst [ ]

ÜB 50 ▶ d **Hören Sie die Wörter in 4c zur Kontrolle. Hören Sie noch einmal und sprechen Sie nach.**

ÜB 51 ▶ e **Was fehlt: *sp* oder *st*? Hören Sie die Wörter und ergänzen Sie.**

1. ..sp..anisch   5. ....ress   9. Weihnacht.......arty
2. ver.......ehen   6. Ga.......geber   10. ....ortlich
3. Herb.......   7. ge.......ielt
4. ....ontan   8. lu.......ig

1 Karneval

› KB C1

Was passt zusammen? Ordnen Sie zu.

1. der Karneval
2. der Römer / die Römerin
3. Ostern
4. der Fasching
5. das Kostüm
6. der Straßenkarneval
7. der Berliner

a. [ ] die Fastnacht
b. [ ] die Maske
c. [ ] Latein
d. [ ] der Zuckerkuchen
e. [1] die Fastenzeit
f. [ ] der Frühling
g. [ ] die Parade

2 Lesestrategien

› KB C1

a W-Fragen: Welche Fragewörter passen? Notieren Sie.

1. Das Wort Karneval kommt von Latein „carne vale".
2. Die Karnevalshauptstadt in Deutschland ist Köln.
3. Der Höhepunkt von Karneval sind die sechs Tage vor Aschermittwoch.
4. Man feiert Karneval mit Paraden, Musik und Tanz.
5. In Europa feiert man Karneval in Venedig, Teneriffa oder Basel.
6. Die Fastenzeit beginnt am Aschermittwoch.
7. Karneval heißt „Auf Wiedersehen Fleisch".
8. International feiert man Karneval in New Orleans, Brasilien oder Kolumbien.
9. An Karneval trägt man Kostüme und Masken.
10. Die Fastenzeit dauert 40 Tage, bis Ostern.

Wann? ....   Wie? ....   Wo? ....
Was? ....   Wie lange? ....   Woher? _1_.............

b Formulieren Sie W-Fragen zu den Informationen in 2a.

1. Woher kommt das Wort Karneval?
2.
3.
4.
5.
6.
7.
8.
9.
10.

c Lesen Sie die Informationen in 2a. Was ist richtig, was ist falsch? Kreuzen Sie an.

	r	f
1. In Europa feiert man Karneval in Venedig, Teneriffa oder Bern.	[ ]	[x]
2. Der Höhepunkt von Karneval ist am Aschermittwoch.	[ ]	[ ]
3. Karneval kommt von Latein „carne vale" und heißt „Auf Wiedersehen Fleisch".	[ ]	[ ]
4. Die Karnevalshauptstadt in Deutschland ist Berlin.	[ ]	[ ]
5. Karneval feiert man mit Paraden und man trägt Kostüme.	[ ]	[ ]
6. Die Fastenzeit beginnt 40 Tage vor Ostern.	[ ]	[ ]

d Formulieren Sie aus den Sätzen kürzere Überschriften.

1. Der Karneval beginnt am 11.11., um 11:11 Uhr. _Beginn von Karneval am 11.11., um 11:11 Uhr_
2. Das Wort Karneval kommt von Latein „carne vale".
3. Die Fastenzeit endet an Ostern.
4. Die Karnevalshauptstadt in Deutschland ist Köln.

3 Feste international

› KB C2

Lesen Sie die Informationen zu den Festen und ergänzen Sie die Wörter.

alt · Umschlägen · denkt · Familie · Farbe · Feuerwerk · Glück · Kostüm · lachen · lustig ·
nass · reich · schenkt · Süßigkeiten · Straßen · Toten · wirft

1. Beim Holi-Fest _wirft_____ man mit _____ und Wasser und am Ende sind alle
   _____ und bunt. Alle feiern zusammen: _____ und jung, arm und _____.
2. Zum Chinesischen Neujahr gibt es ein _____. Und man _____ den Kindern Geld
   in roten _____. Rot bringt _____.
3. Bei Halloween geht man im _____ von Tür zu Tür und bekommt viele _____.
4. Beim „Día de los Muertos" feiert die ganze _____ zusammen und man _____
   an die _____. Und alle tragen Kostüme.
5. Beim Purim-Fest ist es sehr _____. Es gibt eine Parade und Musik und alle
   _____ und tanzen in Kostümen auf den _____.

4 [GRAMMATIK KOMPAKT] Kausale Nebensätze – Begründung mit *weil*

› KB C3

a Lesen Sie die Sätze und ordnen Sie die Begründung zu.

1. Mert macht am 21.12. eine Party.
2. Er feiert im Studierendenclub.
3. Philipp kann nicht kommen.
4. Diego kommt früher.
5. Mert braucht am 22.12. Hilfe.
6. Sven ist später gekommen.

a. [ ] Er ist schon nach Hause gefahren.
b. [ ] Er hat seine Großeltern getroffen.
c. [1] Er hat Geburtstag.
d. [ ] Er baut mit Mert das Büfett auf.
e. [ ] Er will viele Freunde einladen.
f. [ ] Er muss den Studierendenclub aufräumen.

b Formulieren Sie aus den Sätzen in 4a Sätze mit *weil* und scheiben Sie sie in die Tabelle.

Hauptsatz	Nebensatz mit Nebensatzkonnektor			
	Position 1		Satzende	
1. Mert macht am 21.12. eine Party,	weil	er Geburtstag	hat.	
2. Er feiert im Studierendenclub,	weil	er viele Freunde	einladen	will.
3.				
4.				
5.				
6.				

5 Mein Lieblingsfest

› KB C4

a Ordnen Sie die Redemittel den Punkten 1 bis 6 zu.

Das Fest beginnt … und dauert … · Das Fest gefällt mir gut, weil / denn … · Man feiert das Fest,
weil / denn … · Es gibt Geschenke. · In … feiert man … · Man ruft / wünscht … · Es gibt
Musik und Tanz / ein Feuerwerk / eine Parade / eine Party … · Man isst … und trinkt … ·
Man schenkt / bekommt …

1. Wo? / Wann? / Warum? _____
2. Geschenke? _____
3. Aktivitäten? _____
4. Spezialitäten (Essen / Trinken)? _____
5. Mag das Fest, warum? _____

**b Was ist Ihr Lieblingsfest? Schreiben Sie einen Text und stellen Sie Ihr Lieblingsfest vor. Die
Redemittel in 5a helfen. Schicken Sie den Text dann an Ihre Lehrerin / Ihren Lehrer.**

Feste

1 Mein Weihnachten

Lesen Sie die Textabschnitte im Blog. Was ist das Thema von jedem Textabschnitt? Schreiben Sie eine Überschrift oder einen Satz.

Überlegen Sie beim Lesen: Was ist das Thema von einem Textabschnitt? Formulieren Sie eine Überschrift oder einen Satz.

Mein Weihnachten

**Weihnachten ist für mich sehr wichtig.
In meiner Familie feiern wir Weihnachten sehr traditionell.**

A. *Auf dem Weihnachtsmarkt / Vor Weihnachten besuchen wir den Weihnachtsmarkt.*

Meine Schwester und ich studieren in Köln. Vor Weihnachten besuchen wir mit unseren Freunden immer den Weihnachtsmarkt. Da gibt es leckeres Essen, viele Leute und interessante Dinge. Am schönsten finde ich es am Abend.

B. ....

Am Tag vor Weihnachten fahren wir nach Münster zu meinen Eltern. Meine Eltern haben dann schon viel vorbereitet: Sie haben das Haus aufgeräumt und geputzt, sie haben einen Tannenbaum gekauft, sie haben Plätzchen und Stollen gebacken und leckeres Essen für Weihnachten eingekauft und vorbereitet. Dann kommen wir, alles ist fertig, und wir haben eine schöne Zeit mit meinen Eltern.

Plätzchen und Stollen

Weihnachtsmarkt in Köln

C. ....

Als Kind waren für mich die Geschenke am wichtigsten. Ich habe kleine Geschenke für meine Eltern und Großeltern gemacht und ich habe natürlich von allen viele Geschenke bekommen. Das war das Highlight vom Fest. Jetzt finde ich Geschenke nicht mehr wichtig. Die Geschäfte vor Weihnachten sind super voll, das Einkaufen ist super stressig. Das macht mir keinen Spaß. Wir haben alle selbst Geld und können uns unsere Sachen selbst kaufen. Zum Glück haben wir in der Familie entschieden: Wir schenken uns nur kleine Sachen, eine Kerze oder ein Buch.

D. ....

Im Auslandsjahr war ich in Buenos Aires. Da habe ich Weihnachten ganz anders kennengelernt. Es gibt auch leckeres Essen und Geschenke, man geht auch in die Kirche. Das ist wie bei uns. Aber es gibt einen großen Unterschied: Es ist Sommer. Ich war mit einer Freundin an Weihnachten am Meer. Wir sind dort geschwommen und haben Beachvolleyball gespielt. Das war für mich sehr ungewöhnlich. Und ich habe meine Familie vermisst. Weihnachten ohne Familie finde ich ein bisschen traurig.

Weihnachtsbaum in Buenos Aires

E. ....

An Weihnachten sehen wir auch immer meine Großeltern. Am 1. Weihnachtstag, fahren wir zu meiner Tante nach Bielefeld. Dort treffen wir auch meine Großmutter, die Mutter von meiner Mutter, und meinen Cousin. Er ist schon verheiratet und hat eine kleine Tochter. Wir gehen zusammen spazieren, spielen und essen richtig traditionell Gans. Am 2. Weihnachtstag gehen wir mit meinen anderen Großeltern in Münster in ein Restaurant. Wir müssen immer viel von der Uni erzählen. Ich treffe gerne meine Verwandten, ich mag sie gern. Aber ich bin am Abend dann oft sehr müde. So viel Verwandtschaft ist manchmal ein bisschen stressig.

Unsere Weihnachtsgans

Schönes Fest!

10A

die Veranstaltung, -en
das Fest, -e*
  das Ballonfest, -e
  das Straßenfest, -e*
die Feier, -n*
feiern*
aus|gehen (ist ausge-
  gangen)
öffnen
der Flohmarkt, ̈e
das Feuerwerk, -e*
das / der Silvester, -*
das Konzert, -e
gratis
mieten
die Kirmes*
der Jahrmarkt, ̈e*
das Fahrgeschäft, -e*
das Karussell, -s*
der Stand, ̈e
  der Verkaufsstand, ̈e*
das Zelt, -e
  das Festzelt, -e*
die Band, -s*
  die Live-Band, -s*
das Festival, -s
interkulturell
die Welt (hier nur Sg.)
das Motto, -s
das Projekt, -e
der Workshop, -s
die Organisation, -en
die Parade, -n
der Eintritt, -e
die Eintrittskarte, -n*

der Softdrink, -s
der Absolvent, -en*
der Abschluss, ̈e
das Barett, -s*
der Talar, -e*
der Club, -s
vor|schlagen (schlägt
  vor, hat vorgeschla-
  gen)
zu|stimmen ≠
  ab|lehnen
vereinbaren
höflich
das Treffen, -
die Homepage, -s
der Weg, -e

10B

die Einladung, -en
das Weihnachten, -*
die Vorweihnachts-
  Party, -s
die Kerze, -n*
der Baum, ̈e
  der Tannenbaum, ̈e*
das Büfett, -s*
das Bier, -e
der Wein, -e
der Alkohol (nur Sg.)
alkoholfrei
das Geschenk, -e*
der Sekt, -e* (Pl. selten)
an|stoßen (stößt an,
  hat angestoßen)
die Blume, -n*

erst um … Uhr
auf|bauen
die Vorbereitung, -en
backen (hat gebacken)
ab|sagen
sorry (engl.)
melden
wichteln
die Tradition, -en
  die Weihnachts-
  tradition, -en
der Zettel, -
mischen
kleben

10C

der Karneval, -e / -s
  (Pl. selten)*
der Fasching, -e / -s
  (Pl. selten)*
die Fastnacht, -en
  (Pl. selten)
der Römer, - /
  die Römerin, -nen
das Latein (nur Sg.)
der Christ, -en / die
  Christin, -nen
die Fastenzeit, -en
das Ostern, -
vorher
speziell
der Höhepunkt, -e
die Hauptstadt, ̈e
der Besucher, - / die
  Besucherin, -nen

das Kostüm, -e*
tragen (trägt, hat
  getragen)
  ein Kostüm tragen
rufen (hat gerufen)
die Region, -en
traditionell
der Tanz, ̈e
die Maske, -n*
der Ball, ̈e
  der Maskenball, ̈e
der Ort, -e
beliebt
ganz
befragen
die Süßigkeit, -en*
das Neujahr (nur Sg.)
schenken
der Brief, -e
der Umschlag, ̈e
  der Briefumschlag, ̈e
das Glück (nur Sg.)
lachen
der Tote, -n
werfen (wirft,
  hat geworfen)
nass
bunt
der Unterschied, -e
gleich sein
arm ≠ reich
blöd
kaputt
die Spezialität, -en
das Trinken (nur Sg.)

Informationen zur Prüfung

Wenn Sie Kurs DaF A1 durchgearbeitet haben, können Sie Ihre Deutschkenntnisse mit der Prüfung „Goethe Zertifikat A1 – Start Deutsch 1" nachweisen. So sieht die Prüfung aus:

Fertigkeit	Teil	Aufgaben	Zeit	Punkte
Hören	1	6 kurze Alltagsgespräche (zweimal hören)	ca. 20 Minuten	25
	2	4 Durchsagen (einmal hören)		
	3	5 Ansagen am Telefon (zweimal hören)		
Lesen	1	1 oder 2 Nachrichten	ca. 25 Minuten	25
	2	10 Anzeigen, je 2 zur Auswahl		
	3	5 Schilder / Aushänge		
Schreiben	1	5 Informationen in Formular ergänzen	ca. 20 Minuten	25
	2	Kurznachricht schreiben (dazu 3 Leitpunkte)		
Sprechen	1	Sich vorstellen	ca. 15 Minuten	25
	2	Fragen stellen und auf Fragen antworten		
	3	Um etwas bitten und auf Bitten antworten		

Bewertung: Bei jedem Prüfungsteil können Sie maximal 25 Punkte erreichen.

100 – 90 Punkte = sehr gut
89 – 80 Punkte = gut
79 – 70 Punkte = befriedigend
69 – 60 Punkte = ausreichend
unter 60 = nicht bestanden

Hören

ca. 20 Minuten

KB 64–70 ▷ **Hören, Teil 1**

Was ist richtig? Kreuzen Sie an: a, b oder c. Sie hören jeden Text zweimal.

Beispiel

0. Wohin gehen die Leute?
   a. [x] In ein Café.　　b. [ ] In ein Restaurant.　　c. [ ] In einen Supermarkt.

1. Welche Zimmernummer hat Herr Schuster?
   a. [ ] 468.　　b. [ ] 486.　　c. [ ] 586.

2. Wann kommt der Zug in Frankfurt an?
   a. [ ] Um 17:15 Uhr.　　b. [ ] Um 17:35 Uhr.　　c. [ ] Um 17:45 Uhr.

3. Was macht Robert zum Abendessen?
   a. [ ] Fisch.　　b. [ ] Fleisch.　　c. [ ] Kartoffelsuppe.

4. Wann kommt Frau Schmidt wieder ins Büro?
   a. [ ] Am Montag.　　b. [ ] Am Donnerstag.　　c. [ ] Am Freitag.

5. Wie viel kostet eine Kinokarte?
   a. [ ] 8,50 €.　　b. [ ] 10,00 €.　　c. [ ] 12,00 €.

6. Was sucht die Frau?
   a. [ ] Eine Bluse.　　b. [ ] Eine Jacke.　　c. [ ] Einen Rock.

3 71–75 ▷ ## Hören, Teil 2

Was ist richtig (r), was ist falsch (f)? Kreuzen Sie an. Sie hören jeden Text einmal.

Beispiel   r   f

0. Fluggäste nach Berlin müssen zu einem anderen Ausgang gehen.   [x] [ ]

7. Birnen gibt es heute nicht im Angebot.   [ ] [ ]
8. Nadja ist an der Information.   [ ] [ ]
9. Heute kann man nur mit dem Bus zum Marktplatz fahren.   [ ] [ ]
10. Im Zugrestaurant kann man nichts trinken.   [ ] [ ]

3 76–81 ▷ ## Hören, Teil 3

Was ist richtig? Kreuzen Sie an: a, b oder c. Sie hören jeden Text zweimal.

Beispiel

0. Wann hat Annette morgen Zeit?
    a. [ ] Um 3:00 Uhr.
    b. [ ] Um 15:00 Uhr.
    c. [x] Um 16:00 Uhr.

11. Wo ist Frau Dr. Hartmann?
    a. [ ] In ihrer Praxis.
    b. [ ] In der Praxis Dr. Fink.
    c. [ ] Im Urlaub.

12. Wo wohnt Theo?
    a. [ ] Am Königsplatz.
    b. [ ] In der Marktstraße.
    c. [ ] In der Schillerstraße.

13. Wo hat Bernd einen Tisch reserviert?
    a. [ ] In der Pizzeria Venezia.
    b. [ ] Im Restaurant Linde.
    c. [ ] Bei Riccardo.

14. Was möchte Frau Lange wissen?
    a. [ ] Das Buch.
    b. [ ] Den Preis.
    c. [ ] Den Raum.

15. Wann kann Felix die Bücher abholen?
    a. [ ] Am Montag.
    b. [ ] Am Dienstag.
    c. [ ] Am Samstag.

Lesen   ca. 25 Minuten

Lesen, Teil 1

Lesen Sie die beiden Texte und die Aufgaben 1 bis 5. Kreuzen Sie an: richtig (r) oder falsch (f).

Beispiel   r   f
0. Moritz wohnt in einer neuen WG.   [x] [ ]

✉ ☒   ✉ ☒

Hi Annika,
ich möchte dich zu meiner Party am
Freitagabend einladen. Ich feiere
zusammen mit meinen Mitbewohnern,
denn ich wohne jetzt in einer neuen WG.
Ich kaufe die Getränke. Kannst du einen
Nudelsalat mitbringen?
Bis dann
Moritz

Hallo ihr,
hier alle Informationen für unseren Ausflug
nach Salzburg: Wir treffen uns am Samstag um
8:25 Uhr im Bahnhof in Rosenheim, direkt am
Gleis 4. Seid bitte pünktlich! Der Zug fährt um
8:33 Uhr ab und kommt um 9:36 Uhr in Salzburg
an. Wir übernachten in einem Hotel im Zentrum
von Salzburg. Der Bus zum Hotel kostet nichts.
Ihr müsst ihn nicht bezahlen.
Liebe Grüße und bis Samstag ☺ Laura

                                          r   f
1. Moritz feiert die Party allein.   [ ] [ ]
2. Annika kauft die Getränke.   [ ] [ ]

                                                      r   f
3. Treffpunkt ist im Bahnhof Rosenheim.   [ ] [ ]
4. Der Zug fährt um 9:36 Uhr ab.   [ ] [ ]
5. Die Freunde brauchen kein Geld für   [ ] [ ]
    den Bus.

Lesen, Teil 2

Lesen Sie die Texte und die Aufgaben 6 bis 10. Wo finden Sie Informationen? Kreuzen Sie an: a oder b.

Beispiel

0. Sie brauchen Möbel für Ihr Wohnzimmer.

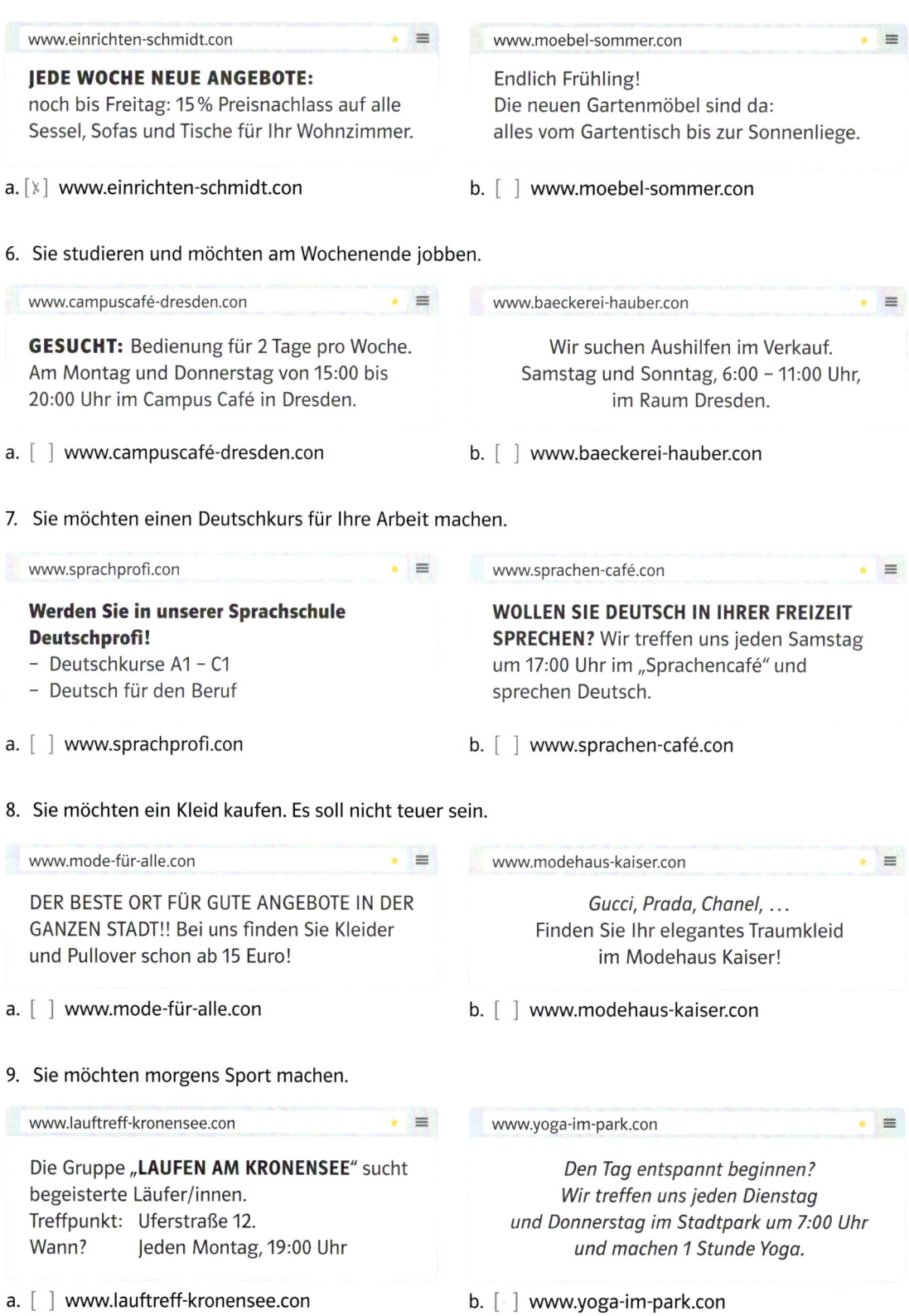

> www.einrichten-schmidt.con
>
> **JEDE WOCHE NEUE ANGEBOTE:**
> noch bis Freitag: 15 % Preisnachlass auf alle
> Sessel, Sofas und Tische für Ihr Wohnzimmer.

> www.moebel-sommer.con
>
> Endlich Frühling!
> Die neuen Gartenmöbel sind da:
> alles vom Gartentisch bis zur Sonnenliege.

a. [x] www.einrichten-schmidt.con   b. [ ] www.moebel-sommer.con

6. Sie studieren und möchten am Wochenende jobben.

> www.campuscafé-dresden.con
>
> **GESUCHT:** Bedienung für 2 Tage pro Woche.
> Am Montag und Donnerstag von 15:00 bis
> 20:00 Uhr im Campus Café in Dresden.

> www.baeckerei-hauber.con
>
> Wir suchen Aushilfen im Verkauf.
> Samstag und Sonntag, 6:00 – 11:00 Uhr,
> im Raum Dresden.

a. [ ] www.campuscafé-dresden.con   b. [ ] www.baeckerei-hauber.con

7. Sie möchten einen Deutschkurs für Ihre Arbeit machen.

> www.sprachprofi.con
>
> **Werden Sie in unserer Sprachschule
> Deutschprofi!**
> – Deutschkurse A1 – C1
> – Deutsch für den Beruf

> www.sprachen-café.con
>
> **WOLLEN SIE DEUTSCH IN IHRER FREIZEIT
> SPRECHEN?** Wir treffen uns jeden Samstag
> um 17:00 Uhr im „Sprachencafé" und
> sprechen Deutsch.

a. [ ] www.sprachprofi.con   b. [ ] www.sprachen-café.con

8. Sie möchten ein Kleid kaufen. Es soll nicht teuer sein.

> www.mode-für-alle.con
>
> DER BESTE ORT FÜR GUTE ANGEBOTE IN DER
> GANZEN STADT!! Bei uns finden Sie Kleider
> und Pullover schon ab 15 Euro!

> www.modehaus-kaiser.con
>
> *Gucci, Prada, Chanel, …*
> Finden Sie Ihr elegantes Traumkleid
> im Modehaus Kaiser!

a. [ ] www.mode-für-alle.con   b. [ ] www.modehaus-kaiser.con

9. Sie möchten morgens Sport machen.

> www.lauftreff-kronensee.con
>
> Die Gruppe „**LAUFEN AM KRONENSEE**" sucht
> begeisterte Läufer/innen.
> Treffpunkt: Uferstraße 12.
> Wann?   Jeden Montag, 19:00 Uhr

> www.yoga-im-park.con
>
> *Den Tag entspannt beginnen?
> Wir treffen uns jeden Dienstag
> und Donnerstag im Stadtpark um 7:00 Uhr
> und machen 1 Stunde Yoga.*

a. [ ] www.lauftreff-kronensee.con   b. [ ] www.yoga-im-park.con

10. Sie suchen ein WG-Zimmer in Leipzig.

www.immobilien-reich.con ⭐ ≡	www.wg-vermittlung.con ⭐ ≡
Sie suchen eine Wohnung in Leipzig? Wir haben für Sie das richtige Angebot: 1-, 2-, 3- und 4-Zimmer-Wohnungen.	Wir vermitteln möblierte WG-Zimmer – in Leipzig und Umgebung, ab 400,– € pro Monat.

a. [ ] www.immobilien-reich.con   b. [ ] www.wg-vermittlung.con

Lesen, Teil 3

Lesen Sie die Texte und die Aufgaben 11 bis 15. Kreuzen Sie an: richtig (r) oder falsch (f).

Beispiel

0. An der Tür von einer Bäckerei

Wir haben leider heute den ganzen Tag und morgen bis 13 Uhr geschlossen. Denn wir bekommen neue Möbel.

Sie können morgen Vormittag
Brötchen kaufen.

r   f
[ ] [x]

13. In einer Bibliothek

**In der gesamten Bibliothek
ist Essen und Trinken verboten.**

Sie dürfen in der Bibliothek
eine Cola trinken.

r   f
[ ] [ ]

11. Im Schaufenster von einem Möbelgeschäft

Liebe Kundinnen und Kunden,
wir feiern 25-jähriges Jubiläum!
Diese Woche gibt es alle Sofas
zum halben Preis.

Die Sofas sind diese Woche
günstiger.

r   f
[ ] [ ]

14. An der Tür von einer Sprachschule

Liebe Schüler/innen,

*wir haben ab dem 15. August Ferien.
Unsere Deutschkurse beginnen wieder
am 05. September.*

Sie können am 20. August
zum Deutschkurs gehen.

r   f
[ ] [ ]

12. An der Tür von einer Ärztin

Dr. Beate Hartmann
Zahnärztin

Sprechzeiten:
Mo., Mi.: 8:00 –13:00
Di.: 14:00 – 18:00
Do., Fr.: 8:00 – 12:00
ohne Voranmeldung

Sie können am Montagnachmittag
zu Frau Dr. Hartmann gehen.

r   f
[ ] [ ]

15. Bei der Straßenbahn

Sehr geehrte Fahrgäste!

Ab dem 01. Januar kostet ein Ticket für die Straßenbahn im Zentrum nicht mehr 2,75 Euro. Der neue Preis für ein Ticket ist 3,25 Euro.

Danke für Ihr Verständnis!

Am 01. Januar müssen Sie 3,25 Euro
für ein Ticket bezahlen.

r   f
[ ] [ ]

Schreiben

Schreiben, Teil 1

Ihre Freundin Louise Moreau aus Frankreich besucht Sie im April in Deutschland. Sie wohnt bei Ihnen in der Blumenstraße 82 in Heidelberg. Ihre Freundin möchte einen Deutschkurs A1 besuchen. Sie spricht Französisch und Spanisch. Der Kurs soll nicht teuer sein.

In dem Formular fehlen fünf Informationen. Helfen Sie Ihrer Freundin und schreiben Sie die fehlenden Informationen in das Formular.

SPRACHINSTITUT AM BERG
Anmeldeformular

Ich möchte mich zu einem Deutschkurs [X] A1   [ ] A2   [ ] B1   [ ] B2   anmelden.   [0]

Nachname, Vorname: *Moreau,*   [1]
Straße / Ort: *Blumenstraße 82., 69115*   [2]
Monat: _____   [3]
Sprachen: *Französisch,*   [4]

Ich möchte folgenden Kurs besuchen: [5]
[ ] Gruppenkurs: 400,– €
[ ] Minigruppenkurs: 600,– €
[ ] Privatkurs: 1200,– €

Schreiben, Teil 2

Sie möchten im Sommerurlaub einen Gitarrenkurs besuchen. Schreiben Sie an die Musikschule.

· Warum schreiben Sie?
· Bitten Sie: Informationen über Kursangebote und Preise.
· Fragen Sie: Privatunterricht?

Schreiben Sie zu jedem Punkt ein bis zwei Sätze. Schreiben Sie auch eine Anrede und einen Gruß am Schluss (ca. 30 Wörter).

Sprechen

Sprechen, Teil 1: Sich vorstellen

Stellen Sie sich vor und sagen Sie etwas zu folgenden Punkten.

· Name?
· Alter?
· Land?
· Wohnort?
· Sprachen?
· Beruf / Schule / Studium?
· Hobby?

> Ich heiße Irina. Ich bin 21 Jahre alt und komme aus …

Mögliche Zusatzfragen vom Prüfer oder der Prüferin: Ihren Namen buchstabieren oder Ihre Telefonnummer nennen.

Sprechen, Teil 2: Um Informationen bitten und Informationen geben

Sie bekommen zwei Karten mit einem Wort: eine Karte zu Thema A (hier: Wohnen), eine Karte zu Thema B (hier: Freizeit). Stellen Sie zu dem Wort auf Ihrer Karte eine Frage und antworten Sie auf die Frage von einer anderen / einem anderen aus Ihrer Gruppe. Sprechen Sie zuerst über das Thema Wohnen, dann über das Thema Freizeit.

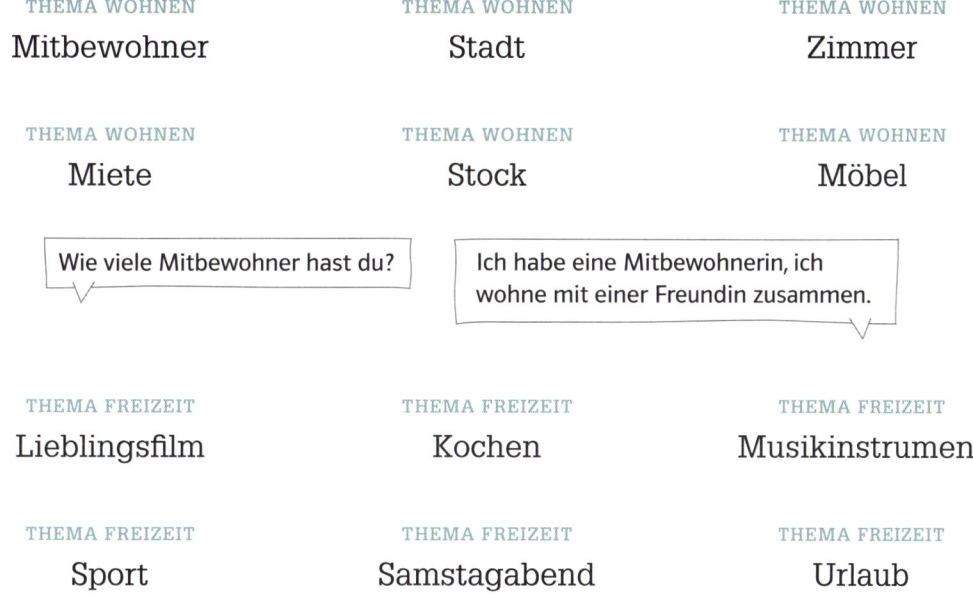

THEMA WOHNEN	THEMA WOHNEN	THEMA WOHNEN
Mitbewohner	Stadt	Zimmer
THEMA WOHNEN	THEMA WOHNEN	THEMA WOHNEN
Miete	Stock	Möbel

> Wie viele Mitbewohner hast du?

> Ich habe eine Mitbewohnerin, ich wohne mit einer Freundin zusammen.

THEMA FREIZEIT	THEMA FREIZEIT	THEMA FREIZEIT
Lieblingsfilm	Kochen	Musikinstrument
THEMA FREIZEIT	THEMA FREIZEIT	THEMA FREIZEIT
Sport	Samstagabend	Urlaub

Sprechen, Teil 3: Bitten formulieren und darauf reagieren

Sie bekommen zwei Karten mit einem Bild oder einem Wort. Formulieren Sie zu den Bildern oder Wörtern auf Ihren zwei Karten eine Bitte und antworten Sie auf die Bitten von einer anderen / einem anderen aus Ihrer Gruppe.

> Kannst du heute Abend kochen?

> Ja gern, was möchtest du essen?

> Gib mir bitte das Buch!

> Ja gern, hier ist es.

Lösungen zu *KURS NEHMEN*

1 Herzlich willkommen!

1c 1. Müller • 2. Seidel

1e 1. 5 60 39 41 • 2. 2 78 01 48 • 3. 3 07 49 28

2 Studium und Freizeit

1a 2. das Keyboard • 3. die Bücher • 4. die Universität • 5. der Computer • 6. das Formular • 7. der Ball • 8. der Sport • 9. die Musik • 10. das Schach • 11. der Laptop • 12. die Salsa

1b 1. lesen • 2. sehen • 3. hören • 4. tanzen • 5. treiben • 6. spielen • 7. ausfüllen • 8. haben • 9. zeigen

1c *Mögliche Lösung:* Dänisch sprechen • Architekt sein • Deutsch lernen

3 Ein leerer Bauch studiert nicht gern

1a *Mögliche Lösung:* **Milchprodukte:** Butter • Käse • Milch • Quark • **Obst / Früchte:** Äpfel • Erdbeeren • Kirschen • **Gemüse:** Brokkoli • Karotten • Paprika • Tomaten • **Beilagen:** Bratkartoffeln • Kartoffeln • Knödel • Nudeln • Pommes frites • Reis • **Fleisch:** Gulasch • Hähnchen • Schnitzel • Wurst • **Fisch:** Hering • Lachs • **kann man nicht zuordnen:** Pilze (Champignons) • Salat • Eier • Rührei • Eis (Nachtisch) • Kuchen (Nachtisch) • Milchreis (Nachtisch)

4 13:00 Uhr: Mensa, Sprechstunde oder Kochen?

1a a. 7 • b. 2 • c. 4 • d. 3 • e. 8 • f. 6 • g. 1 • h. 5

1b **Universität:** eine Vorlesung besuchen • in die Sprechstunde gehen • eine Klausur schreiben • ein Tutorium / ein Seminar / eine Übung haben • **Haushalt:** das Geschirr abwaschen • Zutaten vorbereiten • die Wohnung aufräumen

2a 1. Mittwoch • 2. Freitag • 3. Montag • 4. Sonntag

5 Familie und Freunde

1a Verena • Alexander • Carla • Jannis • Sonja • Susanne • Aaron • Julian • Matthias • Albert • Sonja • Susanne • Horst • Renate

6 Wohnen am Studienort

1a 1. Foto 3 • 2. Foto 2 • 3. Foto 1 • 4. Foto 4

1b 1. das Schlafzimmer • 2. das Wohnzimmer • 3. das Bad • 4. das Arbeitszimmer • 5. die Küche

1c a. 1 • b. 7 • c. 6 • d. 4 • e. 5 • f. 3 • g. 8 • h. 2 • i. 9

7 Unterwegs in der Stadt

1a der Bahnhof: Foto 6 • die Kirche: Foto 1 • der Marktplatz: Foto 2 • der Park: Foto 5 • das Schloss: Foto 3 • der Turm: Foto 4 • der Zoo: Foto 7

1b/c *Mögliche Lösung:* **Historisches Gebäude:** die Pyramide, -n • das Schloss, ¨er • der Turm, ¨e • **Einkaufen:** die Fußgängerzone, -n • das Geschäft, -e • der Marktplatz, ¨e • das Zentrum, Zentren • **Essen und Trinken:** das Café, -s • die Kneipe, -n • das Restaurant, -s • **Freizeit:** das Kino, -s • das Museum, Museen • der Park, -s • das Stadion, Stadien • das Theater, - • der Zoo, -s • **Bildung:** die Bibliothek, -en • die Universität, -en • **Religion:** die Kirche, -n • die Moschee, -n • die Synagoge, -n • der Tempel, - • **Verkehr:** der Bahnhof, ¨e • der Bus, -se • die Straßenbahn, -en

8 Gute Besserung!

1a 1. das Auge, -n • 2. die Nase, -n • 3. der Hals, ¨e • 4. der Bauch, ¨e • 5. der Rücken, - • 6. das Knie, - • 7. der Fuß, ¨e • 8. der Kopf, ¨e • 9. das Ohr, -en • 10. der Arm, -e • 11. die Hand, ¨e • 12. der Finger, - • 13. das Bein, -e

1b *Mögliche Lösung:* der Mund, ¨er • die Brust, ¨e • die Schulter, -n • der Oberarm, -e • der Unterarm, -e • der Oberschenkel, - • der Unterschenkel, -

2a a. 4 • b. 1 • c. 2 • d. 5 • e. 3

2b 2. Mein Rücken tut weh. • 3. Ich habe Augenschmerzen. • 4. Meine Ohren tun weh. • 5. Ich habe Kopfschmerzen.

2c *Mögliche Lösung:* Grippe • Arthrose • Rheuma • Krebs

9 Shopping

1a 1. der Pullover, - • 2. die Hose, -n • 3. das T-Shirt, -s • 4. die Jacke, -n • 5. die Socke, -n • 6. der Anzug, ¨e • 7. der Rock, ¨e • 8. der Schuh, -e • 9. die Jeans (nur Pl.) • 10. das Hemd, -en • 11. der Mantel, ¨ • 12. der Strumpf, ¨e • 13. die Bluse, -n • 14. das Sakko, -s • 15. das Kleid, -er

1b *Mögliche Lösung:* die Krawatte, -n • der Schal, -s • der Handschuh, -e • die Mütze, -n • der Hut, ¨e • der Schlafanzug, ¨e • das Nachthemd, -en

2a 1. b • c • 2. a • c • 3. a • b • 4. b • c • 5. a • c

10 Schönes Fest!

1a 2. der Geburtstag • 3. die Uni-Absolventenparty • 4. der Jahrmarkt / die Kirmes • 5. der Karneval / der Fasching • 6. die Erstsemesterparty • 7. das Weihnachten • 8. das Silvester / das Neujahr

1b *Mögliche Lösung:* das Ostern · das Frühlingsfest · das Jubiläum · die Eröffnung · das Stadtfest · das Abitur

1c *Mögliche Lösung:* **Erstsemesterparty:** das Büfett · die (Live-)Band · die Eintrittskarte / das Ticket · **Geburtstag:** die Blume · das Geschenk · die Kerze · die Torte · **Jahrmarkt / Kirmes:** die Eintrittskarte / das Ticket · das Fahrgeschäft · das Festzelt · das Karussell ·

der Verkaufsstand · **Karneval / Fasching:** die (Live-)Band · das Kostüm · die Maske · die Parade · die Süßigkeit · **Silvester / Neujahr:** das Feuerwerk · der Sekt · **Straßenfest:** das Festzelt · die (Live-)Band · der Verkaufsstand · **Uni-Absolventenparty:** das Barett · der Talar · das Büfett · die Eintrittskarte / das Ticket · die (Live-)Band · **Weihnachten:** das Geschenk · die Kerze · der Tannenbaum

Lösungen zum Übungsbuch

LEKTION 1

1A

1a Gespräch A: 3. a · 2. b. · Gespräch B: 2. a · 1. b.

1b Gespräch A: Guten Tag, ich heiße Angelika Kessler. – Guten Tag, Frau Kessler. Ich heiße Emma. – Wie ist Ihr Familienname? – Mein Familienname ist Larsson. – Woher kommen Sie, Frau Larsson? – Ich komme aus Stockholm.
Gespräch B: Hallo! Ich heiße Bojan. Wie heißt du? – Hallo Bojan! Ich bin Lea. Woher kommst du? – Ich komme aus Warna. Und du? – Ich komme aus Split.

1c Gespräch A: formell · Gespräch B: informell

2b 1. Jochen Schneider · 2. Valentina Polenz · 3. Christian Büchel · 4. Alexandra Wanner

2c 1. Paula Koch · 2. Leon Wagner · 3. Anna Hausmann · 4. Michael Schneider

2d Hallo! Ich heiße Lin. Ich bin neu hier im Deutschkurs. Ich komme aus China. Und du, woher kommst du?

2e Hallo, ich heiße Luis. Ich komme aus Spanien. Wie heißt du? Woher kommst du?
Mögliche Lösung: Hallo, ich heiße Aynur. Ich komme aus Izmir.

3a 1. heiße · 2. Wie · ist · 3. Wie · 4. Woher · komme

3b *Mögliche Lösung:* 2. Wie heißen Sie? · 3. Wie ist dein Vorname? · 4. Wie ist Ihr Familienname? · 5. Woher kommst du? · 6. Woher kommen Sie?

3c *Mögliche Lösung:* 1. Ich heiße Maja. · 2. Ich heiße Maja Reidt. · 3. Mein Vorname ist Jean. · 4. Mein Familienname ist Keller. · 5. Ich komme aus Kanada, und du? · 6. Ich komme aus Österreich.

4 2. Alina kommt aus Österreich. · 3. Niklas kommt aus der Schweiz. · 4. Noah kommt aus Frankreich. · 5. Jean kommt aus Luxemburg. · 6. Wout kommt aus Belgien. · 7. Anouk kommt aus den Niederlanden. · 8. Mette kommt aus Dänemark. · 9. Arek kommt aus Polen. · 10. Jaromír kommt aus Tschechien. · 12. Luisa kommt aus Portugal. · 13. Enikö kommt aus Ungarn.

5 1. heiße · heißen · 2. heiße · ist · Familienname · 3. buchstabiert · 4. kommen · 5. aus Ungarn · 6. komme

1B

1a 2. Er · 3. Sie · 4. Sie · 5. Sie · 6. Sie · 7. Er · 8. Sie

1b a. 4 · b. 6 · c. 3 · d. 8 · e. 7 · f. 2 · g. 1 · h. 5

2a

	sein	wohnen	heißen	arbeiten	sprechen
ich	bin	wohne	heiße	arbeite	spreche
du	bist	wohnst	heißt	arbeitest	sprichst
er / sie / es	ist	wohnt	heißt	arbeitet	spricht
wir	sind	wohnen	heißen	arbeiten	sprechen
ihr	seid	wohnt	heißt	arbeitet	sprecht
sie / Sie	sind	wohnen	heißen	arbeiten	sprechen

2b 1. ist · ist · 2. kommt · kommt · 3. studieren · studieren · 4. heißt · heiße · 5. lernst · lerne · 6. wohnt · wohnen · 7. sprichst · spreche · 8. lernt · lernen · 9. studiert · studiert · 10. lernt · lernt

3a Das ist Sandra Hofer. Sie kommt aus Deutschland. Sie wohnt in München und studiert Medizin. Sandra spricht Deutsch, Französisch und Englisch.

3b 1. ist · 2. kommt · 3. wohnt · 4. arbeitet · 5. ist · 6. spricht · 7. lernt

3c 1. Das sind Austin und Shannon. / Das sind Shannon und Austin. · 2. Sie kommen aus den USA. · 3. Sie sind neu im Deutschkurs. · 4. Sie studieren Informatik und Elektrotechnik. / Sie studieren Elektrotechnik und Informatik.

4b *Mögliche Lösung:*

Nomen	Verben	Adjektive	Sätze
das Foto, die Fotos der Kurs, die Kurse der Lehrer, die Lehrer die Lehrerin, die Lehrerinnen …	sein kommen kommen aus … heißen schreiben …	neu formell ≠ informell international …	Guten Tag! Entschuldigung! Wie schreibt man das? Danke sehr! Vielen Dank! …

4c *Mögliche Lösung:*

Nomen	Verben	Adjektive	Sätze
die Party, die Partys der Abend, die Abende …	gehen wiederholen	gut super schön …	Wie geht es dir? Wie geht es Ihnen? Es geht so. Es geht mir gut. …

5a *Mögliche Lösung:* 1. Veronika Salgo · 2. Business Englisch · 3. Norwegen · 4. Marketingmanagerin · 5. Frankfurt · 6. Norwegisch, Englisch, Deutsch

5b 2. Spanisch · 3. Schwedisch · 4. Dänisch · 5. Portugiesisch · 6. Französisch

5c *Mögliche Lösung:* 1. Ich heiße Veronika Salgo. · 2. Ich studiere Business Englisch. · 3. Ich komme aus Norwegen. · 4. Ich arbeite als Marketingmanagerin. · 5. Ich wohne in Frankfurt. · 6. Ich spreche Norwegisch, Englisch und Deutsch.

5d *Mögliche Lösung:* Ich heiße Veronika Salgo und komme aus Norwegen. Ich wohne in Frankfurt und studiere Business Englisch. Ich bin Marketingmanagerin und spreche Deutsch, Norwegisch und Englisch.

1C

1a Begrüßung: Guten Tag. · Hallo!
Verabschiedung: Auf Wiedersehen. · Bis bald. · Bis morgen. · Tschüss.

1b 1. Hallo. Wie geht es dir? · 2. Es geht so. Ich arbeite viel. · 3. Ja, ich komme zum Kurs. · 4. Bis morgen. Tschüss!

1c

😃	🙂	😐	🙁
Es geht mir super. Mir geht es super.	Es geht mir (sehr) gut. Mir geht es (sehr) gut.	Es geht (so).	Es geht mir nicht so gut. Mir geht es nicht so gut.

2a 1. Wie geht es dir? · 2. Mir geht es super. · 3. Wo wohnst du? · 4. Ich wohne in Berlin. · 5. Wohnst du in Berlin? · 6. Sprechen Sie Deutsch?

2b 2. Ja/Nein-Frage (Satzmelodie steigend)

3a 2. Wie heißen Sie? · Ich heiße Sarah Girard. · 3. Was macht ihr im Sprachenzentrum? · Wir lernen zusammen Polnisch. / Wir lernen Polnisch zusammen.

3b 1. Wohnen Sie in Stuttgart? · Nein, ich wohne in Tübingen. · 2. Arbeiten Sie in Tübingen? · Nein, ich studiere Biologie. · 3. Kommt ihr heute Abend zum Kurs? · Ja, wir kommen.

3c 2. Studierst du (Informatik)? Studieren Sie (Informatik)? · 3. Wo wohnst du? Wo wohnen Sie? · 4. Woher kommst du? Woher kommen Sie? *Mögliche Lösung:* 5. Wohnst du in Berlin? Wohnen Sie in Berlin? · 6. Kommst du morgen zum Kurs? Kommen Sie morgen zum Kurs?

4a 2. siebenundfünfzig · 57 · 3. siebenundzwanzig · 27 · 4. zweiundneunzig · 92 · 5. achtundsechzig · 68

4b 1b · 2a · 3a · 4b · 5b · 6c

4c 2. 63 · 3. 86 · 4. 374 · 5. 1027 · 6. 4319

4d 1. 0 82 - 48 19 99 · 2. 03 51 - 5 48 23 80 · 3. 0 30 - 177 41 22 8 · 4. 0173 - 6 93 48 76 · 5. 01 58 - 51 40 23 · 6. 09 41 - 35 18 61

1 Leseseite: Studium international

1a 1. Merle · 2. Timo · 3. Zeynep · 4. Piotr und Stefan

1b

	Zeynep	Merle	Piotr + Stefan	Timo
Wohnort	Shanghai	Barcelona	Kapstadt	Manaus
Sprachen	Deutsch, Türkisch, Englisch, Chinesisch	Deutsch, Spanisch, Französisch	Deutsch, Polnisch, Englisch, Afrikaans, Zulu	Deutsch, Portugiesisch, Spanisch
Studienfach / Beruf	Medizininformatik	Chemikerin	Design	Biologe

1c *Mögliche Lösung:* Zeynep kommt aus Stuttgart. Ich komme aus Kaunas in Litauen. Sie wohnt in Shanghai. Ich wohne in Köln. Sie spricht Deutsch, Türkisch und Chinesisch. Ich spreche Litauisch, Polnisch, Englisch und Deutsch. Sie studiert Medizininformatik. Ich studiere Mathematik.

LEKTION 2

2A

1a 2. das Studium • 3. die Studentin • 4. der Job • 5. der Professor

1b 2. studiert • 3. begleitet • 4. haben • 5. zeigt • 6. gibt • 7. ist • 8. übt

1c 1b • 2b • c • 3a • b • 4c • 5a • 6a • c

1d 1. Student • 2. Professorinnen • 3. Buddy • 4. Team • 5. Mitarbeiterin

2a

Maskulinum (der)	Neutrum (das)	Femininum (die)	Plural (die)
der Job	das Team das Studium	die Sprache die Universität	die Studenten die Tipps

2b 2. Professor • 3. Professorinnen • 4. Team • 5. Universitäten • 6. Computer • 7. Sprachen • 8. Programm • 9. Tipps • 10. Frage

2c 1. ein • 2. – • 3. eine • 4. ein • 5. – • 6. eine

3a b. keine • eine Gitarre • c. keine • Basketbälle • d. kein • ein Computer

3b *Mögliche Lösung:* der Volleyball • der Tennisball • der Handball • der Baseball

das Französischbuch • das Spanischbuch • das Chemiebuch • das Biologiebuch

4 2. Es • 3. Sie • 4. Er • 5. Sie

5a 2. Bücher • 3. Stift • 4. Filme • 5. Computer • 6. Musik • 7. Gitarre • 8. Wörter • 9. Deutschlehrer • 10. Englischbuch • 11. Professorin • 12. Freizeitaktivität

6 a. 8 • b. 4 • c. 7 • d. 1 • e. 5 • f. 2 • g. 10 • h. 6 • i. 9 • j. 3

Hallo Mischa,
wie geht es dir? Mir geht es gut. Ich studiere jetzt Physik in Greifswald! Das Studium ist interessant, aber es ist nicht einfach. Es ist ein Job! Die Uni ist sehr alt und sie ist sehr schön! Ich habe schon Freunde hier! Sie sind sehr international und wir sprechen Deutsch und Englisch. Und du? Wo bist du, was machst du?
Viele Grüße
Hanna

2B

1a 2. Hobbys • 3. Bücher • 4. Serien • 5. schauen • 6. lernen • 7. spielen • 8. treiben

1b 1. spielt • schaut • 2. hören • spielen • 3. liest • lernt • 4. trifft • tanzt • 5. schwimme • treibst • spiele

2b *Mögliche Lösung:*

Verb	Verbindung
schreiben	eine E-Mail schreiben den Namen schreiben einen Text schreiben ein Buch schreiben
spielen	Schach spielen Badminton spielen Gitarre spielen Keyboard spielen Fußball spielen
lesen	ein Buch lesen eine Zeitschrift lesen die Zeitung lesen eine Nachricht lesen
hören	Musik hören Podcast hören
tanzen	Salsa tanzen Tango tanzen

3a 2. Nein, ich studiere nicht in Wolfsburg. • 3. Nein, ich lese nicht gern. • 4. Nein, ich finde Schach nicht interessant. • 5. Nein, ich arbeite nicht.

3b 1. Tom und Eva sind nicht im Sprachkurs. / Eva und Tom sind nicht im Sprachkurs. • 2. Amanda spielt nicht gut Keyboard. • 3. Bijan findet Fußball nicht interessant. • 4. Laura studiert nicht.

3c 1. nicht • 2. nicht • 3. nicht • 4. nicht • 5. kein • 6. keine

4a super gern • sehr gern • gern • nicht so gern • nicht gern • überhaupt nicht gern

4b 1. super gern • 2. nicht so gern • 3. überhaupt nicht gern • 4. sehr gern

4c Suri: Badminton • José: schauen • Fußball • Rita: schlafen • Markus: spielen • Salsa tanzen

Transkription:
Suri: Ich treibe super gern Sport. Am liebsten spiele ich Badminton. Und ich schwimme sehr gern!
José: Hm, ich treibe nicht so gern Sport. Ich schaue lieber Sport! Zum Beispiel Fußball!
Rita: Sport? Nein danke! Ich treibe überhaupt nicht gern Sport. Ich schlafe lieber.
Markus: Ich treibe sehr gern Sport! Ich spiele gern Volleyball. Und am liebsten tanze ich Salsa.

4d *Mögliche Lösung:* Rita treibt nicht gern Sport. Sie schläft lieber. Markus treibt gern Sport. Am liebsten tanzt er Salsa. • Ich schwimme nicht gern. Ich spiele lieber Volleyball. Am liebsten spiele ich Tennis.

2C

1a BHN**LAPTOP**UG**INFORMATIONEN**SDP**TASCHE**CTU **HOBBY**GMANS**URFBOARDS**JZEN**GITARRE**HVW**KURSE**T RO**ANMELDUNG**IFVM

1b 1. Hobby • Anmeldung • 2. Surfboards • 3. Gitarre • Kurse • 4. Laptop • Informationen • Tasche

2a 2. Die Studentin braucht ein Surfboard. • 3. Die Professorin wohnt in Rostock. • 4. Die Erstsemester haben Fragen. • 5. Die Lehrerin heißt Andrea Hansen. 6. Die Frau kauft eine Zeitschrift.

2b haben • suchen • brauchen • testen • treffen • sehen • lesen

3a 2. Der • das • die • 3. Die • das • die • 4. Die • die • die

3b 1. keine Bücher • keinen Stift • 2. einen Basketball • keinen Fußball • 3. ein Keyboard • keine Geige

3c *Mögliche Lösung:* Sie macht einen Sportkurs. • Ich teste einen Laptop. • Du siehst keine Filme. • Ihr lest kein Formular. • Wir treffen eine Freundin. • 6. Sie haben keinen Spaß.

3d 2. das • 3. keine • 4. einen • 5. die • 6. Einen

4a Sportarten • Name, Vorname • Adresse • Telefonnummer • E-Mail • Datum, Unterschrift

4b 1. e • 2. c • 3. d • 4. b • 5. a

4c *Mögliche Lösung:* 1. Ich heiße Lotta. • 2. Ich komme aus Russland. • 3. Ich spreche Russisch und Englisch. • 4. Ich lerne Deutsch. • 5. Meine Hobbys sind Filme schauen und Bücher lesen. • 6. Ich suche auch ein Sprachtandem. • 7. Meine E-Mail ist lotta_1993@xpu. de.

4d *Mögliche Lösung:* Hallo Nele,
ich heiße Lotta und ich komme aus Russland. Ich spreche Russisch und Englisch und ich lerne Deutsch. Ich suche auch ein Sprachtandem! Meine Hobbys sind Filme schauen und Bücher lesen. Liebe Grüße
Lotta

2 Leseseite: Suchen und finden

1b *Mögliche Lösung:* Name • Pizza • Börek • Spaghetti • Shrimps • Spezialitäten • Interesse • Informationen • Physik • Hobby • interessant • Tango • Walzer • Samba • Musik • Experten • Niveau • Live-Musik • Gitarre • Keyboard • surfen • Surfboard • Reparaturen • Sprachtandem • super • Chemiker • Universität

1c

	sucht / braucht	hat / gibt
Hanno		ein Surfboard
Anna		Tanzkurse
Mariel	eine deutsche Tandempartnerin / einen deutschen Tandempartner	
Halil		Kochkurse
Karina	Schachpartnerinnen / Schachpartner	

1d 1. Mariel • 2. Hanno • 3. Halil

LEKTION 3

3A

1a 2. Currywurst • 3. Pommes frites • 4. Studentenfutter • 5. Gemüse-Reis-Pfanne 6. Hackfleischsoße • 7. Jägerschnitzel • 8. Paprikareis

1b Jägerschnitzel mit Bratkartoffeln • Currywurst mit Pommes frites • Gemüse-Reis-Pfanne • Paprikareis mit Hackfleischsoße

2a 2. isst • 3. ist • 4. sind • 5. essen • 6. essen • 7. ist • 8. isst • 9. isst • 10. bin • 11. essen • 12. esse

2b 1. Esst ihr gern Gemüse? • 2. Isst du Fleisch? • 3. Ist Mia Vegetarierin? • 4. Isst Pia vegan?

3a 2. kann • 3. kannst • 4. können • 5. können • 6. Könnt

3b 2. will • 3. wollen • 4. Wollt • 5. wollen • 6. Willst

3c 2. kann • 3. will • 4. Kannst • 5. will

4

	Pos. 1	Pos. 2		Satzende
2.	Wir	wollen	heute in der Mensa	essen.
3.	Peter	kann	sehr gut Gitarre	spielen.
4.	Olga	kann	vier Sprachen	sprechen.
5.	Was	will	Susanne	studieren?
6.	Was	wollen	wir	essen?

5a 2 • 1 • 3 • 5 • 4 • 6

5b dafür: Carla • Peter • dagegen: Ben • Pawel • Sofia

5c

dafür (pro)	dagegen (contra)
Das ist nicht unhöflich.	Das geht nicht.
Das ist okay.	Das ist nicht okay.
Das ist sozial.	Das ist unhöflich.
	Das stört.

5d *Mögliche Lösung dafür:* Hallo Mia, ich meine, ja: Popcorn essen im Kino stört nicht. Das ist okay. Popcorn und Kino gehören zusammen. •
Mögliche Lösung dagegen: Hallo Mia, ich finde, das geht nicht. Popcorn essen im Kino stört. Das ist nicht okay!

3B

1a 1c · 2b · 3c · 4c

1b

Vorspeise	Hauptgericht	Nachspeise
Kürbissuppe, Salat	Hähnchenbrust mit Kartoffelbrei, Lachs mit Reis, Spaghetti mit Hackfleischsoße	Apfelkuchen, Eis, Obstsalat

2b *Mögliche Lösung:* Milchprodukte: der Käse · der Ziegenkäse · das / der Joghurt · der Quark · der Erdbeerquark
Gerichte: der Döner Kebap · das Jägerschnitzel · die Currywurst · die Gemüselasagne
Beilagen: der Paprikareis · die Pommes (frites) · die Spaghetti · der Kartoffelbrei · der Knödel · das Rührei

2c *Mögliche Lösung:* Getränke: der Tee · der Espresso · der Orangensaft · die Cola · das Wasser

3a 2. der Obstsalat · 3. die Gemüsesuppe · 4. die Kürbissuppe · 5. der Ananaskuchen · 6. der Apfelkuchen

3b 3. die Currywurst · 4. das Milchprodukt · 5. die Gemüselasagne · 6. der Kartoffelbrei · 7. die Fischsuppe · 8. das Ananaseis

4 2. Freitag · 3. Montag · 4. Sonntag · 5. Mittwoch · 6. Samstag

5a 2. a. Pizza · b. Am Donnerstag · 3. a. Am Sonntag · b. Wir · 4. a. Am Freitag · b. Fisch

5b 1. Die Mensa ist am Sonntag geschlossen. · Am Sonntag ist die Mensa geschlossen. · 2. Wir telefonieren am Dienstag · Am Dienstag telefonieren wir. · 3. Ich esse gern Milchreis. · Milchreis esse ich gern. · 4. Daniel spielt gut Gitarre. · Gitarre spielt Daniel gut.

6a 2. aber · 3. denn · 4. aber · 5. denn

6b 2. keine mit Hackfleisch · 3. nicht Geige

6c a. 4 · b. 5 · c. 1 · d. 2 · e. 3
2. Mia isst gern Obstkuchen, aber nicht so gern Schokoladenkuchen. · 3. Tom isst keine Eier, denn er ist Veganer. · 4. Olga isst nicht gern Schnitzel, aber sie isst gern Hackfleisch. · 5. Leonie isst kein Fleisch, denn sie ist Vegetarierin.

6d *Mögliche Lösung:* Ich esse gern Gemüse, aber ich bin keine Vegetarierin oder Veganerin. Ich will keinen Knoblauch essen, denn er riecht. Am liebsten esse ich Lasagne mit Spinat.

3C

1a 1. Currywurst · 2. Butterkuchen · 3. Heringssalat · 4. Fischbrötchen

1b 1. Espresso · heiße Schokolade · Kaffee · Tee · 2. Saft · Wasser · 3. Kuchen · Torte

1c *Mögliche Lösung:* Gerichte: Spaghetti mit Hackfleischsoße · Currywurst mit Pommes · Lachs mit Reis · Hähnchenbrust mit Kartoffelbrei · Knödel mit Champignons
Getränke: Kaffee · Tee · Milch · Cola · Saft

2a Gast: Hallo. Wir möchten gern bestellen. · Ich nehme einen Espresso. · Ja, gern. Ich nehme ein Stück Käsekuchen. · Stimmt so. · Und ich möchte eine Tasse Schokolade. · Und ich möchte ein Stück Kirschtorte. · Wir möchten gern bezahlen. · Zusammen, bitte!
Bedienung: Gut, danke. · Möchten Sie auch etwas essen? · Vielen Dank. · Was möchten Sie bestellen? · Zusammen oder getrennt?

2b Gast 1: Hallo. Wir möchten gern bestellen. Bedienung: Was möchten Sie bestellen? Gast 1: Ich nehme einen Espresso. Gast 2: Und ich möchte eine Tasse Schokolade. Bedienung: Möchten Sie auch etwas essen? Gast 2: Ja, gern. Ich nehme ein Stück Käsekuchen. Gast 1: Und ich möchte ein Stück Kirschtorte. Bedienung: Gut, danke. Gast 1: Wir möchten gern bezahlen. Bedienung: Zusammen oder getrennt? Gast 1: Zusammen, bitte! Bedienung: Das macht 11,10 Euro, bitte. Gast 1: Stimmt so. Bedienung: Vielen Dank.

2c 2. nehmen · 3. nimmt · 4. Nimmst · 5. nehme · 6. nehmen

3a 2. Soße · 3. Bedienung · 4. Gemüse · 5. Hering · 6. Käse · 7. Abend · 8. Knödel · 9. Donnerstag · 10. Gast · 11. Köchin · 12. Suppe · 13. Kännchen · 14. Teller · 15. Stück · 16. Fisch

4a 2. Möchtest · 3. möchte · 4. möchtet · 5. möchte · 6. möchten

4b 2. mögen · 3. mag · 4. Magst · 5. Mögt · 6. mögen

4c 2. möchten · 3. möchte · 4. mag · 5. Möchtet · 6. mag · 7. möchte · mag

3 Leseseite: Kochen Studierende?

1a 1. Fertigprodukte warm machen · 2. belegtes Brot / Brötchen essen · 3. Essen bestellen · 4. einkaufen und kochen · 5. zu einem Imbiss gehen · 6. Süßigkeiten essen

1c 3

1d 1. Marie isst am liebsten vegetarisch, manchmal auch vegan. · 2. Sie kocht gern indisch. · 3. Sie bekommt die Ideen aus Tutorials. · 4. Max hat von Montag bis Freitag wenig Zeit. · 5. Am Samstag kauft er Gemüse und Obst, Fleisch oder Fisch. · 6. Max findet: Kochen macht viel Spaß.

LEKTION 4

4A

1 2. schreiben · 3. aufräumen · 4. halten

2a 2. müssen • 3. müssen • 4. muss • 5. muss • 6. müsst

2b

Position 1	Pos. 2		Satzende
2. Ich	muss	heute mein Zimmer	aufräumen.
3. Wann	müsst	ihr das Referat	halten?
4. Warum	müssen	wir am Sonntag	arbeiten?
5. Du	musst	viele Klausuren	schreiben.
6. Die Studierenden	müssen	ein Formular	ausfüllen.

2c 2. kann • 3. muss • 4. kann • 5. können

2d 2. muss • 3. Wollen • 4. musst • können • 5. will • muss

3a 2. halb neun • 3. Viertel vor sechs / drei viertel sechs • 4. zehn vor zehn • 5. zwanzig nach zwölf

3b 1a • 2b • 3a • 4a

3c a. 2 • b. 1 • c. 6 • d. 3 • e. 4 • f. 5

4 1c • 2b • 3c

5b/5c
Mögliche Lösung:

Situation	Fragen	Antworten
Meinung: etwas gut / schlecht finden	Wie findest du das?	👍 Ich finde das gut / okay. Das ist okay. Das geht. 👎 Ich finde, das ist nicht okay. Das geht nicht!
Aktivität: etwas gern / nicht gern machen	Was machst du gern / sehr gern? Was machst du nicht so gern / überhaupt nicht gern? … du gern?	👍 Ich … gern / sehr gern. 👎 Ich … nicht so gern. Ich … überhaupt nicht gern.

4B

1 2. der Vormittag / vormittags • 3. der Mittag / mittags • 4. der Nachmittag / nachmittags • 5. der Abend / abends • 6. die Nacht / nachts

2a Frühling: März • April • Mai
Sommer: Juni • Juli • August
Herbst: Oktober • November
Winter: Dezember • Januar • Februar

2b 2. der achte September / der achte Neunte; am achten September / am achten Neunten • 3. der sechste Mai / der sechste Fünfte; am sechsten Mai / am sechsten Fünften • 4. der siebte Juli / der siebte Siebte; am siebten Juli / am siebten Siebten

2c 27.07. • 14.05. • 23.12. • 06.08. • 30.03. • 07.09. • 20.11. • 27.06. • 03.04.

2d

Uhrzeit	Tageszeit	Wochentag	Monat	Jahreszeit
halb vier, Viertel nach drei	abends, mittags, morgens	Dienstag, Mittwoch, Samstag	Februar, Juli, Oktober	Frühjahr, Sommer, Herbst

3a 1. am Freitag • 2. um drei • 3. im Juni • 4. um neun • 5. im Winter • 6. am Donnerstag

3b a. 2 • b. 3 • c. 1 • d. 4

3c 1. am • Am • um • von • bis • 2. Im • vom • bis • 3. am • Von • bis • bis • am • am

4a 1a • 2a • 3b • 4b

4b *Mögliche Lösung:*
Lieber Florian,
ich schreibe gerade meine Hausarbeit und habe einige Fragen. Ich möchte gern einen Termin für die Sprechstunde am 18. September. Ich kann vormittags oder nachmittags kommen. Vielen Dank.
Viele Grüße
Sandra Walner

4C

1a Foto 2: die Zutaten • Foto 3: das Geschirr • Foto 4: abwaschen • Foto 5: einkaufen • Foto 6: abtrocknen

1b 1. Was kann Social Cooking sein? • 2. Wie funktioniert Social Cooking? • 3. Wie können wir teilnehmen? • 4. Wer darf das Gericht auswählen? • 5. Wo kochen alle das Essen? • 6. Wer muss das Geschirr abwaschen?

2a 2. ergänzen • 3. ausfüllen • 4. mitbringen • 5. vergleichen • 6. abwaschen • 7. einkaufen • 8. bestellen

2b aus|füllen • mit|bringen • ab|waschen • ein|kaufen

2c betont • nicht betont

3a 2. füllen … aus • ausfüllen • 3. lost … aus • auslosen • 4. bringt … mit • mitbringen • 5. laden … ein • einladen

3b

		Position 2		Satzende
2.	Die Gäste	kaufen	die Zutaten	ein.
3.	Die Gäste	trocknen	das Geschirr	ab.
4.	Die Gäste	räumen	die Küche	auf.

3c 2. Wer bereitet das Essen vor? • Bereiten wir das Essen vor? • 3. Wer räumt die Spülmaschine ein? • Räumen wir die Spülmaschine ein? • 4. Wer wäscht das Geschirr ab? • Waschen wir das Geschirr ab?

3d 2. Wer muss das Essen vorbereiten? • Müssen wir das Essen vorbereiten? • 3. Wer muss die Spülmaschine einräumen? • Müssen wir die Spülmaschine einräumen? • 4. Wer muss das Geschirr abwaschen? • Müssen wir das Geschirr abwaschen?

3e

	ausschlafen	einladen
ich	schlafe aus	lade ein
du	schläfst aus	lädst ein
er / sie / es	schläft aus	lädt ein
wir	schlafen aus	laden ein
ihr	schlaft aus	ladet ein
sie / Sie	schlafen aus	laden ein

4 👍 interessant, lustig, spannend
👎 gefährlich, keine tolle Idee, komisch, stressig

4 Leseseite: Veranstaltungen

1a 1. die Klausur • 2. die Party • 3. das Konzert • 4. das Beachvolleyballspiel

1b Foto 4

1c a. 6 • b. 3 / 4 • c. 1 • d. 5 • e. 4 / 3 • f. 2

1d Was? ein Beachvolleyball-Turnier • Wer? 10 Studierende aus den Fächern Physik und Mathematik • Wer? alle Studierende • Wo? auf den Beachplätzen bei der Mensa • Wie? bis zum 15. Juni eine Mail schreiben und am Samstag 10 Euro mitbringen

1e 1. ersten Samstag im Juli, 15:00 Uhr • 2. bei der Mensa • 3. Beachvolleyball-Turnier • 4. Studierende aus den Fächern Physik und Mathematik • 5. alle Studierende • 6. eine Mail • 7. 10 Euro mitbringen

LEKTION 5

5A

1a a. 8 • b. 5 • c. 4 • d. 6 • e. 1 • f. 2 • g. 3 • h. 7

1b 2. Onkel • 3. Cousin • 4. Eltern • 5. Tante • 6. Großmutter / Oma • 7. Kinder • Bruder • 8. Neffen

1c 2. deine • 3. Sein • 4. Meine • 5. Sein • 6. Dein

2a linkes Foto: b, e, f, h • rechtes Foto: c, d, g

2b 2. meine • 3. euer • 4. ihr • 5. Meine • 6. sein • 7. Deine • 8. Unsere

3 a. 3 • b. 5 • c. 7 • d. 8 • e. 6 • f. 2 • g. 1 • h. 4

4a 2. unsere • 3. ihren • 4. deinen • 5. seinen • 6. ihre • 7. euren • 8. seine

4b 2. euer • 3. ihr • 4. sein • 5. Ihr • 6. unsere

4c Verena: 2. Unsere • 3. Ihr • Horst: 1. Meine • 2. unser • 3. Unsere • Albert: 1. Meine • 2. Meine • 3. meine • Jannis: 1. Meine • 2. ihren • 3. ihre • 4. ihre • 5. ihren

5B

1a

F	I	T	E	G	R	A	U
W	C	U	M	R	A	W	S
I	O	G	J	A	L	T	C
T	O	L	U	A	E	I	H
Z	L	A	N	G	M	N	L
I	T	T	G	B	L	I	A
G	A	T	K	L	E	I	N
A	S	P	O	O	I	C	K
B	R	A	U	N	N	U	C
E	T	N	G	D	I	C	K

1b 2. klein • 3. unsympathisch • 4. kurz • 5. dick • 6. langweilig • 7. unhöflich • 8. uncool • 9. lockig • 10. jung

1c 2. intelligent • 3. jung • 4. langweilig • 5. fit • 6. schlank

1d a. 2 • b. 3 • c. 1

1e unfreundlich • ungefährlich • ungenau • ungern • uninteressant • unpünktlich • unsozial

2 1. groß • blond • lockig • fit • 2. lang • braun • glatt • intelligent • 3. klein • kräftig • kurz • grau • witzig

3d *Mögliche Lösung:*
formell ≠ informell • suchen ≠ finden • herzhaft ≠ süß • vor ≠ nach • jung ≠ alt • groß ≠ klein • schlank ≠ dick • kurz ≠ lang

4 3. p • 4. a • 5. p • 6. p • 7. a • 8. a

5a 2. verliebt • 3. alt • 4. sehr • 5. kommen • 6. lustig • 7. langsam • 8. wohnen • 9. witzig • 10. super • 11. schnell • 12. haben

5C

1

positiv	negativ
ehrlich sein • etwas gemeinsam erleben • helfen • loyal sein • offen sein • Spaß zusammen haben • witzig sein	keinen Respekt haben • nicht zuhören können • nichts für eine Freundschaft tun • oberflächlich sein • unehrlich sein

2a 1. nichts • 2. etwas • 3. viel • 4. alles

2b Fragen: Ist alles richtig? • Kann ich dich etwas fragen? • Kannst du etwas sehen? • Nimmst du viel Salz? • Verstehst du alles?

Antworten: 2. Nein, ich esse nur etwas. • 4. Nein, leider sehe ich nichts. • 5. Ja, alles richtig. • 6. Nein, ich verstehe nicht alles, nur etwas.

2c 1. Nimmst du viel Salz? • 2. Isst du alles? • 3. Kann ich dich etwas fragen? • 4. Kannst du etwas sehen? • 5. Ist alles richtig? • 6. Verstehst du alles?

2d 3. Sie • 4. Man • 5. man • 6. Sie

3a 2. viel • 3. sehr • 4. viel • 5. sehr • 6. viel • 7. sehr

3b 2. nichts • 3. nicht • 4. nichts • 5. nicht • 6. nichts

3c 2. nicht • 3. nichts • 4. nicht • 5. nicht • 6. nichts

Transkription:
1. Ich höre nichts. • 2. Ich kann leider nicht tanzen. • 3. Danke, aber ich möchte nichts essen. • 4. Das ist nicht selbstverständlich. • 5. Das kann man im Internet nicht erleben. • 6. Ich mache heute nichts.

4 2. viel • 3. etwas • 4. alles • 5. etwas • 6. alles • 7. nichts • 8. man

5b *Mögliche Lösung:* Deutsch lernen, das ist nicht einfach. Ich finde, man muss „seine" Wörter finden und lernen. Und ich denke, man kann Texte hören und dann mitsprechen. Man muss Hausaufgaben machen, sie sind wichtig. Man kann auch Texte schreiben und an die Lehrerin oder den Lehrer schicken.

5 Leseseite: Familie und Freunde

1a *Mögliche Lösung:* a. 4 • b. 1 • c. 5 • d. 3 • e. 2

1b *Reihenfolge:* b. Wie ist deine Familie? Was ist Familie für dich? • e. Siehst du deine Geschwister oft? Wie seid ihr in Kontakt? • d. Siehst du deine Cousins und Cousinen oft? • a. Was sind deine Freunde für dich? • c. Was machen deine Freunde und du gemeinsam?

LEKTION 6

6A

1 1. Zimmer • Küche • Freunde • Wohnform • 2. Wohngemeinschaft • Miete • Essen • 3. Wohnung • Privatsphäre • Spontanpartys • Mietkosten • 4. Eltern • Haushalt • Familienmensch

2 2. das Wohnzimmer • 3. das Esszimmer • 4. der Wohnort • 5. die Spülmaschine • 6. das Schwimmbad • 7. der Kochkurs • 8. das Schlafsofa

3a 1. die Küche • 2. das Esszimmer • 3. das Arbeitszimmer • 4. der Flur • 5. das Wohnzimmer • 6. das Kinderzimmer • 7. das Schlafzimmer • 8. das Bad

3b 2. b • c • 3. a • c • 4. a • b

3c *Mögliche Lösung:* In der Küche esse ich. Im Wohnzimmer schaue ich Filme und lese Bücher. Im Schlafzimmer höre ich Musik.

4a 2. einem • 3. keiner • 4. ihrem • 5. ihren

4b 2. c • e • 3. a • 4. a

4c 2. Von • 3. bei • 4. mit • 5. Von • 6. mit • 7. Bei

5

👍	✍
… ist / sind super. Das ist wichtig.	Ein Problem gibt es aber: … … ist nicht immer attraktiv.

6B

1a 2. vier Personen • 3. zentral • 4. Studierende • 5. einen Garten • 6. klein • 7. frei • 8. Quadratmeter • 9. maximal

1b 1. Mitbewohner • 2. möbliert • 3. Neugründung • 4. Erstbezug

2b *Mögliche Lösung:* Wohnen: die Wohnform • die Wohnung • die Wohngemeinschaft • das Wohnheim • das Studierendenwohnheim • das Haus • das Minihaus • Studium: die Wirtschaftsinformatik • die Hochschule • die Slawistik • der Studierendenausweis

2d *Mögliche Lösung:* zusammenwohnen (trennbares Verb) • der Master (Artikel)

3a 1. war • 2. waren • 3. Warst • 4. waren • 5. war • 6. war • 7. Wart

3b 2. hatten • 3. Hattet • 4. hatte • 5. Hattest • 6. hatten • 7. hatte

3c 2. Wart • 3. hatten • 4. hatte • 5. Warst • 6. Hattest • 7. waren • 8. hatte

3d 1. hatte • 2. war • 3. waren • 4. Hattest • 5. Wart • 6. hatte • 7. waren

3e *Mögliche Lösung:* Ich war noch nie in Ägypten. Ich möchte gern nach Ägypten, denn ich möchte Pyramiden sehen.

4a *Mögliche Lösung:* 1. Ich studiere Informatik in Stuttgart. • 2. Ich komme aus Leipzig. • 3. Ja, ich habe in Leipzig in einer 5er-WG gewohnt. • 4. Ich schlafe lieber aus. • 5. Ja, ich koche sehr gern. • 6. Ich esse gern Nudeln. • 7. Ja, ich treibe Sport, ich schwimme. • 8. Ich lese gern Bücher, tanze Salsa und spiele Gitarre.

4b *Mögliche Lösung:*
Liebe WG-Mitbewohner,
ich finde das Zimmer sehr schön und möchte gern in eurer WG wohnen. Ich komme aus Dresden. Ich studiere Informatik. Ich mache meinen Master in München. Für zwei Semester war ich mit Erasmus in Schweden. In Schweden habe ich in einer 4er-WG gewohnt. Ich stehe gern früh auf. Ich schwimme gern und spiele auch Handball. Meine Hobbys sind Filme schauen und Musik hören. Und ihr könnt gern mit mir Schach spielen! Ich esse gern Fleisch und Gemüse, aber ich mag keinen Fisch.
Ich hoffe, ihr findet meine Bewerbung interessant.
Viele Grüße
Lia

6C

1a 2. auf · 3. unter · 4. neben · 5. in · 6. über · 7. hinter · 8. zwischen · 9. an

1b 2. b · c · 3. a · b · 4. b · c · 5. a · b · 6. b · c · 7. a · b · 8. a · b

2 2. dem · 3. der · 4. dem · 5. dem · 6. dem · 7. dem · 8. der · 9. der · 10. dem · der

3 a. 5 · b. 6 · c. 7 · d. 2 · e. 1 · f. 3 · g. 4

4a 2. Die Katze liegt nicht auf dem Stuhl, sie liegt unter dem Stuhl. · 3. Lisa sitzt nicht auf dem Stuhl, sie sitzt auf dem Sofa. · 4. Thea sitzt nicht auf dem Sofa, sie liegt auf dem Sofa. · 5. Die Butter steht nicht im Kühlschrank, sie steht auf dem Tisch. · 6. Die Lampe hängt nicht über dem Sofa, sie hängt über dem Schreibtisch. · 7. Die Katze sitzt nicht auf dem Bett, sie liegt auf dem Bett.

4d 2. in · 3. vor · 4. unter · 5. neben · 6. auf

5a 2. klein · 3. modern · 4. hässlich · 5. neu · 6. hell · 7. lang · 8. laut · 9. früh · 10. rechts

5b

Fach im Kühlschrank	Name	Was ist im Fach?
1. oben	Thea	Glas Kirschen, Apfel, Birne
2. in der Mitte	Lisa	Salat, 3 Paprika, Milch
3. unten	Lena	Erdbeerquark, Käse, Joghurt

6 Leseseite: Auf dem Wohnungsmarkt

1a Wohnung: 2, 4, 5 · Zimmer in WG: 1, 3, 6

1b Saleh: Wohnung · Martha: Wohnung · Konstantin: Zimmer in WG · Tatiana: Zimmer in WG · Milo: Wohnung · Cora: Zimmer in WG

1c Saleh: 5 · Martha: 2 · Konstantin: 6 · Tatiana: 3 · Milo: 4 · Cora: 1

LEKTION 7

7A

1a 2. der Park · 3. der Bahnhof · 4. der Turm · 5. der Marktplatz · 6. der Zoo

1b 2. Westen · 3. Norden · 4. Osten · 5. Süden · 6. Süden

2b eine Pause machen · die Aussicht genießen · einen Turm besteigen · im Park spazieren gehen · ein Museum besichtigen · in der Fußgängerzone bummeln · in Geschäften shoppen

2c *Mögliche Lösung:* Fernsehen schauen · die Wohnung aufräumen · Tennis spielen · eine Party organisieren · Urlaub in den Bergen / am Meer machen · in der Kneipe arbeiten · mit einer Freundin / einem Freund

telefonieren · ein Instrument spielen · für das Studium lernen · Bücher kopieren

3a 2. zum Zoo · zum Haus · zur Synagoge · 3. vom Bahnhof · vom Zentrum · von der Universität · 4. in den Park · ins Schloss · in die Kirche · 5. im Park · im Schloss · in der Kirche

3b 2b · 3a · 4b · 5b · 6b · 7c · 8b
Transkription:
1. Bist du schon am Kino? · 2. Ich bin noch im Café Mokka. · 3. Ich komme vom Schloss. · 4. Ich komme direkt zum Kino. · 5. Treffen wir uns in einem Café? · 6. Nein, wir treffen uns im Park. · 7. Ich komme direkt von der Uni. · 8. Dann hole ich dich an der Uni ab.

3c 1. Wo · 2. Woher · 3. Wohin · 4. Wo · 5. Woher · 6. Wohin · 7. Wo · 8. Wo

3d 2. Der Bus kommt von der Synagoge. · 3. Der Bus fährt zum Marktplatz. · 4. Straßburg ist in Frankreich. · 5. Ich komme vom Zentrum. · 6. Ich gehe zur Universität. · 7. Die Tour beginnt am Schloss. · 8. Der Zoo ist im Süden.

4 2. zur Uni. · 3. zum Bahnhof. · 4. nach Köln. · 5. ins Museum. · 6. nach Duisburg.

7B

1a a. 3 · b. 8 · c. 4 · d. 1 · e. 7 · f. 5 · g. 2 · h. 6

1b 1. schaut · telefoniert · 2. räumt … auf · putzt · 3. lernt · besucht

2a 2. abtrocknen · 3. putzen · 4. einkaufen · 5. kochen · 6. arbeiten · 7. aufräumen · 8. telefonieren · 9. feiern · 10. planen · 11. studieren · 12. lernen · 13. ausfüllen · 14. organisieren · 15. machen · 16. mailen · 17. spielen · 18. tanzen · 19. suchen · 20. wiederholen · 21. antworten · 22. brauchen · 23. diskutieren · 24. abholen

2b

	Pos. 2		Satzende
2. Alle Gäste	haben		getanzt.
3. Susanne und Tina	haben	am nächsten Tag	aufgeräumt.
4. Ich	habe	einen Job	gesucht.
5. Ich	habe	letzte Woche das Formular	ausgefüllt.
6. Ich	habe	am Wochenende im Café	gearbeitet.

2c Anna hat das Geschirr gespült und abgetrocknet und sie hat mit Tine telefoniert. · Til hat die Seminararbeit geplant, Max vom Bahnhof abgeholt und Gitarre gespielt. · Hanna hat Vokabeln wiederholt, Prof. Bickel gemailt und Lebensmittel eingekauft.

3a 2. machen • 3. schauen • 4. besuchen • 5. spielen • 6. telefonieren

3b *Mögliche Lösung:* 1. Ich habe Italienisch und Arabisch gelernt. • 2. Ich habe noch nicht in Berlin gewohnt. • 3. Ich habe heute schon mit Lisa telefoniert. • 4. Ich habe heute schon meiner Kollegin gemailt. 5. Ich habe am Wochenende eine Suppe gekocht. • 6. Ich habe am Wochenende einen Horrorfilm im Fernsehen geschaut. • 7. Ich habe noch nie Urlaub in Schweden gemacht.

3c *Mögliche Lösung:* Hallo Frau Kessler! Hier ist Lena und ich habe an der Uni Italienisch und Arabisch gelernt. Am Wochenende habe ich einen Horrorfilm geschaut und eine Suppe gekocht. Tschüss!

7C

1 2. Tipps • 3. Ausflügen • 4. Wochenende • 5. gemacht • 6. früh 7. in • 8. Berg • 9. Aussicht • 10. gegessen • 11. gefahren

2a 1. Wann ist Jana aufgestanden? • 2. Wie ist sie nach Bad Herrenalb gefahren? • 3. Wohin ist Jana gelaufen? • 4. Was hat sie vom Schweizerkopf gesehen? • 5. Was hat Jana gegessen? • 6. Was hat sie getrunken?

2b 2. gelesen • 3. gemacht • 4. gewesen • 5. gewandert • 6. besichtigt • 7. besucht • 8. gesehen

2c

Perfekt mit *haben*	Perfekt mit *sein*
finden: hat gefunden kennen: hat gekannt nehmen: hat genommen schreiben: hat geschrieben telefonieren: hat telefoniert treffen: hat getroffen verstehen: hat verstanden	bleiben: ist geblieben schwimmen: ist geschwommen sein: ist gewesen wandern: ist gewandert

2d 1. sind • 2. haben • 3. haben • 4. hat • 5. haben • 6. haben • 7. hat • 8. sind • 9. sind

3a 1. weiß • weiß • 2. wissen • weiß • wissen • 3. wisst • weißt

4a 2. stressig • 3. kräftig • 4. windig • 5. wolkig • 6. sonnig

4b 2. Es ist heiß. • 3. Es bleibt trocken. • 4. Es ist kalt. • 5. Der Himmel ist bewölkt. • 6. Es blitzt und donnert. • 7. Der Wind weht. • 8. Es ist nass.

5a Weißt • Arbeit • weiß • Mai • heute • räumen • auf • räume • aus • räumst • auf • Eis

7 Leseseite: Janas Reiseblog

1a *Mögliche Lösung:* 2. Jana ist alleine gewandert. • 3. Das Wetter am Morgen war perfekt. • 4. Sie haben schnell gefrühstückt. • 5. Nach dem Frühstück war das Wetter schlecht. • 6. Sie sind mit der S-Bahn nach Poppenhausen gefahren. • 7. Die Wasserkuppe ist ein Gasthaus. • 8. Sie haben viel gegessen. • 9. Das Highlight war die Aussicht. • 10. Jana hat einen Paragliding-Kurs gemacht.

1b zusammen eine Wanderung … gemacht • Am Morgen … Wetter zuerst sehr schlecht. • gemütlich gefrühstückt • Dann war das Wetter besser. • mit dem Bus nach Poppenhausen • Auf der Wasserkuppe gibt es viele Gasthäuser. • … nicht viel Hunger und haben nur ein Stück Kuchen gegessen • Highlight … waren die Paraglider • Ich besuche Dara bald wieder und mache einen Kurs.

1c 2. Jana ist zusammen mit ihrer Freundin Dara gewandert. • 3. Das Wetter am Morgen war schlecht. • 4. Sie haben gemütlich gefrühstückt. • 5. Nach dem Frühstück war das Wetter besser. • 6. Sie sind mit dem Bus nach Poppenhausen gefahren. • 7. Auf der Wasserkuppe gibt es viele Gasthäuser. • 8. Sie haben nur ein Stück Kuchen gegessen. • 9. Das Highlight waren die Paraglider. • 10. Jana macht bald einen Paraglider-Kurs. / Jana möchte bald einen Paraglider-Kurs machen.

LEKTION 8

8A

1 2a • 3b • 4a • 5a • 6b

2a 2. der Bauch • 3. der Hals • 4. das Knie • 5. der Rücken • 6. der Finger

2b 1. die Nase • das Ohr • 2. der Finger • die Hand • 3. der Fuß • das Knie

3a 2. Tabletten • 3. Schnupfen • 4. Fieber • 5. Spray • 6. Husten • 7. Tropfen • 8. Kopfschmerzen

3b a. 4 • b. 5 • c. 1 • d. 7 • e. 3 • f. 2 • g. 6

4a 1b • 2b • 3a • 4b • 5a

4b 2. sollen • 3. sollst • 4. soll • 5. sollen • 6. sollt

4c 2. dürfen • 3. darf • 4. dürft • 5. darfst • 6. darf

4d 2. dürfen • 3. soll • 4. sollst • 5. dürfen

5b *Mögliche Lösung:*

Situation	Fragen	Antworten
zum Arzt gehen	Ich möchte einen Termin vereinbaren. Kann ich am … / um … kommen?	
	Frage Arzt / Ärztin: Was kann ich für Sie tun?	Ich habe … Ich brauche ein Attest und Medikamente.

Situation	Fragen	Antworten
	Entschuldigung, was soll ich tun? Soll ich im Bett bleiben? Darf ich keinen Sport machen? Wie oft muss ich die Medikamente nehmen?	

6 2. Fieber · 3. im Bett · 4. eine Woche lang · 5. Attest · 6. Anhang

8B

1a a. 2 · b. 5 · c. 4 · d. 1 · e. 3

1b die Rückenschmerzen · das Rückentraining · die Rückenübung

2 2. die Wirtschaftsinformatik · 3. die Arbeitszeit · 4. der Bahnhofsplatz · 5. der Heringssalat · 6. das Arbeitszimmer · 7. der Gesprächspartner · 8. der Prüfungstag

3a 2. Reduzieren Sie die Sitzzeiten! · 3. Stehen Sie oft auf! · 4. Machen Sie täglich Rückentraining! · 5. Benutzen Sie nicht den Aufzug!

3b

	Position 1	Pos. 2		Satzende
2.	Reduzieren	Sie	die Sitzzeiten!	
3.	Stehen	Sie	oft	auf!
4.	Machen	Sie	täglich Rückentraining!	
5.	Benutzen	Sie	nicht den Aufzug!	

3c 2. Gehen Sie viel zu Fuß! · 3. Treiben Sie Sport! · 4. Machen Sie Yoga! · 5. Gehen Sie oft spazieren!

4a 2. Geh! / Gehe! · Geht! · 3. Arbeite! · Arbeitet! · 4. Nimm! · Nehmt! · 5. Mach / Mache auf! · Macht auf! · 6. Schlaf! / Schlafe! · Schlaft! · 7. Rechne! · Rechnet! · 8. Entschuldige! · Entschuldigt!

4b

	Position 1		Satzende
2.	Macht	beim Yoga-Kurs	mit!
3.	Lern / Lerne	nicht im Bett!	
4.	Fahrt	nicht mit dem Aufzug!	

4c 2. Sitz / Sitze gerade! · 3. Fahr / Fahre mehr Rad! · 4. Iss mehr Salat und Gemüse! · 5. Sei bitte mal fokussiert!

4d 2. Sitz / Sitze mal gerade! · 3. Fahr / Fahre doch mehr Rad! · 4. Iss mal mehr Salat und Gemüse! · 5. Sei bitte mal fokussiert!

8C

1a 2. krank · 3. physisch · 4. viel · 5. geistig

1b *Mögliche Lösung:*

stärkt Gesundheit physisch	stärkt Gesundheit psychisch
gesund essen · Pausen machen · regelmäßig spazieren gehen · schwimmen · tanzen · viel schlafen · Yoga machen	Freunde und Familie treffen · Musik hören · Pausen machen · regelmäßig spazieren gehen · schwimmen · tanzen · viel schlafen · Yoga machen

1c 1. a · c · 2. b · c · 3. a · c

2a 2. A · 3. A · 4. N · 5. N · 6. A · 7. N · 8. A · 9. A

2b *Mögliche Lösung:* 2. Wer benutzt die Unisport-App regelmäßig? · 3. Wen stresst die Prüfung? · 4. Wer macht regelmäßig Yoga? · 5. Warum machst du Yoga? / Ist Yoga gesund? · 6. Wann möchte Theo uns treffen? · 7. Hat Theo heute Zeit? · 8. Wann besucht Marc euch? / Wer besucht euch am Wochenende? · 9. Wer hat Marc lange nicht gesehen?

2c 2a · 3b · 4a · 5b · 6b

2d 2. Nein, ich trainiere ihn nicht regelmäßig. · 3. Ja, ich rufe dich an. · 4. Ja, wir besuchen euch heute Abend. · 5. Nein, ich mache sie nicht.

2e 1. ihn · Er · uns · 2. Sie · es · 3. ihr · ihn · 4. du · mich · 5. Ihr · sie · ich 6. Sie · dich

2f 1. uns · 2. mich · 3. Sie · 4. ihn · 5. es · 6. euch · 7. dich · 8. sie

3a 2. gestresst · 3. stressig · 4. stresst · 5. Stress

3b *Mögliche Lösung:* Hallo Katrin, gib Stress keine Chance! Hier meine Ratschläge: Geh täglich spazieren. Mach Sport, teste mal einen Yoga-Kurs! Und mach einen Lernplan: Lern jeden Tag ein bisschen und mach auch regelmäßig Pausen. Dann hast du wenig Stress. Viel Erfolg!

8 Leseseite: Gesundheitstipps

1a 1B · 2A · 3D · 4C

1b 2. D · 3. C · 4. A

1c 1. B · 2. D · 3. A · C

LEKTION 9

9A

1 2. funktioniert · 3. passt · 4. hat · 5. zurückschicken · 6. fehlt · 7. recherchieren

2a a. 3 · b. 6 · c. 1 · d. 2 · e. 7 · f. 4 · g. 5

2b 2. Dir · 3. uns · 4. ihnen · 5. mir · 6. ihm

2c 2. Er · ihnen · 3. Es · ihr · 4. Sie · ihm · 5. Sie · ihm

2d 2. dich · 3. mir · 4. ihm · 5. euch · 6. Sie

3a 2. 56 % · 3. 21 % · 4. 38 % · 5. 47 % · 6. 16 %

3b 2. die Hälfte · 3. fast ein Drittel · 4. mehr als drei Viertel · 5. ein Viertel · 6. ein Fünftel · 7. mehr als die Hälfte · 8. zwei Drittel · 9. zwei Fünftel · 10. mehr als ein Viertel · 11. drei Viertel · 12. ein Drittel · 13. weniger als die Hälfte · 14. über zwei Drittel · 15. fast ein Fünftel · 16. vier Fünftel

3c 1. Über zwei Drittel · 2. Fast ein Drittel · 3. Mehr als ein Viertel · 4. Fast ein Fünftel

4a 2b · 3c · 4b · 5a · 6c

4b 2. Von Vorteil · 3. Nachteil · 4. Nachteilig ist · 5. Positiv ist · 6. Das ist vorteilhaft. · 7. negativ

4c *Mögliche Lösung:* Ich kaufe lieber im Laden ein. Ein Vorteil ist: Ich kann die Kleidung gleich im Laden anfassen und anprobieren. Ich mache oft mit meinen Freunden eine Shoppingtour und wir haben viele schöne Erlebnisse. Aber ein Nachteil ist: Wir müssen die Öffnungszeiten beachten und wir können am Sonntag nicht shoppen. Und manchmal sind die Produkte auch teurer.

9B

1a 2. der Arbeitsspeicher · 3. das Gewicht · 4. die Steckdose · 5. die Akku-Laufzeit · 6. die Bildschirmdiagonale

1b 2. Er hat eine Größe von 14 Zoll. · 3. Er hat 8 GB. · 4. Sein Gewicht ist 1,6 kg.

2a 2. praktisch – praktischer – am praktischsten · 3. alt – älter – am ältesten · 4. teuer – teurer – am teuersten · 5. jung – jünger – am jüngsten · 6. dunkel – dunkler – am dunkelsten · 7. neu – neuer – am neu(e)sten · 8. gern – lieber – am liebsten · 9. viel – mehr – am meisten · 10. gut – besser – am besten

2b 2. Der Preis von Laptop B ist nicht so günstig wie der Preis von Laptop A. · Der Preis von Laptop A ist günstiger als der Preis von Laptop B. · 3. Der Bildschirm von Laptop B ist nicht so klein wie der Bildschirm von Laptop A. · Der Bildschirm von Laptop A ist kleiner als der Bildschirm von Laptop B. · 4. Der Laptop B ist nicht so leicht wie der Laptop A. · Der Laptop A ist leichter als der Laptop B.

2c 2. Die Universität Köln ist groß. · Die Ludwig-Maximilians-Universität München ist größer. · Die Fernuniversität Hagen ist am größten. · 3. Die Mensa an der Zeppelin Universität Friedrichshafen ist gut. · Die Mensa an der Universität Osnabrück ist besser. · Die Mensa an der Universität Rostock ist am besten.

3 die Lieferzeit · der Ratenkauf · der Rückgabezeitraum · die Versandkosten · der Warenkorb · die Zahlungsmöglichkeit

4a 2. der Verkäufer,- · die Verkäuferin,-nen · 3. der Berater,- · die Beraterin,-nen · 4. der Mieter,- · die Mieterin,-nen · 5. der Teilnehmer,- · die Teilnehmerin,-nen · 6. der Bewerber,- · die Bewerberin,-nen · 7. der Fahrer,- · die Fahrerin,-nen · 8. der Sprecher,- · die Sprecherin,-nen

4b 2. schreiben · 3. lesen · 4. zuhören

5b der Verkaufsstand

5c *Mögliche Lösung:*
rat: raten · beraten · der Berater / die Beraterin · die Beratung · der Ratgeber · der Ratschlag
plan: planen · die Planung · der Plan, der Speiseplan · der Wochenplan

6 *Reihenfolge:* 2 · 4 · 1 · 6 · 3 · 7 · 8 · 5
Vor zwei Wochen habe ich im Internet ein Tablet gekauft. Die Lieferung war sehr schnell. Das Tablet ist schon nach drei Tagen gekommen. Ich habe das Tablet mit Rechnung bezahlt. Das war sehr bequem. Das Tablet funktioniert sehr gut. Ich kann sehr schnell im Internet surfen und die Bildqualität ist sehr gut. Außerdem hält der Akku mehr als sieben Stunden. Das ist sehr angenehm, denn ich benutze das Tablet oft in der Universität. Ich bin sehr zufrieden und gebe dem Tablet 5 Sterne.

9C

1a 2. b · c · 3. a · c · 4. b · c · 5. a · b · 6. b · c · 7. a · b

1b 2. weiß · 3. grün · 4. lila · 5. türkis · 6. braun 7. gelb · 8. schwarz · 9. blau · 10. rosa · 11. orange 12. beige

1c 2. hellblau · 3. hellgrün · 4. dunkelgrün · 5. hellgrau · 6. dunkelgrau

2a 2. Welche · Diese · 3. Welches · Dieses · 4. Welches · Dieses 5. Welchen · Diesen · 6. Welche · Diese

2b 2. Welches Kleid findest du am schönsten? · 3. Welche Bluse findest du eleganter? · 4. Welche Jacke steht mir besser? · 5. Welcher Mantel gefällt dir am besten? · 6. Welche Modelle sehen sportlicher aus?

2c 2. Dieses · 3. Diese · 4. Dieses · 5. Dieser · 6. Diese

3 Da drüben haben wir welche. Welche Größe tragen Sie? · Wie gefällt Ihnen diese hier? Sie ist aus Leder. · Und wie finden Sie diese in Braun? · Natürlich, da drüben sind die Umkleidekabinen.

4 2. können · 3. Erkältung · 4. Grüße · 5. hören 6. wünschen · 7. bewölkt · 8. Käse · 9. früh · 10. stören 11. Getränk · 12. Küche

5 Kleidungsstücke: Kleid · Pullover · Mantel · Rock Hose · Materialien: Samt · Baumwolle · Wolle · Seide Leder · Farben: braun · grau · weiß (WEISS) · gelb · rot

9 Leseseite: Online shoppen

1b 1. die Vorteile von Online-Shopping · 2. in Prozent

1c 1r · 2f · 3r · 4r · 5f · 6f · 7r

1d 2. Mehr als die Hälfte findet die Preise im Internet besser. · 5. Weniger als ein Drittel hat keine Geschäfte am Wohnort. Für sie ist Onlineshoppen ein Vorteil. 6. Einkaufen im Internet geht sehr schnell. Das finden mehr als zwei Drittel vorteilhaft.

LEKTION 10

10A

1a die Erstsemesterparty · das Fahrgeschäft · der Flohmarkt · die Herbstkirmes · der Veranstaltungstipp · der Verkaufsstand

1b 2. das Festival · 3. der Softdrink · 4. das Konzert · 5. die Live-Band · 6. die Parade

1c 2. a · b · 3. b · c · 4. a · b

2a 2. können · 3. Wollen · 4. meinst · 5. ist · 6. Wollen · 7. findest · 8. mag · 9. finde · 10. gehen

2b 1. a · c · d · 2. a · b · c · 3. a · b · c · 4. a · b · d

2c 2. Wir könnten · 3. ich weiß nicht · 4. Wollen wir lieber · 5. gute Idee · 6. Was meinst du · 7. Das machen wir so

3b *Mögliche Lösung:*

Situation	Fragen	Antworten
etwas vorschlagen und reagieren	Wir könnten die Wortliste ansehen. Oder mögen Sie das nicht so? Wollen wir lieber Kärtchen schreiben? Was meinen Sie? Wollen wir eine Pause machen? Wie finden Sie diese Idee?	👍 Ja, gute Idee. Das machen wir so. Das passt. Das finde ich gut. Okay, das ist gut. 👎 Ich weiß nicht. Das finde ich nicht gut. Das mag ich nicht so.

4a 2. V · 3. H · 4. V

4b 1. + · 2. – · 3. + · 4. –

4c

	Pos. 2		Satzende
2. Wir	könnten	einen Ausflug	machen.
3. Wir	könnten	zusammen in Urlaub	fahren.

	Position 1		Satzende
2.	Könntest	du die Eintrittskarten	bestellen?
3.	Könntest	du das Bad	putzen?

4d 2. Könnten Sie das Formular ausfüllen? · 3. Könnten wir zusammen lernen? · 4. Könntet ihr mir helfen?

10B

1 *Mögliche Lösung:* 1. Büfett: der Kuchen · der Salat · die Suppe · 2. Getränke: das Bier · der Sekt · der Softdrink · der Wein · 3. Geburtstag: die Blume · das Geschenk · die Kerze · die Torte · 4. der Tannenbaum · das Geschenk · der Wein · 5. Silvester: das Feuerwerk · der Sekt

2a 2. die Einladung · 3. die Vorbereitung · 4. die Beratung · 5. die Meinung · 6. die Bestellung · 7. die Planung · 8. die Wohnung

2b 2. anmelden · 3. liefern · 4. öffnen · 5. üben · 6. bezahlen · 7. rechnen · 8. bewegen

3a 2. oder / und · 3. denn · 4. aber

3b a. 3 · b. 7 · c. 1 · d. 2 · e. 6 · f. 8 · g. 5 · h. 4

3c 2. Mert mag Straßenfeste und er geht gern auf Jahrmärkte. · 3. Eleni geht zur Erstsemesterparty, denn sie tanzt gern. · 4. Laurence geht zum One-World-Festival oder er schaut das Feuerwerk an. · 5. Tom feiert gern Weihnachten, aber er mag auch Silvester.

3d 2. Finn hilft bei der Vorbereitung und räumt mit Mert auf. · 3. Ben spielt Geige, aber nicht Gitarre. · 4. Anouk kauft Bier und Softdrinks. · 5. Xavier kocht eine Suppe oder backt eine Torte.

4a 3. · 4. · 5. · 6. · 8.

4c 3. · 5. · 8.

4e 2. verstehen · 3. Herbst · 4. spontan · 5. Stress · 6. Gastgeber · 7. gespielt · 8. lustig · 9. Weihnachtsparty · 10. sportlich

10C

1 a. 4 · b. 5 · c. 2 · d. 7 · e. 1 · f. 3 · g. 6

2a Wann: 3 · 6 · Was: 7 · 9 · Wie: 4 · Wie lange: 10 · Wo: 2 · 5 · 8 · Woher: 1

2b 2. Wo ist die Karnevalshauptstadt in Deutschland? 3. Wann ist der Höhepunkt von Karneval? · 4. Wie feiert man Karneval? · 5. Wo feiert man in Europa Karneval? 6. Wann beginnt die Fastenzeit? 7. Was heißt „Karneval"? · 8. Wo feiert man international Karneval? 9. Was trägt man an Karneval? · 10. Wie lange dauert die Fastenzeit?

2c 2f · 3r · 4f · 5r · 6r

2d *Mögliche Lösung:* 2. Karneval von „carne vale" · 3. Ende von Fastenzeit: Ostern · 4. deutsche Karnevalshauptstadt: Köln

3 1. Farbe · nass · alt · reich · 2. Feuerwerk · schenkt · Umschlägen · Glück · 3. Kostüm ·

Süßigkeiten • 4. Familie • denkt • Toten • 5. lustig • lachen • Straßen

4a a. 3 • b. 6 • c. 1 • d. 4 • e. 2 • f. 5

4b

Hauptsatz	Nebensatz mit Nebensatzkonnektor		
	Pos. 1		Satzende
3. Philipp kann nicht kommen,	weil	er schon nach Hause	gefahren	ist.
4. Diego kommt früher,	weil	er mit Mert das Büffet	aufbaut.	
5. Mert braucht am 22.12. Hilfe,	weil	er den Studierendenclub	aufräumen	muss.
6. Sven ist später gekommen,	weil	er seine Großeltern	getroffen	hat.

5a 1. Das Fest beginnt … und dauert … • Man feiert das Fest, weil / denn … • In … feiert man … • 2. Es gibt Geschenke. • Man schenkt / bekommt … • 3. Man ruft / wünscht … • Es gibt Musik und Tanz / ein Feuerwerk / eine Party … • 4. Man isst … und trinkt … • 5. Das Fest gefällt mir gut, weil / denn …

5b *Mögliche Lösung:* Mein Lieblingsfest ist Halloween. Man trägt ein Kostüm und geht auf die Straße. Kinder klopfen an die Tür und bekommen Süßigkeiten. Man macht auch Kürbislampen mit Gesichtern. Das ist sehr lustig und macht viel Spaß!

10 Leseseite: Feste

1 *Mögliche Lösung:* B. Weihnachten bei den Eltern • C. Weihnachtsgeschenke • D. Weihnachten im Ausland • E. Familientreffen

Quellenverzeichnis

Videos

Darsteller Ondřej Kotas, Berlin
Drehbuch Coleen Clement, Berlin
Regie Coleen Clement, Berlin, Ondřej Kotas, Berlin
Kamera und Schnitt Thomas Simantke
Postproduktion Thomas Simantke
Animation Jochen Riehm, Stuttgart
Illustrationen Maren Profke, Stuttgart
Bildquellen S. 93, 100, 108, 115, 125, 132, 138, 147, 157, 163: Ondřej Kotas (Foto: Thomas Simantke), Klett-Archiv, Stuttgart
Bilder in den Videos
Video 1.1, Video 2, Video 3.1, Video 5.1, Video 7.1 Getty Images (Pakin Songmor); **Video 1.2** Getty Images (Sudowoodo); **Video 3.2** 123RF.com (Dmitrii Kiselev); **Video 3.3** 123RF.com (kuzma); **Video 3.4** 123RF.com (Chevanon Wonganuchitmetha); **Video 3.5** 123RF.com (akinina); **Video 3.6** 123RF.com (Mihail Croitoru); **Video 3.7** Getty Images (ALEAIMAGE); **Video 3.8** 123RF.com (unal ozmen); **Video 5.2** 123RF.com (Sirapob Konjay); **Video 5.3** 123RF.com (Tridsanu Thopet); **Video 5.4** 123RF.com (123RF); **Video 5.5** 123RF.com (gekaskr)); **Video 7.2** 123RF.com (pchvector); **Video 7.3** 123RF.com (yupiramos); **Video 7.4** 123RF.com (Andrey Ikryannikov); **Video 7.5** 123RF.com (lucadp)

Audios

Tonregie und Mischung Bauer Studios GmbH
Authoring Bauer Studios GmbH
Sprecherinnen und Sprecher Jonas Bolle, Esther Borja Moreno, Julia Boulet, Philipp Donay, Josephine Hochbruck, Stela Katic, Annemarie Klemm, Carmen Mendetzki, Elias Mendetzki, Irina Nagel, William O'Connor, Mario Pitz, Lina Syren, Jenny Ulbricht, Lili Vogelsang, Benedict Walesch, Marcus Westhoff, Anna-Maria Zeilhofer

Bildquellen

Cover Getty Images (Gareth Brown); **9.1** Getty Images (kapitaen), München; **9.2** Getty Images (TommL); **9.3** Getty Images (cobalt); **9.4** Stadtbibliothek Stuttgart / yi architects / Foto: martinlorenz.net; **9.5** imago images (Reichwein), Berlin; **9.6** picture-alliance (Greg Allen), Frankfurt; **10.1** Simone Weidinger, Klett-Archiv, Stuttgart; **10.2** Simone Weidinger, Klett-Archiv, Stuttgart; **12.1** Getty Images (FG Trade); **12.2** Getty Images (YinYang); **12.3** Getty Images (ciricvelibor); **13** Getty Images (FG Trade); **15** Getty Images (Maskot); **17.1** Getty Images (neiromobile); **17.2** Getty Images (Marc Schiele); **17.3** 123RF.com (olegdudko), Nidderau; **17.4** Getty Images (skynesher); **17.5** Getty Images (Reza Estakhrian); **17.7** Getty Images (coffeeyu); **17.8** Getty Images (AndreyPopov); **17.9** Getty Images (Zoonar/N.Sorokin); **17.10** Getty Images (ATU Images); **17.11** Getty Images (10';000 Hours); **17.12** Getty Images (artisteer); **18** Getty Images (Sean De Burca); **19.1** Getty Images (Drazen_); **19.2** Getty Images (Tom Werner); **19.3** Shutterstock (Lucky Business), New York; **19.4** Getty Images (Highwaystarz-Photography); **20.1** 123RF.com (suetot); **20.2** 123RF.com (dolgachov); **20.3** Getty Images (Xavier Lorenzo); **20.4** Shutterstock (dindumphoto); **20.5** Getty Images (momcilog); **20.6** Getty Images (TARIK KIZILKAYA); **20.7** Getty Images (Ridofranz); **20.8** Getty Images (vm); **22.1, 104.1** 123RF.com (KATSUMI MUROUCHI); **22.2-22.7, 104.2-104.10** Getty Images (mr_morton); **25.1** 123RF.com (marrakeshh); **25.2** 123RF.com (ahirao); **25.3** 123RF.com (voltan1); **25.4** Getty Images (LauriPatterson); **25.5** 123RF.com (Bernd Juergens); **25.6** Getty Images (svariophoto); **25.7-25.8, 119.1.-119.2, 131.1-131.2** Getty images (Obaba), München; **26** Getty Images (hiphunter); **29** Getty Images (filadendron); **33.1** Fotolia.com (Photographee.eu), New York; **33.2** Getty Images (Luis Alvarez); **33.3** Thinkstock (Ingram Publishing), München; **33.4** Thinkstock (Anna Gontarek-Janicka); **33.5** Thinkstock (Goodshoot); **33.6** Getty Images (Motortion); **33.7** 123RF.com (ferli); **33.8** 123RF.com (scyther5); **33.9** iStockphoto (boschettophotography), Calgary, Alberta; **34.1** Getty Images (Claudia Burlotti); **34.2** Getty Images (sturti); **35.1-6, 115.1-5** Getty Images (panimoni); **35.7-14** Shutterstock (T-Kot); **35.15, 39, 50.5, 52, 74.3** Shutterstock (Stakes); **38** www.cookasa.com; **39.1, 39.2, 73.1, 73.2** Getty Images (cihanterlan); **42.1, 164.3** Getty Images (Isabel Alcalá); **42.2, 122.1** Getty Images (Oliver Rossi); **42.3, 122.2** 123RF.com (rido); **44.1-44.3** Getty Images (rambo182); **46.1** 123RF.com (wavebreakmediamicro); **46.2** 123RF.com (sementsovalesia); **46.3** Getty Images (Ridofranz); **46.4** 123RF.com (jazzz923); **46.5** 123RF.com (rido); **46.6** Getty Images (monkeybusinessimages); **46.7** Shutterstock (Rodin Anton); **47** Getty Images (Tom Werner); **49.1** Adobe Stock (Jumanah), Dublin; **49.2** Getty Images (bernardbodo); **49.3** Getty Images (Barry Winiker); **49.4** Getty Images (BartekSzewczyk); **49.5** Getty Images (Klaus Vedfelt); **49.6** Getty Images (svetikd); **49.7** Getty Images (Martin Deja); **49.8** Getty Images (Oscar Wong); **49.9** Getty Images (KatarzynaBialasiewicz); **50.1** Getty Images (Hinterhaus Productions); **50.2** Getty Images (Robin Skjoldborg); **50.3** Getty Images (ajr_images); **50.4** Getty Images (Morsa Images); **53** 123RF.com (antonioguillem); **57.1** 123RF.com (sinaettmer); **57.2, 138.5** Getty Images (Hiroshi Higuchi); **57.3, 138.1** Getty Images (SebastianHamm); **57.4, 138.4** Getty Images (Walter Bibikow); **57.5, 138.2** Getty Images (donstock); **57.6, 138.3** 123RF.com (iloveotto); **57.7, 138.6** Getty Images (Image Source); **58.1** Getty Images (rotofrank); **58.2** Shutterstock (Little Adventures); **59.1, 59.4, 64.1** Getty Images (Vieriu Adrian); **59.2, 59.3, 59.5, 59.6, 59.7, 64.2, 64.3** 123RF.com (yupiramos); **60.1, 140** Getty Images (ViewApart); **60.2** 123RF.com (fizkes); **60.3** Getty Images (baona); **60.4** Getty Images (vgajic); **60.5** Getty Images (Denis Stankovic); **60.6** Getty Images (luckyraccoon); **62.1** Getty Images (TravelCouples); **62.2** ©Peter Mast; **63.1-10** Getty Images (bounward); **66** Getty Images (Eugenio Marongiu); **68, 148** Getty Images (Grace Cary); **70.1** 123RF.com (dragonimages); **70.2** 123RF.com (monticello); **70.3** 123RF.com (fizkes); **70.4** Getty Images (Oscar Wong); **70.5** Getty Images (Hero Creative); **70.6-70.10** 123RF.com (goodstudio); **74.1** Getty Images (kali9); **74.2** Getty Images (gorodenkoff); **75** GroundTruth, 2019, n=1.002; **76.1-76.3, 77.2** Getty Images (skegbydave); **77.1** 123RF.com (Anton Prohorov); **77.3** 123RF.com (Pavlo Stavnichuk); **78.1** Getty Images (Csondy); **78.2** Getty Images (Juanmonino); **81.1** Getty Images (percds); **81.2** Getty Images (Gary John Norman); **81.3** Getty Images (andresr); **81.4** Getty Images (Wicki58); **81.5, 166.2** Getty Images (Jules_Kitano); **81.6** Getty Images (Maskot); **81.7, 164.4** Getty Images (Tanja Ivanova); **81.8, 164.5** Getty Images (Chan Srithaweeporn); **83** Getty Images (Mlenny); **84** 123RF.com (Sergii Syzonenko); **86.1** Getty Images (Teka77); **86.2, 166.1** Getty Images (beats3); **86.3** Getty Images (RelaxFoto.de); **86.4** Getty Images (PeopleImages); **86.5** Getty Images (Subir Basak); **86.6** Getty Images (MStudioImages); **86.7** Getty Images (Rawpixel); **86.8** Getty Images (Gins Wang); **86.9** 123RF.com (rndms); **91.1** Getty Images (uchar); **91.2** Getty Images (ferrantraite); **93.1** Getty Images (FG Trade); **96.1** Getty Images (asantosg); **96.2** Getty Images (Luis Alvarez); **96.3** Getty Images (Morsa Images); **96.4** Getty Images (Eugenio Marongiu); **96.5** Getty Images (Morsa Images); **99.2** Getty Images (BrianAJackson); **99.3** Getty Images (Zen Rial); **99.4** 123RF.com (Tyler Olson); **99.5** 123RF.com (Galina Peshkova); **110** 123RF.com (fizkes); **111** Getty Images (Ladanifer); **112.1** Getty Images (Marc Dufresne); **112.2** Getty Images (Diana Miller); **112.3** Getty Images (Carol Yepes); **112.4** Getty Images (ArtMarie); **112.5** Getty Images (sturti); **112.6** Getty Images (annick vanderschelden photography); **118.1** 123RF.com (Olga Yastremska); **118.2** 123RF.com (Olga Yastremska); **118.3** Getty Images (artisteer); **118.4** 123RF.com (rawpixel); **118.5** 123RF.com (Olga Yastremska); **118.6** Getty Images (: Catherine Falls Commercial); **120.1** Getty Images (skynesher); **120.2** Getty Images (Cultura RM Exclusive/DUEL); **120.3** Getty Images (Daly and Newton); **120.4** Getty Images (Roy Morsch); **128** Getty Images (Tom Werner); **136.1** Getty Images (PeopleImages); **136.2** Getty Images (Photo_Concepts); **136.3** Getty Images (Oliver Rossi); **136.4** Getty Images (Matelly); **136.5** Getty Images (Ekaterina Goncharova); **136.6** Getty Images (alvarez); **138.7** Getty Images (-VICTOR-); **141.1, 141.2** 123RF.com (rawpixel); **141.3** Getty Images (ET-ARTWORKS); **143** KVV ((c) KVV), Karlsruhe; **144** Getty Images (Holger Leue); **152.1** Getty Images (Grace Cary); **152.2** Getty Images (Wavebreakmedia); **152.3** Getty Images (Chalabala); **152.4** Getty Images (BURCU ATALAY TANKUT); **155** Quelle: Statistisches Bundesamt (Destatis) 2022; Grafik EKS; **160.1** Statista GmbH (@Statista, Editiert durch Ernst Klett Sprachen GmbH. Quelle: Bitkom), Hamburg; **160.2** Shutterstock (ABC vector); **164.1** Getty Images (Dag Sundberg); **164.2** 123RF.com (monticello); **168.1** Getty Images (egal); **168.2** Getty Images (Thomas Schmidt); **168.3** Getty Images (Natalia SO); **168.4** Getty Images (GMVozd); **192** Mountain High Maps / Copyright 1993 Digital Wisdom Inc

 Alle weiteren Emojis, Icons: https://openmoji.org: ein Open-Source-Projekt der Hochschule für Gestaltung Schwäbisch Gmünd. Wir bedanken uns bei Team und Urhebern von OpenMoji für die großzügigen Nutzungsrechte.